ちくま学芸文庫

日本社会再考

海からみた列島文化

網野善彦

筑摩書房

目次

日本社会再考
海からみた列島文化

序章　海からみた日本社会

切り捨てられてきた海と海民

ここ一〇年ほどの間に、海の世界と海民に対する関心は従来になく高まり、それらをテーマとする研究も、考古学、民俗学、文化人類学、文献史学等の各分野で急速に増加・充実しつつあり、ようやく従来の常識的な日本史像、日本社会像に切り込み、部分的なりとも修正を迫る仕事が現れるようになってきた。

たとえば、シリーズ『アジアのなかの日本史』[*1]は、シナ海世界、日本海世界など海の世界を十分に意識したうえで、アジアと日本にさまざまな角度から光をあてようとした、まことに意欲的な企画であり、今後、従来の水準を大きくこえる研究成果の現れることが期待されるし、正面から海の視点に立って編集され、各分野の研究をできるだけ盛り込むことにつとめたシリーズ『海と列島文化』[*2]も、それなりに世の評価を得ることができたことにも、状況の変化がよく現れているといってよい。

諸地域における研究も活発で、日本福祉大学知多《ちた》半島総合研究所が『知多半島の歴史と現在』[*3]をつぎつぎに刊行し、海の世界に焦点をあてた研究を推進しており、『日本海地域史研究』『瀬戸内海地域史研究』も、それぞれ巻を重ねている。[*4]

さらに、しばらく活動を停止していた日本塩業研究会が復活し、『日本塩業の研究』[*5]がふたたび刊行されはじめたのも、まことに慶賀にたえない動きであり、すでに長い歴史をもつ海事史研究会が健在で、着実な研究を積み重ねているのもまた、心強いかぎりである。しかもそれだけでなく、横井成行・白水智《しろうずさとし》・関周一をはじめとする若い研究者の集まりである海事史料集成刊行会が、中世の文書・記録に現れる海事関係史料を蒐集《しゅうしゅう》・刊行するという遠大な計画のもとに、着実な仕事を続けていることにもみられるように、この分野に関心をもち、最も基礎的な作業をいとわない若い人々が成長しつつあるのは、将来に向かって大きな希望を抱かせるといってよい。

すでにこうした人々による興味深く多角的な研究が[*6]、中世史に即してつぎつぎに発表されており、近世史の場合も、一例をあげれば、渡辺信夫編『近世日本の都市と交通』[*7]に集成された論文にみられるように、海の交通に対する関心の高まりは顕著といってよかろう。神奈川大学日本常民文化研究所の諸活動、たとえば山口徹《てつ》による伊豆の海村研究[*8]、私自身もかかわっている奥能登《おくのと》地域と時国《ときくに》家の調査・研究[*9]も、すでに発表されたいくつかの成果[*10]を通じて、この動きに多少は寄与しているということはできよう。

文献史学だけでなく、シリーズ『海と列島文化』の編集委員である森浩一、大林太良らを中心に、「日本海文化」をめぐるシンポジウムが盛況裡に回を重ね、一九九二年、能登島で開催された蝦夷穴《えぞあな》古墳をめぐる国際シンポジウム「古代能登と東アジア」も七〇〇人をこえる参会者を集めて大きな成功をおさめる一方、国立民族学博物館の「アジア・太平洋地域における民族文化の比較研究」の一環として、秋道智彌《ともや》を中心に、文化人類学・考古学・文献史学等の多彩なメンバーの参加を得て、「海人の世界」をテーマとするシンポジウム（一九九一年）が開催されるなど、むしろ考古学・文化人類学など文献史学以外の分野において、海の世界に対する関心はより強いと思われる。鶴見良行の『ナマコの眼』[*11]をはじめとする多くの著書によっても、それはよくうかがうことができる。

また、帝京大学山梨文化財研究所の主催で行われた「考古学と中世史研究――中世都市と商人職人像」をめぐるシンポジウム（一九九二年）、鎌倉で開催された「中世都市の成立と展開」をテーマとしたシンポジウム（一九九二年）をはじめ、中世の都市に対する関心が考古学を中心に大きな高まりをみせているのも、やはり同様の動向といってよかろう。

このように状況は明らかに好転しており、将来の見通しは明るいともみえるのであるが、しかし私は、いまも、たやすく事が進むとは決して考えていない。なぜなら、日本の社会を水田中心の農業社会とする「常識」の根はきわめて深く、海の世界、海民、さらには非農業民を切り落として歴史をとらえる見方、その枠組みは構造的といってもよいほどに強固なものがあり、これを根底からゆるがすのは容易なことではないからである。

実際、敗戦後、現在にいたるまでの高等学校における日本史教育は、まったくこうした見方を基調にして行われている。たとえば、高校の日本史教科書として最も広く用いられている山川出版社の『詳説日本史』（一九九一年）は、「江戸時代と鎖国」の節の「農民の

久保田（秋田）藩の身分別人口構成

	人	%
諸　士	36,453	9.8
百　姓	284,384	76.4
町　人	27,852	7.5
社人・寺院・修験	7,256	1.9
雑	15,720	4.2
エタ・非人	489	0.1
合　　計	372,154	100.0

（関山直太郎、*12より）

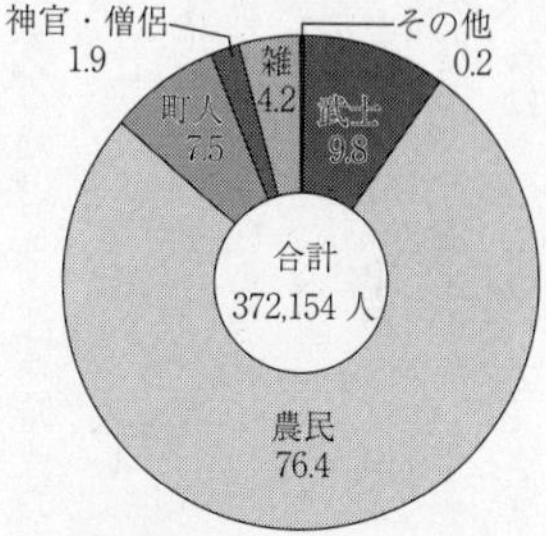

（『詳説日本史』所載「身分別人口構成（秋田藩の例）」より）

統制」の項の冒頭で、「封建社会では農業が生産の中心で、農民は自給自足の生活をたてまえとしていた」と記述しており、東京書籍の『新訂日本史』（一九九一年）も、「農民の生活」の項のなかで、「当時の農業は村を単位に自給自足でいとなまれることが多かった」と述べている。

そして両者とも共通して、関山直太郎『近世日本の人口構造』[*12]に拠る秋田藩の嘉永二年（一八四九）の身分別人口構成を円グラフにして示しているが、そこには「農民」七六・四パーセント、町人七・五パーセント、神官・僧侶一・九パーセント、武士九・八パーセントという比率が図示され、農民人口が圧倒的であったことが強調されているのである（上図表）。

これは豊臣秀吉の身分統制令によって「兵農分離」「商農分離」が行われ、武士と町人は都市に、農民は農村に居住することになったためで、村は

「本百姓《ほんびゃくしょう》と呼ばれる中級以上の自営の農民」「水呑《みずのみ》百姓と呼ばれる貧農」「本百姓の家に隷属する下人《げにん》」等によって構成された（『新訂日本史』）とされており、ここには漁民―海民や山民の入る余地はまったく与えられていない。

これは江戸時代だけではない。こうした叙述の基調は古代からはじまり、「班田《はんでん》収授法と農民」の項（『詳説日本史』）をはじめ、「生活の苦しい農民」「有力な農民」「隷属農民」などの語がしばしば現れ、中世に入っても、武士の「所領の農民」「名主《みょうしゅ》以外の小農民」「強い連帯意識でむすばれた惣村《そうそん》の農民」のような記述の仕方はまったく変わらないのである。そして漁業については、ようやく戦国時代に入って、「漁業を専業とする集団が生まれ、製塩業では揚浜《あげはま》法が普及」した、と叙述される（『新訂日本史』）のはまだよいほうで、多くの場合、江戸時代の九十九里浜の地曳網が、農業の肥料としての干鰯《ほしか》の関係でわずかに姿を現すにすぎない（『詳説日本史』）。それゆえ、教科書の索引には、漁業・塩業などにかかわる語はまったく現れず、大学における入試問題も、こうした教科書の記述に強く規制されている現状では、海の世界に関する問題を出題すること自体、きわめて困難といわざるをえない。

このように、現在の日本人の歴史認識に決定的な影響を与えている高校までの日本史教育のなかで、海民、海の世界はほぼ完全に切り落とされているのである。もとより現場での教育においては、さまざまな工夫や試みがなされているであろうし、研究者の側の認識もしだいに変化しつつあることは確実であるとはいえ、海民をはじめ非農業民は、日本の社会全体のなかでは少数派であり、たとえ社会に多少の影響を与えているとしても、それは社会の歴史の根本をゆるがすほどのものではないとする認識は、依然として支配的であるといってよかろう。そして、さきにあげた教科書の円グラフは、こうした認識をささえる根拠の一典型であろう。たしかに人口の八割近くが農民ならば、幕末近くにいたるまで、日本の社会はまぎれもない農業社会といわなくてはなるまい。

しかし、秋田藩には漁民や廻船人はいなかったのであろうか。この円グラフを素直に見たときに、ただちにわいてくる疑問をたしかめるべく、ある予想をもってその典拠とされた関山の著書をひもといてみたところ、はたして予想は的中、関山の作成した表[*13]には、「百姓」七六・四パーセントとなっていた。この円グラフが、「百姓」は農民であるという理解に立って作成されたことは明らかであるが、これは、さきにあげた教科書の記述にもあてはまることで、そこに「農民」とされている語は、原史料に即してみれば、みな「百姓」と読みかえることができるといえよう。

しかし、はたして「百姓」は農民なのであろうか。問題の根本はまさしくここにある。

「百姓」は農民と同義ではない

これまで奥能登は、田畑が少なく、流人《るにん》の配流地にもなるほどに政治の中心から離れた交通の不便な、辺鄙《へんぴ》で貧しい地域とみられていた。そしてそうした辺境であるがゆえに、一〇〇人をこえる多くの下人をもつ時国家・黒丸《くろまる》家のように、中世の名《みょう》の名前を名字とし、名田《みょうでん》経営の流れをくむ豪家がいまも数多く見いだされ、中世の名残《なごり》が色濃く残っていると考えられてきた。かつてこの地域を調査した宮本常一も、すでに時国家の製塩・廻船とのかかわりに着目し、船をもつ商人柴草屋《しばくさ》の存在にも気づいているのであるが、やはり時国家を大手作《だいてづくり》経営とみて、「中世社会の残存」[*14]ととらえているのである。[*15]

しかし泉雅博が「能登と廻船交易——北前船以前」で詳述しているように、江戸初期の時国家は松前《まつまえ》から佐渡、敦賀《つるが》にいたる日本海で広域的に活動する廻船を二〜三艘持ち、その荷物の取引先は近江《おうみ》の大津から京・大坂にまでおよんでいた。同家はまた、塩浜・塩釜《しおがま》や広大な山林を保持して製塩を行っているが、こうして生産された塩や山林から産出する薪炭《しんたん》・材木などが廻船の積荷とされたことは間違いないと思われる。こうした廻船の根拠地として、時国家は泉の明らかにした町野《まちの》川河口(輪島市)の港だけでなく、元和《げんな》三年(一六一七)には、内浦《うちうら》(富山湾)の宇出津《うしつ》村(石川県能都《のと》町)から一〇年契約で潤《ま》=船入《ふないり》の付属する九間七間の屋敷を入手し、当主藤左衛門はそこに居住していたこともあった。[*16]

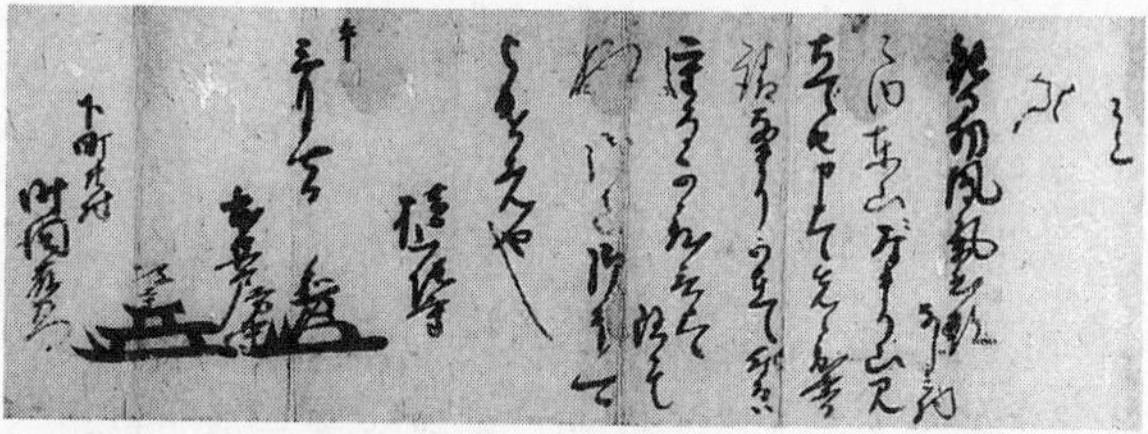

時国家と鉛山　藤左衛門は鉛山を見たて、前田家に申し出た。時国家の多角的な経営の一端を知ることができる。（「時国健太郎家文書」）　時国健太郎蔵

そのうえ、元和四年（一六一八）、時国藤左衛門は南志見《なじみ》村（輪島市）内の東山に鉛山を見いだし、前田家は藤左衛門に対し、「普請」のうえ、もし鉛を見いだしたならば重ねて言上《ごんじょう》すべきことを命じている。[*17] この鉛山がその後どのようになったか明らかではないが、時国家が鉱山経営にまでその手を伸ばそうとしていたことは確実である。

さらに時国家は、泉も注目しているように、戦国期以来、下町野荘岩蔵《しもまちののしょういわくら》（輪島市）の年貢米・塩等を納める蔵を管理しており、自らの責任でこれを銭《ぜに》・小判などにかえて領主に納めていた。この蔵の収納物の運用を通じて、同家がなんらかの利益を得ていたことも、推測して間違いなかろう。

とすれば江戸初期以来、「百姓」時国家は農業経営だけでなく、廻船交易、商業を本格的に展開するとともに、製塩・山林経営から鉱山にもかかわりをもち、「蔵本《くらもと》」ともいうべき役割を果たす一種の企業家の風貌をそなえていたといっても決して過言ではなかろう。それは当然、戦国期まで遡る時国家のあり方で、同家の保持する下人たちも、たんなる農業

労働力としてだけでなく、多角的な生産・経営のそれぞれの分野の職能的な労働力となったのであり、「譜代手代《ふだいてだい》」の管理のもとで、さまざまな職種の労働に従事していたのである。これを「農奴主的大経営」などと規定してこと足れりとするならば、江戸初期の社会のもつ豊かで多様な側面はすべて消し去られ、単色で味気ない歴史像が描き出されるにとどまることとなろう。海と非農業民を切り落とした歴史が、いかに偏ったものになるかは、この一事例によっても明白である。

それだけではない。時国家と深い結びつきをもつ廻船商人柴草屋の実態を追究し、町野川河口の港の住人をはじめ、柴草屋自身が「頭振《あたまぶり》」（加賀《かが》・能登・越中《えっちゅう》の前田領における水呑の呼称）の身分に位置づけられている点に着眼した泉は、視野をさらに奥能登全体にひろげて、「近世北陸における無高《むたか》民の存在形態――頭振について」と題する注目すべき論文をまとめた。[*18]

この論文で泉は、享保二〇年（一七三五）九月の「奥両御郡高免《たかめん》村附込帳《つけこみちょう》」[*19]と題する鳳至《ふげし》・珠洲《すず》両郡の前田領における村々の百姓・頭振等の家数、村高《むらだか》、免率、多様な役負担を書き上げた帳簿の分析を通じて、左表にみるように、頭振が家数の五〇パーセントを占める村がすべて海辺部にあり、とくに河井町《かわい》鳳至町村＝輪島では七一パーセント、宇出津村では七六パーセントに達することを確認した。そして頭振の比率が三〇パーセント以上の村で、家数が一〇〇軒をこえる人口の集中度の高い一六か村が、海・川・山・商工業に

鳳至・珠洲両郡、加賀藩領における頭振比 30% 以上の村の石高・定免

家別平均所持高が少ない村ほど定免率が高いことに注目。

村名	惣家数	百姓	頭振	頭振比	村高	定免	村高／惣家数
	軒	軒	軒	%	石	%	石
河井町鳳至町村	621 軒 他 59 無名目	183	438	71	823	88	1.210
宇出津村	433	104	329	76	540	83	1.247
皆月村	263	144	119	45	141	81	0.536
飯田村	223	157	66	30	383	70	1.717
中居村	190	110	80	42	342	79	1.800
松波村	184	120	64	35	901	58	4.897
中居南村	174	90	84	48	255	70	1.466
小木村	157	106	51	32	142	74	0.904
剣地村	138	67	71	51	122	80	0.884
宇出津山分村	124	82	42	34	400	46	3.226
道下村	121	70	51	42	382	65	3.157
鵜飼村	117	76	41	35	460	55	3.932
甲村	114	36	78	68	552	50	4.842
名舟村	108	57	51	47	222	70	2.056
波並村	108	33	75	69	280	65	2.593
鹿磯村	105	38	67	64	31	72	0.295

（泉　雅博、＊15、第4表・第5表の一部を合成した）

かかわるきわめて多様な役を負担し、そこには藩の蔵があり、年貢定免率《じょうめん》（税率）が河井町鳳至町村は八八パーセント、宇出津村は八三パーセントなどきわめて高率であることを指摘したうえで、これらの村の実態は、非農業的生産に従事する人々の集住する都市ないし都市的な集落であり、高い免率はそれを負担するだけの経済的基盤があったことを意味する、という見解を導き出したのである。

さらに泉は、時国村曾々木《そそぎ》の頭振に即してその生業を詳細に追究し、そのなかに廻船人、酒造屋、室屋《むろや》、製塩民が多数いたことを明らかにしたのち、「これまで頭振は、無高の貧しい農民、と一般的に評価されてきたが、その実像は意外にも、農民というより非農業的な生業を営む人々により近く、富裕な頭振も多く存在することが確認できた。都市的な場にぶ厚く存在し、その発展を担っていた人々こそ頭振であった」という結論を述べている。

頭振のなかには、本来、石高《こくだか》＝土地をもてない貧しい人のいたことは事実であるが、逆に土地をまったくもつ必要のない豊かな廻船人、商人、手工業者等が少なからずいたことも、この泉の論文によって明快に証明された。頭振をあたまから貧農ときめこむことによって生ずる歴史像の重大な偏りを、泉は鮮やかに示したのである。

百姓についてもまったく同様である。たとえば時国健太郎家（上《かみ》時国家）の襖下張《ふすましたば》り文書《もんじょ》のなかの一通、幕末近くの「百姓円次郎願書」[*20]によってみると、曾々木の百姓円次郎の父親円次郎は「船商売」を業とし、自らの船で水主《かこ》たちとともに松前まで交易に出かけたが、難船したのかそのまま帰らず、父の借財に苦しんだ子供の円次郎は、その返済を五〇年賦にしてほしいと願い出ている。

注目すべきはその債権者が出羽《でわ》庄内《しょうない》の越後屋長次郎、若狭《わかさ》小浜《おばま》の紙屋長左衛門、輪島の板屋長兵衛などの問屋《といや》であった点で、父の円次郎がさほどの大船ではないにせよ、日本海交易に乗り出した廻船人だったことは明らかであり、この「百姓」円次郎はわずかな石高の土地を保持していたとしても、農民などということの決してできない「船商売」＝廻船商人であったことはいうまでもなかろう。さきの河井町鳳至町村＝輪島や宇出津村などの「百姓」のなかにも、これとまったく同じ性格の人々が多数いたことは確実である。

このように、百姓は農民、頭振＝水呑は貧農という思い込みが、支配者の定めた制度、あるいはその見方に左右された誤りであることを認識したうえで、あらためて奥能登を見直してみると、田畑が少なく、貧しい遅れた奥能登というこれまでの通念はまったく逆転する。そこは、企業家ともいうべき時国家にもみられるように、日本海交易の最先端として、松前にいたる広域的な活動に従事する豊かな廻船人・商人が集住した都市、あるいは都市的な集落にささえられた先進的で富裕な地域だったのであり、こうした奥能登の特質は、江戸時代はもとより中世にまで十分に遡るものと思われる。

しかし、さきの百姓円次郎について、かなりの時間をかけた説明によって内容を理解した新聞記者の書いた正確な内容の記事の見出しが、結局「農民も船商売に進出」「能登の

絵馬に描かれた北国船　近世前期、日本海海運の主役として活躍した廻船。
青森県・円覚寺蔵

お百姓、日本海で活躍」「江戸時代の奥能登の農家、海運業にも関与」であり、十分に説明を聞かないまま記事を書いた記者は、曽々木でくいつめた「農民円次郎」が松前に出稼ぎに行ったことにしてしまったのである（傍点筆者）。「百姓は農民」という思い込みがいかに根深く世に浸透しているかは、この一事をもってしても明らかであろう。

　専門研究者のなかにも、こうした奥能登の事例は「例外にすぎないのではないか」とする見方の出てくることは、十分に予想しうる。ただ、近世史についてはまったくの素人であるが、私にも他の地域の例を二、三はあげることができる。

　谷沢明《たにざわ》は『瀬戸の町並み』[*21]のなかで、中国地方の瀬戸内海海辺の著名な港町について、町並みに焦点を合わせながら、その歴史と現況を叙述しているが、これらのうち備前《びぜん》の下津井《しもつい》（倉敷市）、安芸《あき》の竹原《たけはら》（竹原市）、周防《すおう》の上関《かみのせき》（山口県上関町）などは、検地の行われた村であった。そのなかで、中世の竈門関《かまどのせき》以来、都市として発展してきた上関は、地《じ》方《かた》、浦方《うらかた》に分かれていたが、谷沢は『防長風土注進案《ぼうちょうふうどちゅうしんあん》』によって、その双方の本百姓、門男《もうと》（この地域の水呑）それぞれの、天保一三年（一八四二）当時の職業をあげている。

それによると、地方の百姓三六軒のうち農人は一九軒にすぎず、他は諸商人一〇、諸廻船問屋五、鍛冶《かじ》・漁人各一、浦方では、百姓八八軒中、農人はわずかに一二軒（一三・六パーセント）、他は商人五四（六一・三パーセント）、船持《ふなもち》三、船手挊《ふなてかせぎ》四、さらに船大工《だいく》、漁人、紺屋《こうや》、茶屋、客屋、豆腐屋などであった。

また門男の場合は、地方一三五軒のうち農人が九八軒みられるが、諸商人二〇をはじめ、船大工、小工《しょうく》、桶屋《おけや》、左官《さかん》、石組《いしぐみ》、石工《いしく》、漁人、髪結《かみゆい》などが含まれており、浦方一七八軒には、農人は皆無、商人六八、船持一八のほかに、家大工、船大工、漁人、鍛冶、挑灯張《ちょうちんはり》、張物《はりもの》小細工、桶屋、紺屋、畳刺《たたみさし》、茶屋、髪結、石組など多様な職業の人々がいたのである。

ここでも百姓は、農民どころか、むしろ商人、船持、職人等の数がはるかに多かったのであり、門男の場合も、泉が奥能登の頭振に即して見いだした特徴とまったく同じ状況がみられるのである。そのなかには、たしかに貧しいと思われる農人もいたが、圧倒的多数は非農業民、しかも、おそらく相当に富裕だったと考えられる商人・船持が三〇パーセント以上含まれていた。
上関もまた、能登の輪島・宇出津村と同様、まぎれもない都市だったのであり、谷沢のあげた「港町」だけでなく、瀬戸内海海辺や島嶼《とうしょ》には、こうした都市の実質をもつ村・浦がひじょうに数多くあったことは間違いない。

古代以来、網曳の根拠地であった網曳御厨《みくりや》の流れをくみ、中世末には明らかに都市であった和泉《いずみ》の佐野村（泉佐野市）も、これらの「村」とまったく同様であった。『泉佐野市史』[22]によると、元和八年（一六二二）の検地のさい、中世以来の豪家藤田氏や食《めし》氏などには年貢免除の特権が与えられているが、これらの人々も百姓であった。

このうち、食氏――食野《めしの》氏が楠木《くすのき》氏の子孫という伝承をもち、和泉屋・橘《たちばな》屋と号して大規模な廻船業を営み、秋田まで進出し、春秋二回、その所持する一三〇〇石積の大船は、象潟《きさかた》（秋田県象潟町）の塩越《しおごし》港に入るなど、[23]日本海で縦横の活躍をするとともに、鴻池《こうのいけ》・三井《みつい》などと並ぶ大豪商であったことはよく知られている。[24]

また、井原西鶴《いはらさいかく》が『日本永代蔵《にっぽんえいたいぐら》』の「浪風静《なみかぜしずか》に神通丸《じんづうまる》」で、「三千七百石つみても足かろく、北国《ほっこく》の海を自在に乗《のり》て、難波《なにわ》の入湊《いりみなと》に八木《はちぼく》の商売をして、次第に家栄へける」と述べた和泉の「唐《から》かね屋」も食野氏の一族といわれ、「世わたる大船《たいせん》」神通丸＝大通丸によって「金銀に有徳《うとく》なる人」となったが、これも佐野浦の百姓であった。

宝暦九年（一七五九）、「からかね船」は出羽の金浦《このうら》（秋田県金浦町）で難船しているが、[25]

享保二年（一七一七）のころ、「摂州大坂唐かね屋」は、松前江刺《えさし》（江差）村の厚佐部《あつさぶ》（厚沢部）の山を請負《うけお》い、山を伐《き》り枯らすほど檜松《ひば》（夷檜《えぞひのき》、唐檜《とうひ》）を伐り出し、角材木・寸甫《すんぽ》・丸太・帆柱などの材木としたといわれている。大商人「唐かね屋」は、出羽から松前にまで進出して材木を伐り出し、巨利を得ていたのである。[*26]

佐野浦の漁民が九州の五島《ごとう》や対馬《つしま》、関東の房総等にまで出漁したことはよく知られているが、寛永一七年（一六四〇）の「佐野浦書上《かきあげ》」[*27]によると、所々浦々の「海賊衆」＝海の領主に出した肴《さかな》、「関所への会釈《えしやく》」に起源をもつこの浦の浦役銭《うらやくせん》は、釣人・手繰《てぐり》曳大網・小網・諸商人・廻船・猟船等の浦人に配当して弁済したといわれており、佐野には中世にまで遡って漁撈民はもとより商人・廻船人も多数集住していたことは確実で、広域的な漁撈民の進出には、かならずや商人・廻船人の活動がともなっていたに相違ない。[*28]

村の百姓であったこれら大商人の存在は、決して佐野村のみにとどまることではないと思われるが、注目すべきは、佐野周辺の村々の年貢率が大木《おおぎ》村九二パーセント、土丸《つちまる》村七六・五パーセント、中ノ庄《なかのしょう》村九四パーセント、佐野村九二・三パーセント、日根《ひね》野村八八・九パーセントと、きわめて高率である点で、[*29]これまた、さきに泉の着目した奥能登の輪島・宇出津村などの場合と符節を合わせたように一致している。佐野はもとよりこれらの村々が、近世を通じて都市ないし都市的な性格の強い集落であったことは、この点からみても明らかかといえよう。

以上の事例によって、百姓は農民、水呑は貧農とする「常識」が完全な誤りであることは明白であるが、なおそれは頭振・門男のことで、水呑は異なるのではないか、奥能登や瀬戸内海などの海辺のみに限られた例外的現象ではないか、という疑問の提出されることは十分に予測しうる。

これに余地なく答える力は私にはないが、低地・台地は二五パーセントにすぎず、三七〇〇以上の島々からなり、二万八〇〇〇キロメートルにおよぶ長大な海岸線をもつ日本列島において、これらと同様の条件にある集落はいたるところにあるといっても言いすぎではなかろう。さらに、古地形に遡って大小の湖、潟や河川を考慮に入れるならば、列島の集落の圧倒的な部分が、河海、湖潟になんらかのかかわりをもつということもできる。もしも奥能登や瀬戸内海を例外とするという主張があるとすれば、それははなはだしい「強弁」といわざるをえない。

海のみではない。山地・火山地が六〇パーセントを占める列島では、山村にも同じ条件があった。

笹本正治は村に住む職人の存在の重要性を強調し、「山村などにおいては、身分としては農民であっても、実態は木樵《きこり》や大工ということも多かった」と述べて、「従来の視点では都市以外の職人の存在が見過ごされ」てきたと指摘している。[*30] 笹本もまた「百姓」は農民とする思い込みにとらわれているとはいえ、この「農民」を「百姓」に、「都市」を「町」

と言いかえれば、これは海村についてこれまで述べてきたのとまったく同じ事態を的確に示しているといってよかろう。

また泉は、さきの論文に補足を加え、[*31]古島《ふるしま》敏雄が水呑の多く発生する地点として、三都、城下町、宿場の周辺、港町・漁港とその周辺、加工原料作物の商品化の著しい地帯や加工業自体の発展の著しい地帯にすでに早く注目し、その事例として摂津国《せっつのくに》平野《ひらの》郷（大阪市住吉区）、備中《びっちゅう》国倉敷村（倉敷市）をあげ、そこでは水呑が全住民の八〇パーセントをこえている事実を指摘している点に言及し、[*32]古島は「農村」と表記しているとはいえ、「商工業村落」ともいっているように、いち早く「純農村とは趣を異にする村である点については積極的に注意を促されている」としている。そして平野郷、倉敷村が中世以来の都市であったことは、奥能登の事例と完全に符合すると述べて、自説をさらに強化した。そして海のない甲斐《かい》においても、実態は都市であった市部《いちべ》村（山梨県石和《いさわ》町）の水呑の比率が五一パーセントであり、富士登山口にあたる上吉田《かみよしだ》村（富士吉田市）にも水呑が多数集住していた事実をあげて、問題が海辺のみにとどまらないことを、泉は指摘しているのである。

このような事例は、今後さらに意識的に追究するならば、無数に発見しうるに相違ない。[*33]実際、専門の近世史研究者は、素人同然の私などが指摘するこうしたことなど、すでにはるか前からわかっていたという感想を当然もつにちがいないと思うが、事実をリアルに追究する古島ですら、なおさきのような都市を「農村」と呼び、水呑を全体として豊かでない人々、賃労働者ととらえており、気鋭の近世史家として事態を十分に理解している笹本ですら、「百姓」を農民と言いかえているのが現実なのである。

実際これまで、百姓の実態は農民とはかぎらず、水呑（頭振・門男等）が貧農ばかりではないと、最初から十二分に意識して史料を読んできた研究者は、ほとんどいなかったのではなかろうか。私自身一〇年ほど前まではそうだったのであり、[*34]本稿はいわばその自己批判にほかならないが、それはともかく、冒頭で述べたような高校教科書の記述が、現在も堂々とまかり通っているのは厳然たる事実なのである。もとより明らかにそこには検定制度の作用があるとはいえ、日本人の歴史意識・自己認識の形成に重大な責任をもつ研究・教育にたずさわるものが、それを放置しておくことは許され難い怠慢、と私は考えている。

安良城盛昭《あらきもりあき》は、古代には「天皇を除く国民」が百姓《ひゃくせい》身分であったが、その解体＝分解とともに中世の諸身分が成立し、「百姓《ひゃくせい》は解体してここに農民としての百姓《ひゃくしょう》が成立する」としている。[*35]百姓が農民でない場合のあることを明確に意識した発言として、これは注目すべきであり、おそらくその一つの根拠は、『日葡《にっぽ》辞書』[*36]が百姓を「農夫」と訳している点にもあるのではないかと思われるが、中世の百姓については、まったく事実に反しているといわざるをえない。

呉《ご》音で読まれたとされる律令《りつりょう》では、「百姓」を「ひゃくしょう」といったとみられるので、「ひゃくせい」から「ひゃくしょう」への転化を、古代から中世への移行にかかわらせること自体、まったくの誤りであるが、中世の百姓も近世と同様、農民と同義ではなく、その実態も決して農民だけではなかった。

それはやはり海辺の集落において最も明確に確認することができる（第一章参照）。北陸地域では「海人」、琵琶湖・大阪湾・瀬戸内海では「網人」、九州では「海夫」という海民を明示する呼称が、一〇世紀末から一三世紀初頭まで、公的な文書――下文《くだしぶみ》の充所《あてどころ》、解文《げぶみ》等をはじめ、日記・記録にもみられるのであるが、農業経営者を意味し、同じころに頻出する「田堵《たと》」の語とともに、これらの呼称は一三世紀前半、荘園公領制が確立するころには公文書からほとんど消え去り、「百姓」の語がこれにとってかわる。

これは、たとえば若狭の多烏浦《たがらす》（小浜市田烏）、志積浦《しつみ》（小浜市志積）など、同じ浦の年代の連続した文書によっても確認できることで、もとより「海人」が「百姓」となっても、漁撈・製塩・廻船などに主としてたずさわる海民としての実態はなんら変わっていないのであり、百姓の語が制度的呼称であったことは明らかである。

また、おそくとも一四世紀初頭に、京都の住人に関連して「地百姓」という語が現れるが、これは「百姓」に都市的な場の呼称である「地」を付した呼称であり、その実態が商人・職人などを含む都市民そのものであったことは間違いない[*37]。

さらに、百姓の負担する年貢の品目が、米だけでなく、絹・糸・布のほか、塩・金・

鉄・紙・薦《こも》・合子《ごうす》・馬・牛などであったことも、百姓の生業が農業だけでなく、さまざまであったことをよく物語っている。[*38]

米を年貢としている荘園でも同様である。若狭国太良荘《たらのしょう》（小浜市太良庄）について、私はかつて百姓を農民と思い込んだまま、その歴史を叙述してみたことがあるが、[*39]いま誤りに気づいたうえで史料をあらためて読み直してみると、太良荘の様相はかなり大きく変わってみえてくる。[*40]

まず、公事《くじ》として糸・綿・上美布《じょうびぶ》に加えて、若狭の名産の椎《しい》・菓子が納入され、細々《さいさい》公事には莚《むしろ》・薦・合子・折敷《おしき》・櫃《ひつ》・桶・杓《ひしゃく》から魚までが進められているが、魚や木器類の一部が市庭《いちば》での交易によって入手されたとしても、麻畠・上葉《うわば》畠《はた》（桑畠）があった点からみて、百姓の女性による織物が行われ、椎の採集が盛んであったことは確実である。

また建武元年（一三三四）八月、連署起請《きしょう》して一味《いちみ》神水《しんすい》、地頭代《じとうだい》の罷免《ひめん》を要求した五九名の百姓たちのなかには、法橋《ほっきょう》の僧位をもつ人を含む三名の僧侶をはじめ、神官、多くの財物をもつ蔵本《くらもと》、細工の仮名《けみょう》をもつ人々、阿弥号《あみごう》を名乗る人々などがほぼ三分の一ほど含まれ、これより少し前には笛吹《ふえふき》という名前の人もみられた。この百姓たちの一揆《いっき》を、たんなる「農民闘争」と規定するにとどまったのでは、百姓の生活そのものの豊かな多面性はまったく切り捨てられてしまうこととなろう。

この荘は決して「谷間の静かな農村」などではなく、小浜を通じて海に、荘の前を流れる北川《きた》を通って近江・京都と緊密に結びついた、外部に広くひらかれた集落であった。実際、一四世紀には、小浜の借上《かしあげ》でこの荘の名主職をもつ人が二人もいたのである。貞和《じょうわ》四年（一三四八）、多烏・汲部《つるべ》両浦（小浜市）の天満宮造営にあたって、浦の百姓たちは、南川《みなみ》沿いの広大な山の荘園名田《なた》荘の材木を用材として買い付け、筏流《いかだなが》しによって南川を下り、海を通って浦まで運んでいる。さきの太良荘の公事とされた魚のように、海産物も内陸から山に入り込んでおり、その交流はそれぞれの地域で細かく活発であった。[*41] このように、百姓の生業の多様さを考慮に入れてみると、このころの荘園・公領の世界が、すでに「自給自足の農村」などとは程遠い、活気にみちたものであったことをよく知ることができる。

　こうした史料の読み直し作業を徹底的に行ってみるならば、中世社会の全体像も大きく変わってくることは疑いないが、それは後日の楽しみとすることとして、さらに古代にまで遡っても、事態はまったく同様である。『類聚三代格《るいじゅうさんだいきゃく》』についてみると、「百姓」の語は、王臣、官人、郡司あるいは浪人と区別されて、語義どおりに用いられるのがふつうで、これとは別に、「農人」「農夫」「農民」などの語（天慶《てんぎょう》五年〈九四二〉二月八日、天長元年〈八二四〉五月五日、官符）が使われる一方、「市廛《してん》百姓」（承和《じょうわ》元年〈八三四〉一二月二二日、官符）、あるいは私《ひそか》に雑器を鋳造《ちゅうぞう》し、商賈《しょうこ》を事とする「百姓」（貞観《じょうがん》一八年〈八七六〉三月二七日、官符）も現れる。これらの百姓や、延喜二年（九〇二）三月一二日の御厨整理令で、

「山河池沼」を「禁制」されることによって「生産の便を失う」といわれた「百姓」も、決して農民などではあるまい。

周知のとおり、志摩《しま》国の百姓は伊勢《いせ》・尾張《おわり》二国の田地を班給されており（『続日本紀《しょくにほんぎ》』神《じん》亀《き》二年〈七二五〉七月壬寅《じんいん》条）、「農業生産力の大小を規準としてみる限り、志摩国は全国で最も貧乏国」とみえるが、弥永貞三《いやながていぞう》のいうとおり、[*42] それは「すべての国民を農民としてとらえる律令体制」の立場からのことで、この国は本来「漁業国」――海民の国であり、その百姓は鰒《あわび》をはじめとする海産物を調《ちょう》として貢進する海民そのものであった。そして豊《ぶん》後《ご》・肥後《ひご》と同様、この国の百姓は「耽羅《たんら》」＝韓国・済州島ともかかわりをもっており、早くから広域的な交易に従事していたと思われる。とすれば、さきの近世の奥能登と同様、海の視点に立つならば、「貧乏国」志摩のイメージはまったく逆転し、海を通じて世界にひらかれた豊かな国ということになろう。

このように、古代・中世の百姓もまた非農業民を多く含み、ただちに農民と解することなどは決して できない。それゆえ、古代の百姓を「班田農民」などと軽々にいうことは、自ら律令国家の立場に立って歴史をみようとする人は別として、事実に即して歴史を追究しようとするかぎり、許され難い誤りといわなくてはならない。

「村」は農村と同じではない

「百姓は農民」という誤りは、ただちにその百姓によって構成された江戸時代の「村」を「農村」とする見方に結びついていく。たしかに「漁村」はそのなかで、いちおうの「市民権」を与えられており、若狭では江戸時代になっても海辺の集落を示す「浦」が公式の行政単位とされ、浦方、浜方が村のなかで地方と区別された単位となっている場合も、かなり広く見いだすことができる。とはいえ、従来の常識では、こうした「漁村」は、田畑も少なく貧しい寒村で、社会的な役割も小さいと考えられてきたといわざるをえない。冒頭にあげた高校教科書のあつかい方がそれをよく証明している。

ただ実態に即してみると、これまで「漁村」と呼ばれてきた海辺の集落は多くの場合、漁撈民のみがいただけではなく、あるいは製塩を行い、あるいは海産物の交易に従事し、船による物資の運搬にたずさわり、職人として各地に出稼ぎにいく人々など、さまざまな生業が営まれており、「漁村」というより、山口徹も主張しているように、「海村」と表現したほうが正確であろう。*43 そして戦国期までに、こうした「海村」のなかには、多様な非農業的生業を営む人々が集住する都市的な集落、さらには、まぎれもない都市といってよい集落が数多く形成されていたのである。

前述した輪島、宇出津、上関、佐野、平野、倉敷などは、まさしくそうした都市であったが、すでに述べてきたとおり、江戸時代に入ると、これらの都市はみな行政的には「村」とされていた。それは江戸時代の幕府・大名が、城下町などの主要な都市のみを「町人」によって構成された「町」とし、多くの都市を含む他のすべての集落については、検地を実施して石高を定め、「百姓」「水呑」をおもな成員とする「村」と定めたからにほかならない。

戦国期、和泉の堺《さかい》（堺市）と肩を並べるほどに富裕といわれた近江の都市堅田《かたた》（大津市堅田）ですら、「村」とされたのであり、日本海、大阪湾、瀬戸内海だけでなく、琵琶湖、伊勢海から伊豆、三浦、房総、東北にいたる太平洋岸、さらに九州、四国など、列島のすべての海辺には、このように「村」とされた都市がきわめて多かった。前述したように、内陸部の河川とかかわる要地にも同様の都市が少なからずあり、山村もまた、非農業的要素がひじょうに強く、そこにも都市といいうる集落があったといってよかろう。

以上のように、「村」は決して農村だけではなかったのであり、これをただちに農村とみる、なんとはなしの思い込みによって、日本社会の都市的・非農業的な要素は、これまで著しく過小評価されてきたといわなくてはならない。

元来、「村」は、古代にまで遡ると、当時の国家によって「蝦夷《えみし》」と呼ばれた東北人の集落に即して用いられたことからも知られるように、律令国家の公的な行政単位である国・郡・郷（里）からはずれた単位の呼称であった。そして、そうした「村」の特質は、荘園公領制にも受け継がれており、たとえば畠、荒野、新田畠などに成立した集落など、荘・郷・保《ほう》・名《みょう》等の「公田《くでん》」からはずれた単位の呼称として、「村」が使用されている。[*44]

それゆえ「村」は、農村どころか、本来はむしろ非水田的性格の強い集落だったのである。

一方、海辺の集落を示す浦・浜・嶋・津《つ》・泊《とまり》等の単位も古くから現れ、平安後期以降、譲状《ゆずりじょう》などの文書にも広く見いだされる。しかし、現存する諸国の大田文《おおたぶみ》(国ごとに田地の面積・領有関係等を登録した土地台帳)をみると、若狭においては一二か所の浦がまとめて記され、海民の国としての特質をよく示しているが、そのほかは、豊後に浦四か所、嶋三か所、津一か所の見られるのが多い例で、海の色彩の強いはずの能登・石見《いわみ》でもわずかに一か所、肥前《ひぜん》・但馬《たじま》・丹後《たんご》・常陸《ひたち》にいたってはまったく見いだすことができない。ただ、淡路《あわじ》の場合には、郷・荘・保などの内部に浦が四七か所もあるが、名称・田積は記されず、「浦一所」とあるのみなのである。

この事実は、荘園公領制の特質と、そのなかでの浦・浜等の位置づけをよく物語っており、海人・網人・海夫が百姓と呼ばれるようになったのと同様、田地中心のこの制度のもとにおいて、浦は全体としては私的な単位にとどまり、公的な帳簿には若干の例外を除き、ほとんど姿をみせない。

ところが海辺の集落は、むしろ「村」と呼ばれて大田文に現れてくる場合がある。能登国の大田文[*45]はその好例で、珠洲郡の蔵見村《くらみ》(珠洲市三崎町《みさき》)・宇出村《うしつ》(鳳至郡能都町)・真脇《まわき》村（能都町）、鳳至郡の矢並《やなみ》村（能都町矢波）・鵜川《うかわ》村（能都町）、鹿島郡の湯浦《ゆうら》村（七尾市鳥浦町・和倉町）・三室《みむろ》村（七尾市三室町）、羽咋郡の藤懸《ふじかけ》村（富来町）・酒見《さかみ》村（富来町）などはみな海辺の集落で、この国の場合、もともと非農業的性格の強い集落の呼称である「村」が、比較的遅れて公的な単位となった海民の集落に付されたものと考えられる。また、淡路国の大田文[*46]に載せられている笶原《やはら》保（兵庫県三原町）内の塩浜《しおはま》村や神代《くましろ》郷内の湊《みなと》村なども、明らかに海民の根拠地であった。

それゆえ、少なくとも中世前期までは、海民をはじめ、非農業民の根拠地を追究する場合、「村」の呼称をもつ単位に注意しておく必要がある。そして「村」とともに「保」と呼ばれた単位にも目を向けておかなくてはならない。

保は、都の官司や大寺社に対する国の負担、あるいは国内の寺社への国の給付が、特定の田畠に固定されて成立する場合が多い[*47]が、清水三男が早くから指摘しているように[*48]、大寺社の神人《じにん》・寄人《よりうど》をはじめ、国に属する工人などの給与＝給田が保となる場合もあり、若狭の細工《さいく》保、御厩《みまや》保、丹後の細工所《さいくどころ》保、播磨《はりま》の瓦《かわら》保、和泉の御酢《みす》保、陶器《すえき》保、尾張の御器《ごき》所《そ》保等、諸国に多くの事例を見いだすことができる。

金を産出したとみられる陸奥《むつ》の依上《よりかみ》保もそうした例であろうが、陸奥の平泉《ひらいずみ》（岩手県平泉町）が磐井郡から分かれて平泉保という単位になったこと[*49]からも知られるように、保のなかには、非農業的・都市的性格をもつものが少なからずあり、おそらくこれは、保が元来、京・鎌倉など都市の行政単位だったことによると推測される。当然、海民に即しても保が立てられることもあったと思われ、能登の湊《みなと》保をはじめ、邑知《おうち》潟《がた》地溝帯（能登半島の基部にある断層間の低地）に濃密に分布する多くの保の場合も、そうした推測をすることが可能と考えられる。

以上のように、古代から中世前期までの「村」を、近世以降の通念から農村と考えることはまったくの的はずれであり、むしろ一四世紀以降、村落と都市の分化の進行、その安定的な発展とともに、「村」と「町」の呼称が用いられはじめ、江戸時代になってそれが前述したような歪んだ形で、公的な行政単位として確定されていく過程とその意味を、今後さらに追究してみる必要がある。

誤解の根はきわめて深い

「百姓」は本来、多くの姓をもった一般の人民を意味する語であり、そこには農民の意味はまったく含まれていない。また「村」も「群《むれ》」と語源を同じくし、人家の集まっている区域をさす言葉で、農業と直接の関係はない。

史料に現れる用語をその当時の意義に即して正確に解することは、実証的方法、科学的歴史学の鉄則である。にもかかわらず、なぜ多くの歴史研究者がこの基本原則を忘れ、百姓を頭から農民ときめこみ、しばしば村を農村とみるような初歩的な誤りを長きにわたって犯しつづけてきたのか。また、いったい、なぜ、いつから日本人は、この誤った思い込みにしばられるようになったのか。

これはそれ自体、きわめて大きな問題で、たやすく解答を出すことはできないが、そのおおよその原因をいくつかあげることはできる。

まず最も重大な原因は、「日本」を国号とした列島最初の本格的な国家＝律令国家が確立して以来、沖縄・北海道を除く日本列島の諸国家が水田を国制の基礎とし、土地に対する課税によって国家をささえてきたことに求められる。律令国家は周知のとおり、支配下に入った六歳以上の全人民に水田を班給し、それを課税の基盤としたのであり、弥永貞三がいみじくもいったとおり[*50]、この国家は、すべての人民＝百姓を農民ととらえようとする強烈な志向をもっていた。

もとより豊富な海産物を貢進させた調や贄《にえ》の制度によっても知られるように、実際には強い海の香りにつつまれていたとはいえ、この国家は海を国境とみて、海上交通をほとんど無視するかのごとく、交通体系の基本を陸上の道におき、農業によってその基礎を固めることに全力をあげたのである[*51]。「農は天下の本《もと》」（神護景雲元年〈七六七〉四月二四日、勅）、「生民の本、ただ農を務むるにあり」（仁寿二年〈八五二〉三月一三日、官符）という「農本主義」の思想がそれをささえていた。このことはその後の社会・国家に強い影響をおよぼすこととなった。

しかし、律令国家がこうした国制を本気で実施しようとしたのは、ほぼ一〇〇年間にとどまり、一〇世紀以降、それは大きく変質していった。おのずと列島内外の交通は、ふたたび海上・河川の交通を基本とするようになり、海民の活動する世界もさまざまな分野――漁撈、製塩、商業・交易、廻船等――で表面化し、海の領主＝「海賊」の動きも活発化してくる。それは中世を通じて、アジア世界のさまざまな激動とかかわりつつ、大きく発展していったのであり[*52]、その意味で中世は、海民の姿の最もみえやすい時期ということもできよう。

しかし、一三世紀前半までにその形成過程を終えた荘園公領制は、さきの国制の影響のもとにあり、やはり基本的に水田を賦課基準として年貢・公事を収取する税制を基軸とした土地制度で、前述したように、それらを負担する人々は平民百姓といわれたのである。また、同じころに確立した東国国家＝鎌倉幕府と、諸国に補任《ぶにん》された地頭《じとう》は、少なくともその当初、田畠の開発に積極的で、幕府内部の一方の政治路線には、「農本主義」の潮流をはっきりとうかがうことができる。

そして一四世紀の動乱、一六世紀の戦乱のなかで、列島の諸地域に成立した小国家＝戦国大名の分国は、海上交通、海民と海の領主の支配にも強い関心をもってはいたが、やはり、田畠を基礎とする税制を、いっそう強化しようとしていた。それは、これらの小国家を統合した豊臣政権、江戸幕府によって強力に継承され、それぞれの地域によって差異があるとはいえ、石高制に基づく税制が列島をおおい、強固に確立することとなった。

あらためていうまでもないが、田畑・屋敷をはじめ、一部の山・海、塩浜、ときには商業利潤までを米に換算した石高で表示し、非農業的収入を考慮に入れた税率によって徴収された年貢を基本とするこの税制にささえられ、一七世紀前半、「海禁」政策に転じたこの国家＝幕府・諸大名にとって、石高を保持する年貢負担者である百姓は、あくまでも農民として健全でなくてはならなかった。それゆえ、律令国家以来の「農本主義」は、この国家によって最も徹底的に社会に浸透させられていったのである。

「百姓は農民」という思い込みは、このように水田――田畑を税制の基礎とした律令国家から近世の国家にいたる諸国家の意志・期待からはじまり、「士農工商」という日本社会には適合的とはいい難い言葉が、蓮如《れんにょ》の御文《おふみ》の「侍能工商《しのうこうしょう》」や謡曲「善知鳥《うとう》」（世阿弥《ぜあみ》作）などで用いられ、[53]『日葡辞書』もこの語を採用する一方、「百姓」を農夫と解していることからも知られるように、一五、六世紀には社会のある部分にまで浸透した。そして江戸時代後期になると、それはかなり広範囲におよんだものと推測される。

「水呑」「頭振」などの語の意味は未詳であるが、同じ無高民をさす「門男」（亡土）は、鎌倉中期、すでにその用例を見いだしうる「間人《もうと》」[54]が源流であることは確実で、百姓とは異なり、一五世紀前半、「昨日、今日、地下ニ在付候やうなるまうと」[55]といわれたように、移動性の強い人々であった。その意味で、少なくともこのころ、この言葉には百姓の側からの多少とも人を見さげた意味が入っていたことは間違いないが、それが江戸時代前期、無高民の呼称として国家によって確定され、制度化されることによって、一種の「差別語」となっていったとみてよかろう。[*56]

これは高持《たかもち》の百姓に、非農業的生業を見下す農民としての意識を浸透させたであろうが、さらにまた、たとえ一年間のほとんどすべてを廻船交易にたずさわり、盆と正月を除き、もっぱら大工として働いていたとしても、それを「農間稼《のうまかせぎ》」「作間稼《さくまかせぎ》」と表現するような制度が定着したことも、こうした意識を強めていったに相違ない。

そして明治以後確立した近代的な学校教育によって、「百姓は農民」という誤解は、「村は農村」とする理解をもともないつつ、徹底して社会に浸みわたり、近代一〇〇年の間に当然の「常識」となるまでにいたったのである。

とすると、この誤解は律令国家以来の、じつに一三〇〇年におよぶ国家の歴史の重みをずっしりと背後にもっていることとなる。それをはね返し克服するためには、容易ならざる決意と力量を必要とするといわなくてはならない。

歴史研究者も、もとより日本人としてこの常識を共有してきたのであるが、研究者として堅持すべきさきのような鉄則に依拠すれば、たとえわずかでも、この誤解を改める道をこれまでにひらきえたはずである。しかしそこには、もう一つの大きな陥穽《かんせい》が待ちかまえていた。

律令国家がその行政組織の運用にあたって文書主義を貫徹させて以来、江戸時代にいたる諸国家は、みなそれを継承した。とくに一四世紀以後の文字の社会への浸透を背景に成立した江戸幕府と諸大名は、徹底した文書行政を行ったが、さきのような国制・税制に基づいて作成・発給される法令・文書・帳簿等が、主として田畠――土地とそれに賦課された諸負担に関連するものとなっていったのは、当然のなりゆきであった。一四世紀以後、急速に数を増したとみられる社会のなかで作成された文書・帳簿にしても、当初から同様の傾向をもっていたと考えられるが、とくに後日の必要に備えて選択・保存される文書・帳簿等は、国家の国制・税制に強く影響され、著しく田畠に偏ることとなっていったのである。

たとえば、中世の荘園・公領に関連する膨大な文書・帳簿は、主として荘園・公領の支配者であった大寺社や天皇家、摂関家等の貴族の家に現在まで伝来しているが、その圧倒的な部分が田畠・在家《ざいけ》（百姓の家）と年貢・公事・夫役等の徴収にかかわる文書・帳簿であり、百姓自身の上申《じょうしん》文書も、こうした問題をめぐる支配者との対抗関係のなかで作成されたもので、同様の傾向のものがほとんどといってよい。それゆえ、すでに早く佐藤進一が指摘したように、[*57]「かかる史料からは荘民の生活の実態などは比較的うかがい難く、荘園そのものの実態すら歪曲《わいきょく》されて書き遺される可能性が十分」にあるといわなくてはならない。これは在地の領主や村落に伝わる文書にも、基本的には共通しているといってよかろう。

江戸時代に入ると、伝来する文書は無尽蔵という表現が可能なほどの量に達し、いわゆる地方《じかた》文書、庄屋・名主《なぬし》等の家に伝わる文書も、たとえば能登の時国家が一万点をこえる近世文書を伝えているように、たやすく全貌を知り難いほど豊富になってくる。しかし大きな傾向として、これらの文書・帳簿が、行政関係の上申・下達《かたつ》文書から家の私的経営にかかわるものを含めて、田畠・山林等に決定的に偏っていることは間違いない。海村の文書ですら、もとよりその多くには地先の漁場など海にかかわるものが含まれているとはいえ、全体としては、同じ傾向をもっている。

それゆえ、佐藤の指摘したような認識、批判的姿勢を徹底して堅持することなく、これらの文書を卒然として読むならば、おのずと百姓は農民、荘園・公領は農業的世界、村は農村にみえてくる。そして「漁村」や漁業関係の文書は少なく、社会的にも小さな役割しか果たしていないという無責任きわまる発言が、さほどの調査・研究もなされないままに、横行することになっていくのである。

もとより一五世紀以降、商業関係の文書は増加し、江戸時代に入れば商家の文書・帳簿も膨大な量が伝来しており、商業史のすぐれた研究も少なくない。とはいえそれも、さきのような文書理解によりつつ、「封建社会では農業が生産の中心で、農民は自給自足の生活をたてまえとして」おり（前掲『詳説日本史』）、商業資本はもっぱらそれに吸着、解体する役割を担うのみという見方が強固に根を張っている実状のなかでは、研究者も少なく、日陰の地位に甘んじていたのが、これまでの状況であったといえよう。

しかし、いま述べたような通常の経緯で伝来した文書の語る世界の大きな偏りは、破棄され消滅する運命にあったにもかかわらず、たまたま伝来・発見された文書――木簡・紙背《し　はい》文書（裏《うら》文書）・襖下張り文書などの世界を知ったとき、ただちに明白となる。両者の世界は驚くべくといっても過言でないほどに、異なっているのである。

たとえば平城宮跡から発掘された膨大な木簡のなかの調・贄の付札《つけふだ》によって、われわれは、いかに大量な海産物が都に送進されていたかをはじめて知ることができた。また中世の草戸千軒町遺跡《くさどせんげんちょう》（福山市草戸町）出土の木簡は、この地域の活発な商品取引、金銭貸借の実状を細かく伝えている。[*58]

さらに平安時代後期以降の日記・記録の紙背文書には、通常の文書からはごくまれにしか知りえない中世前期の供御人《く　ご　にん》・神人をはじめとする非農業的生業にたずさわる人々が多数姿をみせるほか、[*59]銭・物品・人間の売買、流通の世界、生々しい人間相互の関係が、そこから豊かにみえてくるのである。[*60]

襖下張り文書については、近年ようやく注目されはじめた程度で、[*61]その調査・研究はまったく将来の課題といわなくてはならない。しかし、その一例を両時国家にとってみると、

草戸千軒町遺跡と木簡　芦田川河川敷から発掘された中世の集落遺跡（1979年当時）。出土した木簡には、「御灯明の料に油一合を二百十文に買う」と記されている。
広島県立歴史博物館蔵

時国信弘家（下時国家）のそれには多数の仕切がみえ、言い伝えによると[*62]、幕末期に北前船《きたまえぶね》を所持していたといわれているが、上時国家の文書の整理にあたっている泉雅博は、同家の破棄寸前の文書と襖下張り文書の精細な調査を通じて、ふつうの経緯で伝わった近世文書の整理が最終段階に達しているにもかかわらず、これまでほとんど「幻の船」であった幕末の上時国家の北前船が四艘も活動していたことを、見事に発見、解明した。おそらく、下時国家についても、今後の調査で、同様の事実を立証することができよう。

　そして、同じく文書整理にたずさわりつつ、同家の下人を研究している関口博巨《ひろお》も、この泉の発見に関連して、一〇〇〇両以上の取り引きにたずさわっていることの明らかになったこの北前船の船頭友之助が、通常の経緯で伝わった帳簿では、わずかな田畠を耕す同家の下人友之助であったことを明らかにしたのである。[63]選択・保存・伝来した文書の世界と、破棄されていく文書の世界との驚くべき違いを、これはまことに鮮やかに示しているといえよう。

海と海民の世界、非農業民は、まさしくこの廃棄され切り捨てられる世界に属していたのであり、そのことを無視し、また意識しないまま、十分な批判も経ることなく、保存・伝来された文書のみによって描き出された歴史像が、著しく田畠——農業に偏ったものとなっていくのは、当然のなりゆきといわなくてはならない。それは、国家の国制・税制、「政策基調」を実態にひきつけることによって、国家の志向し期待したとおり、否応なしに日本社会を「基本的に農業社会」とする見方にのめりこみ、国家・支配者の側の立場にたった歴史像を、つむぎ出していくこととなろう。

こうした誤解に基づく歴史像を世にひろめることによって、日本人の歴史認識を誤らしめてきた歴史研究者・教育者の責任はまことに重大であり、ただちにそれを改めるための努力がはじめられなくてはなるまい。しかし、こうした歴史研究者の誤りをさらに助長したのは、さきに述べた律令国家以来の国制をささえ、近世の儒者によって強調された「農本主義」と、西欧の近代歴史学の影響であった。

このうち「農本主義」が、中国大陸における国家形成のなかで生み出され、その後の国家・社会の支柱となった儒教思想とかかわりのあることは間違いないが、たんに儒教のみの影響か否かについては、なお厳密に考察される必要がある。ただ、江戸時代の多くの儒学者がその影響下にあったことは事実で、日本が「瑞穂国《みずほ》」であったことを強調する国学者もまた同様の方向を助長したといえよう。

こうした「農本主義」「水田中心主義」は陰に陽に、近代以後の歴史学に影響を与えたのではないかと思われる。高校教科書に広く用いられているさきにあげた「士農工商」もその一つであり、武士と百姓、町人と百姓の身分を規定した身分統制令を「兵農分離」「商農分離」と表現し、いまなお歴史研究者・教育者がそれらの用語を使いつづけ、誤解をさらに拡大しているのも、これと無関係ではあるまい。

そして、日本列島の諸国家の国制だけでなく、中国大陸の諸国家はもとより、その周辺の朝鮮半島の諸国家にも、儒教思想――「農本主義」が強い影響を与えている。日本の社会の場合、たしかに海民の世界はいま述べたように、結果的に切り捨てられてきたとはいえ、海民それ自身は決して「賤民」にはなっていない。

これは実際に、列島の社会全体に海の香りが強く、海民の果たしてきた役割が大きかったからであるといえようが、やはり海民の活発な活動があったと考えられるにもかかわらず、朝鮮半島の国家においては、少なくとも高麗《こうらい》（九一八～一三九二）以後、海民は「賤民」とされたといわれている。また中国大陸においても、河海の役割はひじょうに重要だ

った と思われるが、明《みん》（一三六八〜一六四四）以後の海禁政策の作用もあって、海民は尊重されてきたとはとうてい言い難い。アジアの諸海域における海民の動きは、そのため、日本以上にきわめて見えにくくなっているのであるが、そこにも儒教思想——「農本主義」の強烈な影響を見いだすことができるのではなかろうか。

それだけではない。日本の近代史学に決定的な影響を与えた西欧の歴史学、敗戦後の歴史学において主流的な役割を果たしてきたマルクス主義史学もまた、さきの誤解を助長したという点では、その責任を免がれ難い。

渋沢敬三は「日本の漁業史が今までどうして盛んにならなかったか」について、漁民出身の学者が江戸時代以来少なかったことを一つの理由としてあげるとともに、「ヨーロッパには水産史というものがあまりなく、農史が主で」あると指摘し、「横文字にない方面は、日本であまり発達しなかったということは、明治時代から大正にかけてあったと思う」と述べている。[*64] これは「昭和・平成」まで含めて、ひじょうに的確に問題の所在を言いあてているといってよい。この点もなお今後、細かく追究する必要があるとはいえ、最近まで日本に紹介された西欧近代史学の成果のなかで、「水産史」「海民史」の研究はごくわずかしかないのではなかろうか。

社会経済史の分野にとくに強い影響を与えたマルクス主義史学の場合も同様である。[*65] たしかに、戦後の一時期、漁業・漁村が各方面で、その研究の対象とされたことは事実であり、「漁村」と「農村」との違いも意識されはじめていたとはいえ、そこには、農村で立証されたシェーマ（図式）を漁村に適用しようとする一面のあったことも否定し難い。そして一九六〇年代に入るころには、歴史学界では漁業史の研究者自体、ごくごく少数となり、細々と研究が行われるにすぎない状況になっていったのである。[66]

そして学界の論議は、律令国家と班田農民、私営田領主《しえいでん》・封建領主・在地領主と農奴・隷農・自営農民、地主と小作農、小農の自立、等々の諸問題に集中し、封建社会の基盤をなす「自給自足」の農村に商品貨幣経済が浸透することによって農民が貧富に分解していく過程のなかで、地主制・資本制の形成をとらえていく方向で議論が展開していった。実際、かくいう私自身、かつて教壇でこのように教えていたのである。

もとより、戦後の歴史学のこうした研究を通じて生まれた成果は決して小さいものではなく、すでに非農業的生業に着目した戸田芳実[67]、三浦圭一[68]のような人々も、中世史の分野には現れていた。とはいえ、このような議論のなかに海民・山民をはじめ非農業民の入る余地はきわめて小さく、例外的として片づけられる程度であった。実際、西欧語からの翻訳語を主とする歴史学の学術用語は、いまあげたように、ほぼ農業・農民一辺倒であり、海民の歴史を学問的に語る道はきわめて険しい困難をのりこえなくてはならないのである。

このように、日本の近代史学、マルクス主義史学の現状が、「百姓は農民」という誤りから脱出しえぬまま、いまだにかくのごとき状態にとどまっている事実は、率直に認めなくてはなるまい。羽《は》原又吉《ばらゆうきち》、渋沢敬三など、漁業史研究のために大きく貢献した研究者が学界の主流からはずれ、孤立した道を歩まなくてはならなかった理由は、ここにある。

しかしこう考えてくると、海と海民の世界――無視され、切り落とされてきた非農業民の歴史を、真に学問的に明らかにしたうえで、日本社会全体のなかに、それが本来占めていた位置にまで位置づけし直す作業は、容易なことではない。さきのような歴史学界の動向のなかで見落とされてきた史料、未発見の史料は、まだ膨大にあることが予想され、また海や海民等を視野に収めつつ、既知の史料を徹底的に読み直すことによって、新たに見いだしうることは無数にあると思われる。

とはいえ、前述した文書伝来のあり方からみて、海民に関係する史料が相対的に少ないことも事実であり、文書史料自体に越え難い限界のあることも間違いない。それを越えるためには、文献史学よりも海にかかわる研究では進んでいる考古学・民俗学・文化人類学等との緊密な協力が実現されなくてはならない。そして、こうした諸学の協力を通じて、未開の荒野を開拓し、実証的な研究を積み上げ、農民――平地民とは明らかに異質な海民の生活そのものと文化、その発展の諸法則を見いだしつつ、それを表現しうる新たな学術用語を創出する必要があるのである。

これは長く困難な道ではあるが、すでに曙光《しょこう》は見えはじめている。以下、今後推進されなくてはならない仕事の二、三にふれておきたいと思う。

海から日本社会を見直す

全国の重要な漁村を自らの足で歩き、独力で膨大な史料を蒐集、漁業史研究を初めて本格的に開拓し、「海人族」[*69]「漁場総有制」という海民史のキー・ワードを創り出した羽原又吉の仕事の画期的な意義については、いまさらいうまでもないが、その羽原がいち早くアイヌに着目し、その社会経済史的な研究を行っていたこと[*70]は、見逃すことのできない重要な点である。

海民に着目する研究者の姿勢は、おのずとアイヌ、そして沖縄にも目を向けていくこととなるのであり、自らの出身地である沖縄史研究に力をそそぎ、大きな影響を与えた安良城盛昭[*71]を例外として、もっぱら農業・農村のみを取り上げていた戦後の歴史学の主流の視野には、一九七〇年代まで、アイヌ、沖縄はほとんど入ってこなかったのである。さきに海民切り捨ての「構造」といった点は、ここにもはっきりと現れている。それは、「進歩」を担った勝者にもっぱら着目し、勝者にはたやすく知ることのできぬ敗者の真実を無視するという点で、共通しているといってよい。

そして、羽原のこうした姿勢を高く評価しつつ、漁業史――水産史の研究の発展のために、決定的な役割を果したのが渋沢敬三であったことも、あらためて述べるまでもなかろう。周知のとおり、渋沢の目は暖かく、また鋭く、アイヌ、沖縄から対馬、能登、そして朝鮮半島多島海にまで向けられていた。

しかしなによりここで強調しておきたいのは、渋沢がこの分野の開拓のために必要な、最も基礎的な作業を全力をあげて推進した点である。『豆州内浦漁民史料《ずしゅううちうら》』『日本魚名集覧』『日本漁民事績略』『塩俗問答集』『奥能登時国家文書』など、渋沢が主導し、あるいは援助して刊行された史料(資料)集は枚挙にいとまないほど多数におよんでいるが、これはアチックミューゼアム＝日本常民文化研究所を創設・主宰した渋沢の基本的な研究姿勢であった。[*72]

「論文を書くのではない、資料を学界に提供するのである」「いわゆる論文は出さん、全部資料というので通してまいりました」と自ら言い切っているように、渋沢は恣意《しい》的な撰択を排し、可能なかぎり万全な形で資料を世に提供することにつとめたのである。そしてそれとともに、渋沢は索引作成の仕事を研究所のもう一つの柱として、史料(資料)のもれなき有効な利用のために道をひらく努力をした。自らもその仕事にたずさわり、多くの人々の協力によって渋沢が完成させた『日本魚名集覧』は、まさしく日本魚名の大索引にほかならないが、「常民人名事典」ともいうべき『日本漁民事績略』にも、同じ姿勢が貫かれている。

こうした地道な作業を通じて、渋沢は『日本魚名の研究』を著し、[*73]『延喜式《えんぎしき》』を素材に、個々の水産物、たとえば鰒・堅魚《かつお》・鮭・鯉・鮎、そして多様な海草などを取り上げ、その需給および用途の特質について、いまなお学問的生命を十分保っている珠玉の論文を書いたのである。最近、盛本昌弘が贈答品としての水産物に注目し、精力的な仕事を進めているのは[*74]、これを継承するものといえるが、これを除くと、文献史学の分野では、渋沢のこうした研究はほとんど継承されていない。魚名についても同様で、文書に現れる漢字魚名をはじめ、研究・調査の余地は広く残っており、渋沢の仕事を受け継いで漢字魚名を蒐集した藤木喜久麿《きくまろ》の稿本が、神奈川大学日本常民文化研究所に保管されているが、いまだ刊行までにはいたっていないのである[*75]。

渋沢はまた、塩についての視野を民俗にまでひろげたすぐれた論文を書くとともに、海草が日本の社会において果たしたきわめて重要な役割を強調しているが、この分野についても、残された課題はきわめて多く、とくに海草については、文献史学はまだまだ大きな貢献が可能であろう。

釣り・網等の漁具に関しても同様で、渋沢自身『日本釣漁《つりりょう》技術史小考』[*76]を著し、『明治前漁業技術史』[*77]を編纂しているが、近年顕著な発展をとげたこの分野の民具学の調査・研究の成果をふまえ、文献史学が本格的に協力するならば、前近代まで含めて、漁法・漁具名の「集覧」を完成させることも、十分に可能である。

海民史研究の前には、無限といってもよいほどの課題のあることは間違いないが、このような最も基礎的な仕事を着実に進める姿勢が、なによりも必要であろう。

これまでしばしば「海民」という語を用いてきたが、それは海をおもな舞台として生きる人々が、漁撈はもとより、岩塩を産しない日本列島では海水からの製塩を行い、船を操るのに巧みで、海・潟・湖・川を通じて広域的な交流、物資の運搬に従事し、早くから商業活動にたずさわるなど、多様な活動を総合的に展開してきた、という事実に理由がある。

これは、「漁民」の語ではとうてい表現し難い実態であり、もし「海人」を「平地人」「山人」と同じ用法で用いるならば、これも的確な用語となりうるが、「海人」はしばしば「あま」と読まれることによって、限定された潜水を行う海民のみをさすと理解されやすいため、現在の歴史学界ではなお市民権をもったとはいい難い「海民」の用語をあえてここでは使用した。また、「潟の民」「湖の民」「川の民」と呼びうる人々も、もとより存在し、そこには海とはまた異なる問題のあることを十分考慮に入れなくてはならないが、いまは煩いを避けるために、あえて「海民」の語でこれらを代表させておきたい。

この言葉は、漁撈・製塩等が多少とも専業化した時期から用いることが許されよう。とすると、縄文後期から関東・東北ではじまる土器製塩はすでに交易を前提とするといわれ、渡辺誠も縄文時代から漁撈の専業化を指摘しているので[*78]、海民の語をここまで遡らせることは可能である。この時期から確認されている船による広域的交流もまた、これらの人々の担うところだったと思われる。

弥生時代に入れば躊躇なく「海民」を考えることができるし、それはむしろ必要ですらある。漁撈・製塩はもとより、中国大陸、朝鮮半島、列島の島々の間の海を通じての交流を担ったのは、間違いなく「海民」であった。そして前述したような律令国家の国制によって、一時期、規制をうけることもあったとはいえ、その活動はさらに広く展開していった。元来、漁撈・製塩は当初から交易を前提としており、日本列島における最も早い商業の担い手は塩商人、ついで魚貝商人だったと考えられるが、こうした海民の職能の分化もしだいに進んでいった。

一一世紀後半、西日本にはその主たる職能を通して天皇・神仏に奉仕・直属する供御人、神人、寄人が現れてくるが、塩商人、魚貝商人、廻船人などを主要な職能とする有力な海民も、こうした称号を与えられ、百姓と区別される立場に立った。ただ、実態に即してみると、これらの人々も、なお漁撈・製塩と未分化であり、逆に出挙《すいこ》=金融を行う場合もあったのである。そして百姓の海民も、移動性をまだもっていたとはいえ、しだいに浦・浜・津・泊などに安定した集落を形成し、さきのような多方面での活動を活発に展開していた。

それとともに、海民を下人として従え、百姓の海民を支配する海の領主ともいうべき有力者が姿を現す。供御人・神人のなかにもいたとみられるこうした人々は、津・泊で徴収された津料・勝載《しょうさい》料などの関《せき》料=交通税、商業・貨物税の徴収にもあたったと思われる。

関料は本来、神仏への初尾《はつお》の貢献に起源をもつが、そうした神仏の権威を背景にしつつ、海の領主はときに武力をも行使して徴収を強行、「海賊」といわれることもあったのである。

すでに一一～一二世紀には列島全域に廻船の安定したルートができ上がっていたと推測されるが、廻船人・商人はこのような交通税の免除を求めて、天皇家、寺社と積極的に結びつこうとしていた。荘園公領制、神人・供御人制の形成過程で、天皇家、摂関家、高位の貴族、大寺社、武家は、これらの廻船人・商人や海の領主の存在、海民の根拠地である浦・浜・津・泊を十分に意識しつつ、それぞれの戦略をもって荘園・公領を確保し、神人・供御人を組織すべく、競合していたのである。これまでほとんどこうした視点をもたなかった政治史を、このような海・河川を視野に入れて考え直してみるのも、今後の興味深い課題であろう。[*79]

一四世紀以降、海民の職能分化はいっそう顕著になってくるが、廻船人はもとより、列島の社会で商人として広域的に活動した人々のほとんどが、海民出身であったといえよう。そしてこれらの人々は問丸《といまる》＝倉庫業、金融業も兼ねることが多かった。

ただ一四世紀前後のこうした人々には、僧侶ないし僧名を名のる人が多い。稲本紀昭《いなもとのりあき》の言及した志摩の豪商たちのうち、[*80]道妙《どうみょう》は出家後の法名《ほうみょう》であるが、その弟定願《じょうがん》、蔵本の弁盛《べんせい》は僧侶であった蓋然性が大きく、さらに道妙の妻と争った光明寺《こうみょうじ》の恵《え》観《かん》は「禅衆」といわれた僧侶であった。また「関東御免津軽船《かんとうごめんつがるぶね》」の廻船人本阿《ほんあ》は時宗《じしゅう》と関係があるといわれ、太良荘に名主職をもつ小浜の借上は石見房覚秀《いわみぼうかくしゅう》、讃岐房祐秀《さぬきぼうゆうしゅう》、道阿弥《どうあみ》、また小浜の問丸も心性《しんしょう》、道性《どうしょう》、宗覚《そうかく》、本阿弥《ほんあみ》など、みな僧形《そうぎょう》であった。*81

なにより、このころ津・泊に関を立て、廻船人・商人から関料を徴収したのは勧進上人《かんじんしょうにん》となった禅律《ぜんりつ》僧であり、さきの恵観もまたそうした僧侶だったのであろう。すでに一二世紀の重源《ちょうげん》のころから顕著になった勧進上人の活動は、一三世紀後半から一四世紀にかけて最も盛んになった。

唐船入津の図　江戸時代の長崎版画に描かれた唐船。

これらの上人は北条氏などと結びついて寺社・港湾の修築、架橋など公共的な事業を請け負い、その資本を調達するために、神仏への初尾寄付の名目で関料を徴収した。当然、海の領主もその徴収をささえたと思われるが、そうして蓄積された資本で工人を動かし、中国大陸の技術者の力をも動員して「唐船」を建造した勧進上人は、「綱首《ごうしゅ》」と呼ばれる船頭や多くの水主を雇って中国大陸に渡航、貿易によって巨利を得、さきのような大工事を行った。そのために建築工・石工をはじめ、建築土木工事にたずさわる非人・河原者も動員されたのであり、こうした勧進上人のあり方は、一種の企業家・貿易商人といっても過言ではなかろう。練達の計数・決算・経営能力を身につけたこれらの僧侶は、各地の荘園・公領の職能的な請負人にもなっており、一五世紀以降は、禅宗寺院の荘主《しょうす》といわれた人々の活動が目立ってくる。

やがて一六世紀にかけて、貿易商人を含む商人・廻船人は、なお千利休、今井宗久のような僧名もみられるとはいえ、しだいに俗人が多くなり、江戸時代に入ると、田島佳也《よしや》が詳細に追究した紀州商人栖原《すはら》屋[*82]、さきにあげた和泉の食野、唐かね屋などの巨大な商業資本家たちの活動が展開するが、これらの商人たちも、田島が指摘するとおり[*83]、圧倒的に多くが海民出自の人々であった。この意味で、前近代の日本社会における商業・貿易は、主として海民によって推進されたといわなくてはならない。

ただ遡って注意しておく必要のあるのは、商人・廻船人を分化させはじめた海民、海の領主に強い影響力をもっていたのが、さきの律宗、禅宗、時宗をはじめ、一向宗（真宗）・日蓮宗などのいわゆる鎌倉仏教の諸宗派だった点である。なかでも一五〜一六世紀に最も強力な宗教勢力となったのは一向宗であるが、その拠点は石山《いしやま》、堅田（以上、大津市)、長島《ながしま》(三重県桑名《くわな》郡)、吉崎《よしざき》(福井県金津《かなづ》町)など、みな海辺の要津《ようしん》であった。また近世に入ってみても、奥能登の真宗寺院のほとんどが海辺の集落・都市に分布しており、真宗寺院による寺内町の形成によっても知られるように、これらの仏教諸宗派はみな都市的な性格を強くもっていたのである。「百姓は農民」という誤解にしばられて、一向一揆を「農民戦争」としてきたこれまでの見方は、すでに井上鋭夫《としお》[*84]、藤木久志[*85]によって修正されつつあるが、この分野でもさらに大きな見直しが必要であろう。キリスト教の布教も、また海辺の人々、都市民をその重要な対象としていた。

このように考えてくると、日本の社会は、農業社会どころか、おそくとも一四世紀以降、商業資本、企業家ともみるべき人々の活発な活動のみられる色濃く都市的な側面をもつ経済社会になりはじめていた、ということができる。そのなかで決定的ともいうべき役割を果たしたのが、元来、商業・交易活動を不可欠なものとしていた海民であり、多くの海村はこの時期以降、都市的性格を強め、なかには非農業的生業をもつ人々が集住し、独自な自治組織をもつ、まぎれもない都市になっていく。それは、これまで考えられてきたよりもはるかに広範で、多数にのぼるであろう。

もとよりこれらの都市民も、多少なりとも農業にたずさわっていたであろうが、そのわずかな農業を強調し、都市民を百姓=農民、水呑=貧農、都市を農村、主として営まれている生業を「農間稼」とみるのは、まさしく支配者の立場そのものといわなくてはなるまい。とすれば逆に、これまで「自給自足の農村」というドグマ（独断的な説）のもとに見逃されてきた平地村、平地民の非農業的生業にも、われわれはもっと注目してみる必要があろう。そしてそのような作業が徹底して進められるならば、これまでせいぜい一七世紀後半以降とされてきた日本社会における資本主義の形成も、かならずやそれよりもはるかに早く遡って、一四世紀まで視野に入れて考えられなくてはならないことになるであろう。

そのうえで、実態としてはこれほど都市的・商業的性格の強い社会に、なぜ江戸幕府と諸大名のような国制が成り立ちえたかが、あらためて問われなくてはならない。また一向宗をはじめキリスト教にいたる都市的な宗教が徹底的に弾圧され、無力化されたことの意味も考え直される必要がある。田上繁が鯨の解体に関連して注目した海辺の被差別部落の活動は、[*86]「あしか狩」についても指摘されているが、[*87]これについても、新たな視点に立ってさらに深く追究されなくてはなるまい。これらの問題は、さきに「農本主義」といってきた東アジアの国家と社会のあり方とも深くかかわっているが、その解決は遠い将来にゆだねるほかなかろう。

そして、このように、従来、無視され、切り落とされてきた海の世界と海民、さらには非農業民の役割を正当に復権しえたときこそ、国家の落としてきた濃厚な影を消し去り、営々と大地を開発し、豊かな田畠を育て上げ、日本社会の根底を根強くささえてきた農業・農業民の真の光に満ちた実像を明らかにすることができるもの、と私は考えている。

第一章

北国の社会と日本海

北の城館跡と日本海

きわめて古い時代から、海は人と人とを結びつける広大な交通路としての役割を果たしつづけてきた。ほとんど自らの手を加えることのできぬこの自然の道を、海流や風の動きを知りつくすことによって、人々は縦横に利用し、われわれのまったく予想もつかぬほどの広い範囲にわたって移動してきたのである。

一九八〇年（昭和五五）の夏にペルーを訪れたさい、私はリマの天野博物館[*1]を見学する機会に恵まれた。そこには、五〇年以上もこの地に住んだ天野芳太郎の発掘・蒐集《しゅうしゅう》した、膨大なアンデスの遺物が陳列されており、多大な感銘をうけたが、なかんずく、私にとって強烈だったのは、紀元後まもなくから六世紀ごろまでといわれるモチーカ文化の、リアルにインディオの首長たちの顔を浮き彫りにした土器群のなかに、まぎれもないアフリカ人の顔と、「日本人？」と表示された、明らかに東アジア人系の人物の顔を見いだしたことであった。おそらくは島伝いの偶然の漂着であったのであろうが、この土器は広大な太平洋も大西洋も、すでにこのころから人の移動しうる道であったという事実を、鮮やかに物語っている。

硬い大地に刻み込まれていく陸上の道と異なり、限りなく柔軟な海は、まったくといってよいほどそれ自体に人の通った跡をとどめない。それゆえ、海の道をこれまで通ってきた人々は無数といってよいほどであるにもかかわらず、その足跡は意外に世に知られることなく、また明らかにされてこなかったのである。しかしこの一事をとってみても、陸上の道になれきったわれわれの狭い知見が、海の道にはまったく通用しないことは明らかであろう。とうてい、人の力のおよばないかにみえる、広さと深さをもった自然――海に対し、人類はきわめて柔らかに対応することによって、そこから驚くべき力をくみとってきたのである。人類の社会と文化は、このような海――自然に対するその対応の仕方を十分に知ったうえで、あらためて考え直してみる必要があろう。

日本列島の社会と文化についても同様である。日本を孤立した「島国」とみる見方が、さきのような陸地中心の思い込みからくる誤りの最たるものであることはいうまでもないことで、島で成り立っているがゆえに、日本列島は四周の海の道によって、広く世界の各地域にひらかれていた。そしてその道を通じて行われてきた各地域と列島の島々との、人々の遠古以来の活発な交流のなかで、列島の社会が形成されていったことも明らかであり、すでに考古学・文献史学の多くの研究成果が、縄文時代以来、この列島に均質・単一な「日本民族」が存在したという、「はじめに日本人ありき」ともいうべきこれまでの歴史像の破産を証明しているといってよかろう。

また、海の柔軟さは、国家の硬質な制度による規制になじまない。古代、畿内を中心に成立した「日本」を国号とする国家はもとより、中世の諸国家、さらに近世の江戸幕府ですら、海を通ずる人と人との交流を遮断することなど、決してできはしなかったのである。江戸時代、いわゆる「鎖国」の下にあって、清《しん》の貨幣――康熙《こうき》通宝《つうほう》、乾隆《けんりゅう》通宝等々が列島内に大量に流入し、全国的に流通していたという事実[*2]そのものが、そのことを明瞭に示している。

列島に単一の国家が存在し、他地域との交流はこの国家を通してのみ行われてきたかのごとく説きがちな従来の見方も、もはや捨て去られなくてはならない。国家の規制が働きはじめて以後、たしかにそれとの緊張関係を多少とも余儀なくされつつも、大陸の南北の懸け橋として、日本列島には東西南北からたえず人と物とが出入りしていたのであり、その実態を明らかにすることなしに、列島の社会と文化とを正確に語ることは不可能である。

ここで取り上げる日本海北東部の海も、もとより世界の海に通じている。われわれはとらわれない目で、アジア大陸、東南アジア、さらにアメリカ大陸までを含む広範な地域にまで視野をひろげ、北陸・東北・北海道を中心に、この海を通って列島に出入りしてきた人々と、さまざまな種類の物の動きを追究してみる必要があろう。

しかしすでに、戦前からこうした日本海の海上交通についての、広い視野をもつ地道な研究が積み重ねられてきた。たとえば、若くして共産主義運動に身を投じ、獄中で敬虔なキリスト教信者になり、釈放後は民俗学・歴史学の真摯な学究としてすぐれた成果をあげ

中国服を着た山丹人　山丹人によって蝦夷地には中国製の反物や樺太玉等がもたらされた。（福井久蔵編『蝦夷島奇観補注』厚生閣、1937年より）

ながら、惜しくも夭折《ようせつ》した大島正隆の研究は注目すべき内容をもっている。

大島の研究は、その視座を確固として奥羽にすえ、奥羽の大名の歴史、マタギの民俗などについてすぐれた成果をあげており、すでにその視野には、「奥羽の例外地帯」「夷地」としての「津軽の北半」、そこに勢威をふるう安藤氏、さらには「遠く満州にまで連なる国際貿易」としての山丹《さんたん》貿易までがおさめられていた。なかんずく、一九四一年（昭和一六）、その師古田良一の名で発表された論文「秋田家文書による文禄・慶長初期北国海運の研究」は、秋田家文書の整理を通じて大島がまとめた労作で、豊臣氏による全国統一後、朝鮮出兵、伏見城築造のための材木の大量輸送を通じて、北国海運が大きな飛躍をとげていく過程を、多数の史料を紹介しつつ、堅実かつ実証的に明らかにしており、戦後のこの分野の研究の出発点となった画期的な仕事であった。

しかもそこで大島は、このような突然出現した豊臣氏の「巨大な運輸要求にも十分耐え得るだけ」の力量を、日本海の海運がすでに備えていたことを強調し、湊《みなと》々の商人の役割を明らかにしつつ、「夷地貿易」にまで言及する一方、「海上の神火」と題する別の民俗学的な論稿で、「東北地方の太平洋沿岸を南から北へと辿り、日本海々岸に至る」地域に分布し、「隠岐《おき》国タクヒの権現」に祈って火のついた薪《まき》を海面に投ずる民俗を追究し、隠岐国の「焼火《たくひ》の信仰」の古代以来の歴史を明らかにしたうえで、それが津軽にまで運ばれた事実の背景に、遠古に遡る日本海の活発な海上交通を想定しているのである。

これによっても明らかなように、もしも大島に、さらに長い天寿が許されたならば、歴史学と民俗学とを総合しつつ、北国《きたぐに》と日本海の海上交通とのかかわりを解明する大きな成果が結実したことは疑いないといってよかろう。近年、大島の仕事は一書にまとめられた。[*3]その研究の大きな意義に着目した同輩・後輩たちによって、大島の人格を敬愛し、その研究の視点も、これら東北の後輩たちと北て、北に視座をおいて列島社会の歴史を見すえたその視点も、これら東北の後輩たちと北海道の研究者たちとの共同研究の組織に受け継がれ、まさしく「北からの日本史」として、着々と実を結びつつある。[*4]真摯に生きた人の生涯とその遺産が、どれほど大きな力を後世の人々に与えるかを、これはまことによく示しているといわなくてはならない。

焼火神社　古来、航海安全の神として聞こえ、その名は遠く東北にまでおよんでいた。（『北斎漫画』「焚火の社」）

もとより大島のみにとどまらぬ戦前の幅広い伝統をもつ日本海海運史の研究は、敗戦後まもなく、活発な展開をみせはじめた。小葉田《こばた》淳を中心として行われた、京都大学による若越《じゃくえつ》（若《わか》狭《さ》・越前《えちぜん》）地域の調査は、それに加わった多くの人々によるこの方面の研究を続々と生み出し、また豊田武の指導による東北の研究者たちの成果、「初期豪商」という規定を提示した山口徹《てつ》の論稿等々、枚挙にいとまないほどの成果が生まれたのである。

それらの多くは『日本海海運史の研究』[*5]という大冊にまとめられたが、そのあとをうける形で、日本海地域史研究会は『日本海地域史研究』[*6]をすでに第一四輯まで刊行、この分野の研究論文を多数世に送り出している。これらに付された文献目録によっても知られるように、この分野の研究の蓄積は、いまや膨大な量におよびつつある。それは文献史学の領域のみにとどまらない。民俗学の視点に立った研究も豊富であり、たとえば北見俊夫は多角的な「民俗文化史的考察」を通して、『日本海上交通史の研究』と題する大著をまとめているが[*7]、そのなかには多くの日本海海域に関する論文が含まれている。

これらの諸研究を通して、この海域の交通が遠古以来のきわめて長い歴史をもち、また、日本列島をこえて、さまざまな経路を通じて、アジア大陸の南北、東南アジアにまで結びつく規模をもっていたことが明らかにされ、これらの諸地域間の交流のなかで、日本海沿海地域にはぐくまれた社会・文化を「日本海文化」ととらえる観点も確立されるようになってきた。

森浩一、大林太良、門脇禎二等の考古学、文化人類学、文献史学の専門家を中心に、一九八一年(昭和五六)以来、連年、多くの人々を集めて「日本海文化を考えるシンポジウム」が開かれ、旧石器、縄文時代から古代にかけての時期を中心に、壮大な規模の議論が展開されたことによって[*8]、この観点は広く世に定着するようになったのであり、その発展の延長線上にある力作が続々と世に問われつつある。

こうした多彩な問題提起の根底に、近年の、これまた列島内のみにとどまらぬ広い範囲にわたる考古学の発掘成果があることはいうまでもないが、それはいまや中世、近世にまでおよび、これまで想像もできなかったような新たな世界をわれわれの前にひらきつつある。

『海と列島文化1　日本海と北国文化』[*9]に収められた、吉岡康暢《やすのぶ》の「珠洲《すず》焼から越前焼へ――北東日本海域の陶磁器交易」は、まさしくそうした成果の一つの集約であり、大石直正「北の海の武士団・安藤氏」、海保嶺夫「北方交易と中世蝦夷社会」も、それぞれ異なる角度から、考古学の知見を取り入れ、北の世界の実状を論じているが、ここではそれらとの重複を避けながら、北海道南部、東北北部の遺跡を手がかりに、日本海を通じての交易のひろがりとその歴史を、一つのテーマとして考えてみたいと思う。

それとともに、もう一つ取り上げなくてはならないのは、北東日本海沿海地域の海民社会のあり方、その特質についてである。

さきのような広域的な交易活動に従事しつつ、その根拠地を中心に漁撈・製塩にもたずさわった道南、東北、北陸の浦々、湊々の海民たちの実態を考えるさい、現在でもなお特筆しておかなくてはならないのは、やはり戦前以来の羽原又吉《はばらゆうきち》の研究[*10]であろう。アイヌの社会経済史について、早くも一書をまとめた羽原は、若狭、越前、加賀《かが》、能登《のと》、越中《えっちゅう》等、北陸地域の漁民と漁業についても精力的に研究を進め、多くの論文を書いている。たしかにそれらは、史料の蒐集やその扱い方において、当時のさまざまな制約もあって、決して十全とは言い難く、すぐれて先駆的、開拓的な仕事というべきであろう。

しかし、移動しつつ各地に定着していった、綿津《わたつ》見《み》系と宗像《むなかた》系という二大海人族を想定するという、列島をこえた壮大な仮説を背景に、海民社会のあり方を「惣有制」と特徴づける羽原の構想は、その当否は別としても、大きな示唆をわれわれに与えるものがあり、これまでの歴史学の盲点をつく指摘は、その厖大な著作のいたるところに見いだすことができる。実際、現在までのこの地域の海民・海村史の研究は、依然として羽原の仕事を乗りこえきるだけの厚みをもつまでになってはいない、といわなくてはならない。

さらに、羽原と同様、戦前以来、漁村の民俗を追究して大きな仕事を残した桜田勝徳《かつのり》[11]にも、この地域にふれた研究が少なからずあり、これら先人の成果と、戦後、多少とも蓄積されてきた諸研究に教えられながら、いくつかの気づいた問題をあげておくことにしたいと思う。

国指定史跡となったのを契機に、一九七九年（昭和五四）から開始された北海道檜《ひ》山《やま》郡上《かみ》ノ国《くに》町の勝山館《かつやまだて》と夷《い》王山《おうさん》墳墓群の発掘は、これまでの常識を大きくくつがえす数々の新たな成果をあげ、いまもなお松崎水穂を中心に継続されている。その詳細は毎年刊行されている報告書[12]をはじめ、松崎による要を得た紹介[13]によって、すでに広く世に知られているので、ここでは当面の課題に即し、注目すべき問題について、これらの報告書等によりつつ、述べてみることとしたい。

勝山館の背後にそびえる標高一五九メートルの夷王山は、山頂に夷王山神社が祀《まつ》られ、

夷王山と勝山館　山頂の夷王山神社からは、日本海を一望できる。眼下には夷王山墳墓群、勝山館跡が見え、大澗《おおま》湾にそそぐ天ノ川河口付近も見渡せる。

その山裾には六〇〇基以上といわれる火葬・土葬の多様な形式をもつ墳墓が全面に分布している。一五世紀を上限とし、一六世紀後半をその下限とするこれらの墳墓群が、一五世紀半ばに築かれたとされる勝山館の人々と結びつく墳墓であることは間違いなかろう。

この山の名、夷王山については、ふつう薬師如来の別名である「医王《いおう》山」の音通とする説が行われている。しかし、『松前家記』はこれを誤りとしており、やはり「夷王」という文字が用いられたことには意味があり、それは勝山館をひらいた人々とも関係があるとみなくてはならない。実際、一五世紀後半、朝鮮国王に使いを送った「夷《えぞが》千《ち》島王《しまおう》」を名乗る人があったこと[14]、一七世紀に入っても、訪れてきたポルトガルの宣教師アンジェリスに対し、「松前殿」が「松前は日本ではない」と明言している事実[15]などを考慮すれば、これは十分に成立しうる推定としてよかろう。

そして、日本海を一望のもとに見晴らせるその山頂に葬られたと伝えられる、この館の「始祖」武田信広《のぶひろ》が、「上之国」において「建国之大礼」を行ったと『福山秘《ふくやまひ》府《ふ》』が記していることも見逃し難い。

「下之国」を含め、東北北部から道南にかけての地域には、このような多少とも自立した「国」「王」の意識が、潜在的にせよ、脈々と流れていたことは、認められてよいのではなかろうか。それは、「日之本将軍」を名乗った安藤氏にも通ずる意識とみてよかろう。

このように「聖地」夷王山を背後にして、「館神」八幡宮を祀ってひらかれた勝山館に、長期にわたり、きわめて多様な人々が住んでいたことを、発掘の成果は明らかにしている。

松崎の報告[16]によれば、多くの陶磁器をはじめ、茶入《ちゃいれ》、香炉、茶臼《ちゃうす》、硯《すずり》などの「文化的側面を想わせる遺物」の出土する第三平坦面と、鉄滓《てっさい》や石製羽口《はぐち》、小札、胸板など甲冑《かっちゅう》の一部の出る第一平坦面との間には明らかな身分差があり、いわゆる「侍屋敷跡」には鍛冶《かじ》の行われたことを示す遺物を見いだすことができる。

また白磁紅皿や簪《かんざし》、針、鋏《はさみ》などによって、女性が住んでいたことも確実とみられるが、なかんずく注目すべきは、「未製品や製作時に生じたと思われる切片類」を含む五〇〇点余の骨角器《こつかくき》が出土している事実である。

松崎はこれを「きわめて非和人社会的な物であり、擦文《さつもん》時代や中・近世アイヌ資料との関連性を検討すべき資料」としているが、この館にアイヌと本州人とが混住していたことは、この資料によってほぼ明らかといってよいのではなかろうか。[*17] たしかに、いわゆる「コシャマインの乱」をはじめ、遡って一四世紀前半の「蝦夷《えぞ》」蜂起《ほうき》など、この地域を舞台にした戦闘がしばしば起こっているのは事実であるが、それをただちに、アイヌと「日本人」の間の民族的な対立による戦争とするのは、近世中期以降の状況に引きずられた見方であろう。

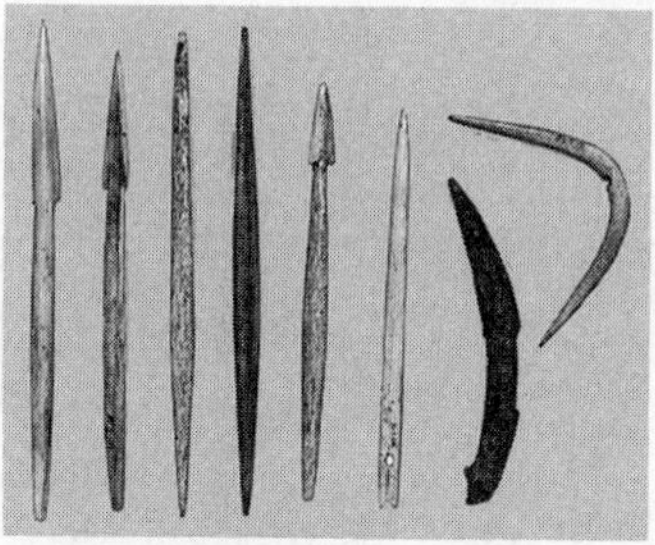

勝山館跡出土の骨角器　アイヌが製作・使用したと思われる銛や釣針。上ノ国町教育委員会蔵

東北北部から道南にかけての地域は、藤本強が「中の日本文化」と「北の日本文化」との間の「ボカシ」の地域といったように、[*18] 古くから北海道人と本州人とが交錯・混住した地域であり、それはこの館の存続した時期まで続いていたとみてよい、と私は考える。

松崎も指摘するように、この地域で起こった何回かの紛争・戦闘は、「交易権の強化拡大を軸とする館主間の抗争とアイヌ社会の発展」とのからみ合いのなかで起こっているのであり、天文二〇年（一五五一）のアイヌと蠣崎氏との「和平協定」によって、両者の領域が明確にされた結果、アイヌと本州人の共存が、かなりの長期にわたって安定することになっている。

そして、「松前は日本ではない」というさきの「松前殿」の発言によっても明らかなように、この地域の人々には、なお「日本人」意識は決して浸透しきっていないのである。「夷王」の「国」という意識は、まさしくこのような土壌の上に育ったものとみることもできるのではなかろうか。

勝山館の遺物には、農業的な色彩がきわめて薄い。コメ、ソバ、キビなどが見いだされているとはいえ、栽培されたことの判明しているのはソバのみである。漁撈・狩猟による魚、貝、獣などは多く出土してはいるが、高度な生活水準を保っていたことの明らかな館の人々の生活を主としてささえたのが、このような自給的な生業ではなく、日本海を通じて行われた交易活動であったことは明らかである。

勝山館の直下には、日本海にそそぐ天《あま》ノ川の河口、「無碇《むいかり》」といわれた天然の良港大澗《おおま》湾がひろがっている。この館は、不可分の関係にある花沢館とともに、まさしく湊を見下ろす館であったといってよい。館の人々の生活は、この湊を活発に出入りした船の活動に依存していたのであり、館の機能自体、湊、そこに形成されたと推定される市・町と切り離し難いものがあると考えられる。

志海苔出土の銭甕　函館市志苔館跡に近い砂丘にある遺跡から発掘され、列島で最多の中国銭が埋蔵されていた。

市立函館博物館蔵

現在も市街地の下層に一三世紀の珠洲焼が出土しており、「上之国漁港遺跡」の水中考古学的方法による調査[19]の結果、一六世紀末以降の多くの陶磁器を中心とする遺物が見いだされているので、今後の調査のさらなる進展によって、この館の特質はいっそう明確にされていくであろうが、注目すべきは、こうした湊を見下ろす館という形が、勝山館にとどまらず、道南から津軽、下北にかけての館に共通してみられる点である。

津軽海峡に面する海岸段丘に位置し、一五世紀前半の遺物を大量に出土した志苔《しのり》館[20]は、眼下に『庭訓往来《ていきんおうらい》』（応永年間〈一三九四～一四二八〉ごろに成立）の「宇賀昆布」で周知の宇賀の浜、志海苔《しのり》川の河口を見下ろす館であった。館の南西の銭亀沢《ぜにかめさわ》からは、四〇万枚にもおよぶ大量の銭が珠洲焼・越前焼の銭甕《ぜにがめ》に収められて出土しており、「コシャマインの乱」の直接の契機が、「家数百」あるといわれた「志濃里《しのり》の鍛冶屋村」をめぐる紛争であったこともよく知られている。

この館もまた、湊と町を見下ろす館であった。

津軽海峡にそそぐ茂辺地《もへじ》川の河口を眼下に見る下国《しものくに》家の茂別《もべつ》館、さらに松前氏の居城となった大館《おおだて》も同様である。そして海峡を越え、一九七七年（昭和五二）以来、発掘が進められ、やはり大量の陶磁器をはじめとする多様な遺物の出土した浪岡《なみおか》城の場合も、工藤清泰が明らかにしたように、*21外ヶ浜《そとがはま》への出入口に位置し、川原町などと呼ばれる町を城下にもっていた。これをただちに湊を見下ろすとはいえないとしても、交易に決定的に依存するその特質は、勝山館などと共通しているといってよかろう。

また、津軽半島の東辺の根元近くに位置する尻八《しりはち》館は、三上次男を顧問とする調査委員会により、一九七七年から七九年までの三年間にわたって調査が行われ、一三世紀から一五世紀にかけての多くの中国陶磁をはじめ、モンゴル、沿海州などの大陸にも出土する権《けん》（分銅《ふんどう》）や青銅製人物形脚等、多彩な遺物が見いだされている。*22しかし、鉄製品のなかに「農具が無に等しい」といわれるように、農業の影はきわめて薄く、この館も、現状よりだいぶ西に寄っていたとみられる海岸線、そこに流れ込む後潟《うしろがた》川の河口を見下ろし、そこでの交易に依存する館であった。その地名からみて、この湊は、森浩一が強調する日本海沿海地域に特徴的な潟にできた湊であったのかもしれない。*23

周知の十三湊《とさみなと》と最近発掘された安藤氏の館、さらに時期の遡るとみられる福島《ふくしま》城なども、これらの事例とまったく同じと考えてよいと思うが、下北半島の青森県川内《かわうち》町字館山下地内の鞍越《くらこし》台地も、川内川の河口を見下ろす好地形であり、富岡一郎によると、この地域や川から出土する陶磁器は、これまであげた城館跡出土のそれと、その性格を同じくするという。[*24] これも湊を見下ろす館である蓋然《がいぜん》性はひじょうに大きいのではなかろうか。

こうした道南、東北北部の館のあり方は、これまでの中世領主に対する常識を大きくくつがえすものといわなくてはならない。

これらの館の館主は、田畠と農民を支配する領主というよりも、自らも交易の活動に従事し、湊および館の内外の町を支配する商人的な領主であった。そしてその手足となったのが、漁撈のみならず、船頭・梶取《かんどり》として船を操る湊々浦々の海民だったのである。大石直正が文献史料に即して明らかにした「海の武士団」としての安藤氏の活動形態（前掲『海と列島文化1』所収）は、こうした領主のあり方を如実に示しているといえよう。

たしかにこのような海の武士団は、大石のいうように、「境界の地」ともいうべきこの海域や松浦《まつら》党《とう》の活動した西北九州に顕著であることは事実であるが、「境界」のみならず、日本列島の海辺には、後述するように、同様の特質をもつ人々が少なからずいたことも見落としてはなるまい。日本海に即して、すでに別の機会に紹介したことのある一事例をここであげると、若狭湾を抱き、日本海に突出する常神《つねかみ》半島の先端に近い西辺の小さな浦、御賀尾《みかお》浦（現、神子《みこ》浦）の刀禰《とね》大音《おおと》氏も、これに準ずる人といってよかろう。

近江《おうみ》の大音を名字の地とする伊香氏で、近江国御家人《ごけにん》であった大音氏は、鎌倉末から南北朝初期にかけて、この浦の古くからの刀禰であった賀茂《かも》氏にかわって浦の刀禰となり、室町期には左衛門尉《さえもんのじょう》・加賀守《かがのかみ》などの官途をもつ一族で、漁撈をはじめ交易に従事し、海賊と戦うこともあった。ほぼ一六世紀半ばごろとみられるこの家の雑物《ぞうもつ》注文——財産目録[*25]は、長年にわたる海での活動を通して蓄積された、その豊かさをよく物語っているが、煩をいとわず、以下にそれを列挙してみたい。

漁撈具——□かち網三四、名吉網二、あこ(飛魚)網五、かつうを網六

武器——具足一領、□之具足五領、冑《かぶと》四、喉輪《のどわ》六、革袖ほそ三、脇引二、大刀、手槍《やり》二、小長刀一、長槍三、弓三、矢《や》唐櫃《かろうと》一、木棒矢数二〇〇

漆器——皆朱《かいしゅ》折敷《おしき》一束、小椀《わん》一束、上・中・下椀各一束、銚子《ちょうし》、提《ひさげ》、皆朱提二、皆朱再進鉢一、内朱《うちあか》再進鉢一、大腰盆一、菓子盆一〇、赤漆菓子盆一〇

陶磁器——茶碗《ちゃわん》皿大一〇、白茶碗皿小二〇、染付《そめつけ》小皿二〇、染付なます皿二〇、天目《てんもく》台付二、青皿一〇、すし□皿一〇

衣類——袴肩衣《はかまかたぎぬ》二、裃《かみしも》二、四幅袴《よのはかま》肩衣一、帷《かたびら》二、小袖《こそで》二、柿布子《かきぬのこ》一

その他——唐櫃、素焼三〇、手斧《ておの》一〇〇、木棒上二〇〇、木棒下三〇〇、杉板一七間、おり板六〇枚、魚桶、唐傘《からかさ》一、絵三幅、とはんの鍋《なべ》一、縄一、重書箱一、桶大小多数、茶臼一、折敷一束、小舟二艘

このほか、大音家はおそらくこの二艘にとどまらない船をもち、「世帯道具数をしらず」

といわれているので、鉄製の鍋、釜、金輪等を所持していたであろう。[*26]文書の虫損のため、若干不明のものもあるが、この財産目録は浦刀禰クラスの小領主の家の財物の実態をよく示しているといってよかろう。ここには漁撈具・山仕事の道具はあるが、農具はまったくみられない。そして海の武士として必要な、かなりの数の武具・衣類のほか、とくに漆器・陶磁器の豊富なのが目立ち、陶磁器のなかの青皿、白皿、染付は、もとより中国製陶磁であろう。

いわばこの目録は、さきにあげてきた城館跡から出土する遺物の一単位、一断面を示す文献上の事例ということができるので、このような豊かさをもつ大小の領主たちが、日本海海辺の湊々浦々に多数、根拠をもち、活発に活動していたと考えなくてはならないのである。今後、城館跡のみならず、吉岡康暢が言及している[*27]ような加賀の普正寺《ふしょうじ》遺跡、羽後の後城《うしろじょう》遺跡、陸奥《むつ》の十三湊遺跡等の港湾都市遺跡の発掘がさらに進むならば、こうした商人的な領主、あるいは領主的な商人の実態は、さらに明らかになるに相違ない。

勝山館から出土した陶磁器は、松崎水穂によると一万三〇〇〇点をこえるが、その約四五パーセントが青磁、白磁、染付などの中国製陶磁であり、その比率は高い。[*28]尻八館の場合も六七パーセントが中国陶磁となっているが、[*29]これら道南まで含む日本海地域に流入した中国陶磁の海の道は、吉岡の推測するとおり、博多から山陰を経て小浜《おばま》、敦賀《つるが》、あるいは直接に小浜、敦賀等に入り、各地に運ばれたとみるのが順当であろう。

とはいえ、古代以来の動きを考えると、それ以外の湊に「唐船」が入ったことも十分考えられることで、とくに注意すべきは、こうした中国陶磁の流入が、少なくとも南北朝動乱以降は、京都の朝廷・幕府の公的な貿易とは別の独自な交易ルートを通して行われたとみられる点である。

実際、関周一が[*30]『李朝実録《りちょうじつろく》』（李朝二七代、五〇〇年にわたる実録）などの史料によって明らかにしたように、能登、出雲《いずも》、石見《いわみ》などには、朝鮮半島から「漂着」した人が少なからずあり、それをも契機として独自な朝鮮との交流が行われていた。これは中国大陸についてもありうることで、能登の守護畠山氏が朝鮮と交流している事実からも知られるように、安藤氏を含む守護大名、守護代クラスの領主によるこうした交易の実態は、今後さらに追究してみる必要があろう。

また、勝山館において、碗・皿類は瀬戸《せと》・美濃《みの》のものが大部分といわれるほど、濃尾《のうび》地方から大量な焼物が運ばれている。これがどの道を経由してきたかについては、さまざまな見方があるが、説経節《せっきょうぶし》「小《お》栗判官《ぐりはんがん》」で照手《てるて》姫《ひめ》の売られていく経路が、武蔵《むさし》の六浦《むつうら》（横浜市金沢区六浦）を起点に、越後《えちご》の荒川河口の湊塩谷、越中神通《じんづう》川河口の岩瀬、常願寺《じょうがんじ》川河口の水橋、六道寺《ろくどうじ》川河口の「六渡寺《ろくとじ》」、氷見《ひみ》、能登の珠洲、さらに加賀の犀《さい》川河口の宮の腰、越前の三国湊《みくにみなと》、敦賀から近江の海津、琵琶湖を経て大津にいたり、美濃《みの》の青墓《あおはか》宿にいたっているのをみると、この逆のルートを考えるのが最も自然であろう。

美濃・尾張《おわり》から近江への交通ルートは、たとえば文安四年（一四四七）から享徳四年（一四五五）にかけて、南禅《なんぜん》寺仏殿の造営料材木が、飛騨《ひだ》や美濃の木曾《きそ》山、付知《つけち》山、「いてのこうり山」などから伐《き》り出され、飛騨、美濃、尾張等の国々の関渡、近江の坂本、堅田《かたた》、船木《ふなき》等の関々を通り、船、筏《いかだ》、車、馬などによって運ばれていること[*31]からも知られるように、十分整備されており、大量な陶磁器の輸送はなんら問題なかったのである。

勝山館出土の遺物のなかできわめて興味深いのは、喫煙の習慣を物語る煙管《きせる》がいくつも見いだされていることと、骨梅毒症と診断された人骨が、通常の埋葬とは異なる散乱した状況で発見されている点である[*32]。

煙草《たばこ》の日本列島への伝来は、ふつう一五七〇年代にポルトガル人によって長崎にもたらされ、一七世紀にその種子が輸入されて栽培が始まったとするのが通説であるが、勝山館の遺物の年代からみて、煙管の出土はこの通説よりもやや早いように思われる。もとより、考古学的な検討を厳密に行う必要はあるが、この事実はこれまでの通説を変える可能性をもっているのではあるまいか。

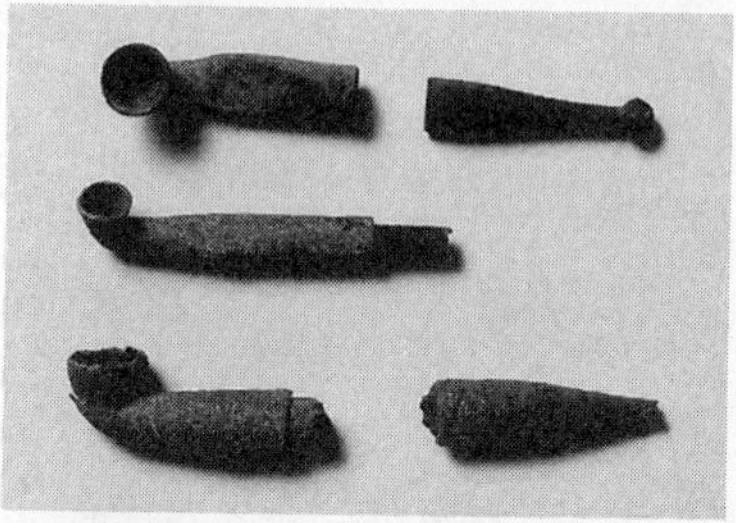

勝山館跡出土の煙管　煙管が各地にひろがった17世紀初頭よりも前の館から出土したということは、長崎とは異なる伝来経路を示しているのかもしれない。
上ノ国町教育委員会蔵

また梅毒については、一五一二年（永正九年）に明《みん》から伝来したとされ、はじめは関西でおこり、早くも翌年、関東に伝わったといわれている。その伝染の早さからみて、これが道南の勝山館まで一六世紀に伝わってくるのは当然とはいえ、そこに女性が介在していることを示している点、とくに注目する必要があろう。

煙草の伝わった経路と、梅毒のそれとが同じであるかどうかは、もちろん明らかではないが、これらが日本海を通じてこの館に入ってきたことは確実で、それは女性を含む人々の集団が、海を越えてこの地に来《きた》り住んだことを、明確に物語っているのである。

実際、一七世紀前半、さきにもふれた宣教師アンジェリスやカルワーリュが北海道に入っていること[*33]からも知られるように、また勝山館の始祖とされる武田信広が一五世紀後半、若狭から移住したという伝承をもっていることが示唆しているように、多くの人々が西から東北をめざし、日本海を通って道南、東北北部に移住している。

佐竹氏の家臣、梅津政景の日記の検討を通じて、一七世紀初頭の秋田藩の鉱山町のあり方を綿密に検討した山口啓二[*34]は、慶長一七年（一六一二）から一九年までの日記に、「播磨《はりま》ノ長吉」「若狭又兵衛」のように、地名――出身地を冠して現れる院内銀山町の人々の人数を地域別に集計している（次頁表）。この表によって、銀山町に流入した人々の約半数が、東北・北陸諸国からの移住者であることがわかるが、大坂をはじめ播磨、備前《びぜん》など、西国の瀬戸内海に面する国々からも、ひじょうに多くの人々が、この日本海に近い東北北部の町に移住していることを知りうる。

　山口はこれをさらに職業別に区別することによって、山師、町人、荷買、床屋、大工のような鉱山専業者に、石見をはじめ中国地方の移住者が多いことを明らかにし、石見・但馬《たじま》の銀山をはじめ、中国地方の諸鉱山で開発された技術がこれらの人々によってもたらされたとするとともに、北陸諸国の人々については廻船業、商人としての活動であることを指摘している。

　その一例として、山口は能登出身の中山八郎兵衛をあげ、銀山の「御質屋」を請け負い、傾城役《けいせいやく》、造酒《つくりざけ》役の役持となる一方、山師でもあり、北海路の廻船業を営み、藩の用を勤める久保田城下の町人であったという、その多面的な活動に注目する。そしてさらに、京の

院内銀山住民出身地表

	出身地	人数	%
上方都市	京都	9	
	伏見	3	
	大坂	35	
	堺	2	
	大津	3	
	小計	52	14.0
上方周辺地方	摂津	1	
	近江	5	
	紀伊	1	
	伊勢	11	
	美濃	1	
	尾張	11	
	小計	30	8.1
中国地方	播磨	27	
	備前	26	
	備後	7	
	但馬	2	
	出雲	8	
	石見	22	
	安芸	2	
	丹後	3	
	その他中国	5	
	小計	102	27.4
北陸地方	若狭	2	
	越前	20	
	加賀	10	
	能登	9	
	越中	9	
	越後	45	
	小計	95	25.5
東北地方	会津領	13	
	最上領	24	
	領内	33	
	仙台	2	
	その他東北	3	
	小計	75	20.2
その他	常陸	2	
	江戸	3	
	その他関東	1	
	その他中部	3	
	四国	5	
	豊後	3	
	その他九州	1	
	小計	18	4.8
	計	372	100

山口啓二、＊34、所載の表に基づいて作成した。

豪商とみられる「京の塩屋」、伏見《ふしみ》の傾城屋で院内に出店をもつ長崎屋、佐渡でも経営に当たり、大坂に妻をもつ広島介兵衛など、きわめて広域的な活動を行った人々の群像にも、山口はふれているのである。

このほか慶長一八年（一六一三）の院内銀山町には、傾城役を納める角館弥介、美濃次郎兵衛、酒役を負担する美濃次郎兵衛、豊後与兵衛、能登大郎兵衛、莨《たばこ》（煙草）役を納入する出羽金沢の悠殿之丞、六郷の多左衛門、麺類《めんるい》役を負う京之甚兵衛、鍛冶役を納める備前市衛門、湯風呂役の負担者越前市右衛門等々、諸国から多彩な職種をもつ人々が流入・集住していた。[*35]すでに煙草と遊女とはこの町でもセットになっていたのであり、さきの道南の勝山館の状況も、これとさほどかけ離れてはいなかったであろう。

そして、泉雅博が、「能登と廻船交易──北前船以前」[*36]で明らかにした、柴草屋、京屋などの屋号をもつ人々の住んだ町野《まちの》川河口の湊をはじめ、日本海に沿った湊々の町には、多少ともこれと類似した事態が展開していたに相違ない。また、院内銀山町に即してとくに興味深いのは、瀬戸内海に面する諸国からの移住者の多いことであるが、下北半島の川内村にも、おそくとも寛文年間（一六六一～七三）以前に、瀬戸内海の塩飽《しあく》島からの移住者がみられた。[*37]

河村瑞軒の西廻り航路開発にあたって、[*38]塩飽の人々の寄与するところが大きかった点については、田島佳也《よしや》が着目しているが、こうした瀬戸内海と東北北部、道南との関係は、西日本の廻船が一二世紀には確実に動いていた事実を考慮すると、おそらくかなり古くまで遡りうるのではないかと思われる。

海上交通の担い手たち

畿内を中心とする律令国家の成立以前、日本海を通じて列島の外との独自で活発な交流のあったこと、また海を通じて、越《こし》と出雲との間に深いかかわりがあったことなどは、浅香年木《あさかとしき》をはじめ、[39]すでにさまざまな研究が明らかにしてきた。しかし、そうした日本海地域の交流が、律令国家の支配、浅香の言葉を借りれば、[40]「南からの浸透圧」によって、ほぼ若狭を境に東と西に分断され、実質は「北の海の道」であるにもかかわらず、日本海地域東部の交通路が「科離る陸の道《しなさかくぬが》」――北陸道《ほくろくどう》と表現されたことによっても知られるように、日本海の海上交通のあり方は、否応のない変容を迫られたのである。

それが「南」の畿内、京都との関係を前提にして、ふたたび新たな形で表面に現れてくるのは九世紀から一〇世紀にかけてで、渤海使《ぼっかいし》の来着、さらに一一世紀に入り、宋船の頻々《ひんぴん》たる来航によって、この地域とくに敦賀津は、列島の外との交渉において、京への一つの窓口の役割を果たすようになってきたことも、すでに指摘されている。

一方、北陸道諸国からの貢納物も、もっぱら海路を利用し、短い陸路を通って、琵琶湖の「湖の道」を経て京にいたる経路が、通常のルートになってくる。すでに周知のことであるが、治暦元年（一〇六五）の越中国司充《あて》の太政官符《だいじょうかんぷ》は、越中の調物《ちょうもつ》が海を「運漕」して、越前の敦賀津、若狭の気山《きやま》津にもたらされ、近江の塩津、大浦、木津に出て琵琶湖に入ったことを明示している。[*41] 一一世紀半ば、若狭が三方《みかた》湖の気山津を窓口にしている点が注目されるが、こうした国衙《こくが》（諸国の政庁）の津、あるいは海上交通とのかかわりを知りうる、まことに興味深い史料が戸田芳実によって紹介されている。[*42]

文化庁保管[*43]『医心方《いしんぽう》』の紙背文書のなかに見いだされた大治二年（一一二七）ごろの国務雑事条々事書とも題すべき文書がそれで、ここには加賀国と推定される国の国守が、国務として執《と》り行うべき雑事の事書が列挙されている。注目すべきは、そのなかに「船所事付勝載所」「国梶取事」「津々事付海人」「国内船員《かず》事」「勝載所事」など、海上交通にかかわる事項があげられていることで、国衙には、「勝載」——船の積荷、あるいはそれに賦課する「勝載料」といわれた関税を管掌する役所「勝載所」があり、「船所」と呼ばれた役所[*44]を通じて、国衙は国内の船の数、梶取などを掌握していたのである。

そして「津々」——港と、そこで活動する「海人」もその管掌下に置かれていた。この条とは別に「浦々海人事所出物」という事項がみられるが、これは海人の漁撈、貝・海藻の採取等の活動を通じての「所出物」をあつかう事項であり、津々の海人はその海上交通にかかわる活動に即して国衙に掌握されていたものと思われる。

こうした国衙の所々は、加賀だけでなく、諸国にも共通していたとしてよいと思われるが、後述する越前・若狭の事例をこれとあわせてみるならば、日本海沿海の津々浦々に根拠を置く「海人」と呼ばれた人々こそが、日本海の海上交通を担う人々だったことは明らかであり、一二世紀の国衙はこうした人々を掌握することによって、「海の道」を統轄しようとしていたのである。

しかし、すでにこのころ、海人たちのなかには国衙の支配からはなれて、有力な寺社との結びつきを求める人々が多くなっていた。また、日本海地域の諸国に荘園をもつ寺社の側も、年貢等の運送などのために、浦や港を支配下に置き、津々浦々の海人を組織するため、相互に競合するようになってきたのである。

なかでも顕著な動きを示しているのは延暦寺《えんりやくじ》＝山門《さんもん》と日吉社《ひえ》、新日吉社で、早くも天台座主《ざす》良源は天禄三年（九七二）までに若狭国志積《しつみ》浦を買得、妙香院領としている[*45]が、一二世紀を中心に、北陸道諸国には多くの山門・日吉社領の荘園が立てられた。とくに若狭では、常寿院領織田《おりた》荘、山西《やまにし》郷、山東《やまひがし》郷、菅浜《すがはま》浦をはじめ安賀《あが》荘、鳥羽《とば》荘、青山中、尊勝寺護摩《ごま》堂領得吉保、石泉房領長晴名、無動寺領三方寺、太興寺、四王院領興道寺、日吉社領前河《まえがわ》荘、新日吉社領倉見《くらみ》荘など、国内の荘・保《ほう》の田数の三分の一をその手中にし、さらに国衙領のなかにも日吉社の免田《めんでん》があり、名田荘も日吉上分米を負担するなど、さまざまな形で、強力な影響をおよぼしている。[*46]

越前でも、青蓮院《しようれんいん》領藤島《ふじしま》荘、三千院領吉野《よしの》保、帆山寺、妙法院領織田《おた》荘、八田別所《やたべつしよ》、河南《かわみなみ》荘のほか、日吉社領加恵留《かえる》保、新通、太田野保、越前保、玉河《たまがわ》、奴可《ぬか》浦、曼殊《まんしゆ》院領越前神田等が見いだされ、加賀においては、妙法院領南北白江《しらえ》荘、押野《おしの》荘、福田《ふくだ》荘、菅生《すごう》社、三千院領美太南北保、気屋《けや》保、日吉社領大桑《おおくわ》荘・永宮荘、能美《のうみ》荘、能登には青蓮院領大屋荘、無道寺領志津良荘、曼殊院領土田荘、日吉社領大呑《おおのみ》荘、堀松《ほりまつ》荘、越中にも三千院領黒田《くろだ》保、神倉《かみくら》保、妙法院領福田《ふくだ》荘、佐渡に日吉社領新穂《にいぼ》荘等、山門系の荘・保が分布している。

越後以北には、いまのところこうした荘園は目に入ってこないが、若狭の太興寺や三方寺のような古くからの山門の末寺や日吉社の末社としての日吉社・山王社などが、さきの諸国だけでなく、越後・出羽《でわ》、陸奥にまで広く存在していたことは、現在のこれらの神社の分布や地名などから、十分推測することができる。たとえば、津軽の安藤氏の十三湊、あるいは福島城と結びつき、いまは山王坊《さんのうぼう》川の地名を残し、多くの伝承をもつ寺院も、そうした末寺の一つとして考えることができよう。現在もそこには日吉神社が存在しているのである。また、さきの若狭国名田荘のように、日吉上分米をわずかでも負担する荘園も広くありえたのであり、山門の影響は表面に見える以上の根深さをもっていたといわなくてはならない。

そのうえに山門は京都の祇園《ぎおん》社、北野社をはじめ、加賀の白山社、越前の気比《けひ》社などをその末社とし、これらの神社自体の独自な力を通じて、その影響をさらに広範囲にひろげたのである。

このような山門・日吉社領とその末寺、末社の分布自体の前提に、日本海の海上交通があったことは間違いない。さきの若狭の志積浦の獲得をはじめ、鎌倉時代のごく初期、山門領若狭国安賀荘の住人で、鎌倉殿御家人ともなった山僧安賀上座永厳が、越中国般若野《はんにゃの》荘、広神荘、浅井荘の米を若狭の多烏《たがらす》（田烏）浦に着けたことなどは*47、そのことをよく示している。

しかし一二世紀から一三世紀前半にかけて、山門使、日吉神人拒捍使《じにんきょかんし》などといわれる組織者の活動を通じて、山門・日吉社は積極的に現地に働きかけ、聖別された神の直属民として交通上の特権を与えることを条件に、海辺の浦々の海人の有力者を山門寄人《よりうど》、日吉神人とすることによって、海上交通の掌握をはかったのである*48。山門の強大な権威を背景に推進されたこの動きは、寛治六年（一〇九二）、加賀守藤原為房が日吉神人の訴えによって免官され、建仁元年（一二〇一）、能登の日吉神人が目代《もくだい》（国守の代官）の濫行《らんぎょう》を訴え、建暦三年（一二一三）、越前の日吉大津神人と守護代との間に紛争が起こっているように、国守、守護との衝突、摩擦を呼びおこした。

また、これと同様に神人を組織している他社との間にも、たとえば天福元年（一二三三）、山僧筑前房宗俊が賀茂社領若狭国大谷《おおたに》村、矢代《やしろ》浦に「日吉神宝」を立て置き、荘民を賀茂社供祭人《くさいにん》と兼帯《けんたい》（二つ以上の役職を兼ねること）の「日吉山門寄人神人」にしようとし、同じころ、同社領加賀国金津《かなつ》荘でも、住人を「日吉白山神人」に補して、いずれも賀茂社から訴えられ、嘉禎元年（一二三五）、日吉神人拒捍使の代官が、新日吉神人である若狭国倉見荘三河浦（御賀尾浦）の海人等を強引に日吉神人にしようとして、「任符」をその住宅に捨て置くなどの挙に出て、雑掌の抗議に遭うなど[*49]、きびしい対立を生み出したのである。

しかしこうした抵抗をのりこえ、山門は若狭国に食見《しきみ》、小河《おかわ》浦などを所領として獲得したのをはじめ、北陸道諸国の海辺に数多くの日吉神人を組織することに成功している[*50]。なかんずく、注目すべきは、すでに一二世紀前半までに成立していた日吉大津神人で、おそくとも一三世紀初頭までに、この組織は「北陸道神人」といわれた北陸諸国の「在国神人」を含む巨大な組織となっていた。

左方、右方に分かれて、それぞれ長者によって統轄され、大津に本拠をもつこの神人集団が、北陸に数多くの神人を獲得したのが、琵琶湖から日本海に通ずる湖上、海上の交通路とかかわりがあることは、たやすく推測しうる。

実際、「三十余人」といわれた越後の「在国神人」は、府中―直江津、「佐々木河」―太田川で東と北を限られ、「下御方」島見前《しまみまえ》潟で西を限られる豊田荘のような津・湊に本拠をもち、奥山荘にみられる「大津問」もこの神人と関係することは確実と思われる。さらに、荘内に多くの浦をもつ能登国熊来《くまき》荘の「日吉社右方神主」、越前国敦賀郡の住人で、気比神人を兼ねる日吉神人中原政康も、大津神人としてよいと考えられ、これらの人々が金融業を営むとともに、なんらかの形で海上交通にたずさわったことは間違いなかろう。

日吉神人はこのほか、さきにふれたように越中、加賀にもあり、越前には坪江《つぼえ》郷の十禅《じゅうぜん》師《じ》御簾《みす》神人、河合荘の大宮御油神人、若狭にも御賀尾浦に未日《ひつじのひ》御供神人、青蓮院領志積浦の住人で神人ではなかったかとみられる廻船人のいたことを確認しうる。もとより、これら日吉神人のすべてが廻船人であったとはいえないとしても、そのいずれもが海、津泊にかかわりの深かったことは確実であり、平安後期から鎌倉時代にかけての山門・日吉社の日本海の海上交通に対する影響力がいかに大きなものであったかは、これによって明らかといってよかろう。

これらの神人のなかには、御賀尾浦、志積浦の場合のように、海人の刀禰クラスの人がいたのであるが、注目すべきは、さきにあげた敦賀の中原政康で、この人は建保二年（一二一四）、守護から御家人役である内裏《だいり》大番役を催促され、自分は神事を営む身で「兵《つわもの》」の氏ではなく、その器量でないとして、これを拒否している。[*51] 神人が官位をもつ侍《さむらい》身分の人だったことはすでに明らかにされているが、廻船人あるいは海商であったとみられる政康が、このように御家人と比肩しうる人物だった事実は、前節で述べた商人的領主の問題とも結びつくとしてよかろう。

さらにまた、政康が自らを憚《はばか》るところなく、むしろ誇りをもって、「気比大菩薩神奴《しんぬ》」といっていることに注意しなくてはならない。この「奴」という言葉から、神人を隷属性の強い世俗の「奴婢《ぬひ》」とただちに同一視してきたこれまでの見方の誤りは、この事例によって明白といってよい。神の「奴」と名乗ることは、平民と異なる聖別された存在であることの強調であり、実態としても、神人は特権――政康の場合はおそらく海上交通を妨げなく行いうる特権を保証された、侍身分の人だったのである。

そしてこの中原政康のような気比社の神人は、本社の所在する敦賀郡、それに丹生《にう》郡の浦々をはじめ、能登、越中の奈古《なご》浦放生津《ほうじょうづ》付近、越後の曾平、佐渡などの諸国に分布しており、能登・佐渡の神人は丸鮑《あわび》、和布《わかめ》等を、越中・越後の神人は鮭を気比の神に進めていた。*52

これらの神人が海民的な人々であったことはこれによって明らかであるが、たんにこうした漁撈に従事しただけでなく、気比神人が廻船人・海商として活動していたことは、はるか後年のことではあるが、気比社に毎年の神事料を納め、気比神人の後身とみられる敦賀の道川《どうのかわ》氏*53が川舟座の中心として、日本海を舞台とする広域的な海上交通、交易に従事している事実からも、十分に推測することができる。そしてこの時期の気比神人の動きは、それ自体、山門・日吉社の影響下にあったのである。

これと同様、さきに加賀国金津荘についてふれたように、山門の末社白山社の神人も日吉神人を兼ねることがあった。白山神人の実態はかならずしも明らかではないが、紺搔《こんかき》を業とする水引神人が手取川の河口の寺井湊に居住し、神主上道氏の一族に統轄されていた事実[*54]をみると、この場合も、海上交通と不可欠の関係をもつ人々が多かったと考えられる。白山社の北国におよぼす大きな影響からみて、この神人の活動も山門の力の波及に重要な意味をもっていたとみてよかろう。

賀茂・鴨両社に属する神人が供祭人と呼ばれ、顕著な海民的特質をもち、漁撈、海上交通上の特権を保証されて、瀬戸内海を中心に活発に活動したことはよく知られているが、日本海の海上交通については、山門・日吉社に押されぎみであるとはいえ、この両社の力も、鎌倉期までは無視し難い役割を果たしていた。

荘園に即してみると、賀茂社は、若狭の宮川《みやがわ》荘、矢代浦、加賀の金津荘、能登の土田荘、桃浦《ももうら》、越中の新保《しんぼ》御厨《みくりや》をもち、伯耆《ほうき》にも星河《ほしかわ》荘、稲積《いなつみ》荘、出雲に福田《ふくだ》荘、石見に久永《ひさなが》荘を保持しており[*55]、鴨社領としては若狭の丹生浦、越前に志津《しづ》荘、越中に倉垣《くらがき》荘、越後に石河《いしかわ》荘、そして丹後《たんご》の木津《きつ》荘、但馬の土野《はにの》荘、因幡《いなば》の土師《はにし》荘等があり、その分布は日本海沿海諸国一帯におよんでいる[*56]。

そして、荘内に浦があり、御厨がみられるだけでなく、若狭の矢代浦、加賀の金津荘に、日吉社が兼帯神人にしようとした海民的な人々のいたことは明らかであり、社領ではない能登の熊来《くまき》荘に、大津神人と推定される日吉右方神主と並んで「賀茂宮神主」の在家壱宇《いちう》が免在家《めんざいけ》となっていることも注目しておかなくてはならない。

いまのところ、供祭人としての活動を史料のうえでは確認できないとしても、鎌倉末期、さきの矢代浦の住人粟駒宗延・延永等が越前の三国湊の住人と相論している事実などからみて、賀茂・鴨両社と結びついた海人が、海上交通に少なからぬ役割を果たしていたことは確実といってよい。[*57]

地名に即してみても、たとえば佐渡の賀茂をはじめ、出羽の男鹿《おが》半島西部、戸賀湾に面する賀茂村や、陸奥の津軽半島の日本海に面した鴨村など、海辺に賀茂・鴨の地名が数多く見いだされるのであり、今後、こうした方面からさらに追究していくならば、その足跡を細かくたどることも可能になるのではないかと思われる。おそらく、この両社に属した海民の活動も、東北におよんでいたに相違ない。[*58]

しかし、鎌倉後期に入るころから、これらの寺社の海上交通そのものに対する影響はしだいに後退し、これに代わって、北条氏の支配がはっきりと表に現れてくる。

それは、文永九年(一二七二)の得宗《とくそう》(北条氏の家督)の過所《かしょ》(関料免除を認めた関所通過許可証)[*59]旗章を与えられた若狭国多烏浦の船徳勝《とくまさり》や、しばしば引用される「関東御免津軽船二十艘」[*60]などによって、すでに周知の事実である。実際、若狭の西津、小浜、越中の放生津、越後の直江津などの事例によっても明らかなように、国の主要な津・湊に対して直轄的な支配をおよぼす守護についてみると、北陸道の守護は、越前が後藤氏であるのを唯一の例外として、若狭は得宗、加賀・能登・越中・越後はおおよそ名越《なごえ》氏、佐渡は大仏《おさらぎ》氏と、ほとんどすべて、北条氏一門に独占されている。[61]

さらに出羽についても、大泉《おおいずみ》荘、海辺《あまべ》荘、仁賀《にか》保、由利《ゆり》郡、小鹿島《おがのしま》、淳代《ぬしろ》郡など、日本海に面した荘園・公領の地頭職も北条氏一門の手中にあったとされ、陸奥の場合も西浜、外ヶ浜などをはじめとする津軽郡、下北半島を含む糠部《ぬかのぶ》郡はすべて北条氏の支配下にあった。[62] 安藤氏がこの北条氏の被官として「蝦夷代官」「蝦夷管領《かんれい》」となり、東北北部から道南に勢力を伸ばしたことは、あらためていうまでもなかろう。

このように、北条氏は津軽から若狭までの要津をほぼすべてその直轄下に置く一方、

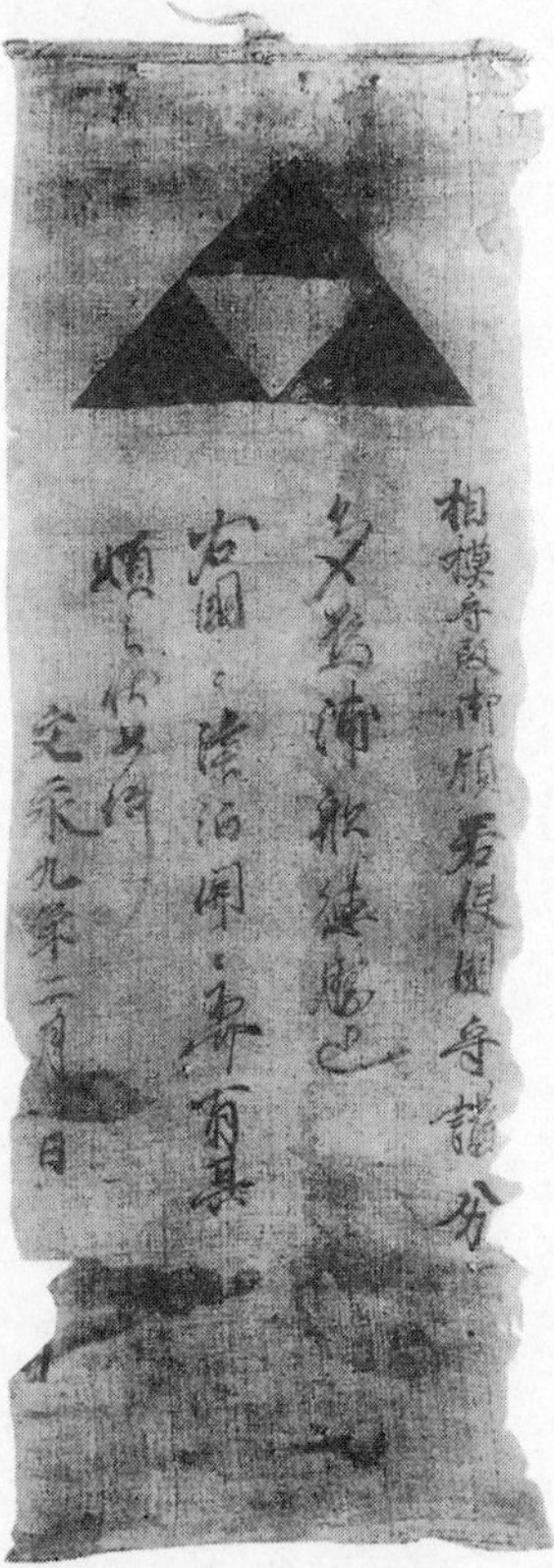

過所の船旗　多烏浦の船徳勝に、国々の津・泊・関を自由に通行することを認めた通行証。　京都大学総合博物館蔵

湊々浦々の「大船」に過所を発給し、その直属の廻船として海上交通を支配していたのであり、それは若狭をこえて、山陰にまでおよんでいたとみてよかろう。

しかし北条氏が滅亡し、南北朝の動乱期に入ると、こうした特定の勢力による海上交通の一元的な支配は、もはや不可能になったと考えられる。北陸道諸国の守護は動乱の影響でひんぴんと交替を繰り返しており、室町幕府が守護を通じてこの方面に統一的な支配をおよぼそうとした形跡は、ほとんど認められない。

たしかに、越前に本拠を置き、一時期にせよ、若狭・加賀・越中の守護ともなった斯波《しば》氏や、越中・能登を掌握した畠山氏[*63]が、日本海の海上交通に関与したことは考えられるが、北条氏の場合にはとうていおよぶものではなかった。室町期に入ると、各地の守護大名や安藤氏のような有力な豪族は、それぞれに自らの支配下にある津・湊を通じ、廻船に諸役免許の特権を与え、列島の外までを含む交易を行うようになっていったのである。

こうした状況のなかで、鎌倉後期以降、天皇家や寺社は、活発化した廻船の往来に対し、湊や津で津料・升米・交易上分などの名目で関料——交通税・入港税等を徴収し、その経済の一部をささえるようになっていた。このような関料の源流は、平安後期にみられた勝載料・勘過《かんか》料[*64]にまで遡りうるが、それがこの時期、一段と本格的になってきたのである。

たとえば、正和五年（一三一六）[*65]、越前国坪江郷で「国司津料」が徴収されたことに対して、大乗院門跡《だいじょういんもんぜき》が抗議しているように、三国湊、宮地浦などで国司が津料を取っている[*66]

のは、こうした勘過料の流れをくむものと思われるが、同じころ、三国湊では、「内侍所《ないしどころ》日次供御料交易上分《ひなみくごりようこうえきじようぶん》」[*67]が内侍所沙汰人《さたにん》によって徴収されていた。この「交易上分」は南北朝期に入ると、永徳元年（一三八一）には「内膳司領越前国三国湊廻船交易関所」[*68]といわれ、応永二一年（一四一四）にも「廻船交易船方諸公事関所」と呼ばれており[*69]、三国湊では天皇家の内廷官司によって、天皇の「供御料」として廻船からの関料の徴収が一貫して行われていたのである。

鎌倉時代まで西国の交通路支配権を掌握していた天皇家は、このころになると、畿内の各地でこうした関料を徴収していたが、日本海の交通についても、このような「上分」の徴収を行っており、応永一九年（一四一二）、若狭の小浜に着岸する「鉄船之公事」を「内裏」に直納すべしとの命が、幕府から守護一色《いつしき》氏に下っている[*70]のも、やはりこれと同様の事例とみてよかろう。

別の機会に述べたように[*71]、「上分」は初尾として神仏に捧げられるものであり、天皇家の場合も、「内侍所日次供御料」「日月蒼天毎日御祈供御御料」にあてるという名目で関料を徴収しているが、このように本来、神物・仏物であった関料は、勧進聖《かんじんひじり》によって徴収され、寺社の造営・修造など、神仏のために用いられなくてはならなかったのである。

三国湊では正和五年（一三一六）、長谷寺《はせでら》が津料を取っている[*72]が、これは間違いなくその修造のためであり、おそらくは鎌倉末期ごろ、若狭国志積浦の廻船人が、やはり三国湊で阿須和《あすわ》神宮寺の勧進聖越後房によって能米《のうまい》六石を点定《てんじょう》（差し押さえること）されたと訴えているのは、[*73]まさしくこうした勧進聖による関料徴収の好例といえよう。

また足羽《あすわ》ではこれとは別に関料が徴収されており、乾元《けんげん》二年（一三〇三）、越前の坂南本郷から八幡上分米が送進されたとき、足羽升米、気比升米などが五斗ずつ関料として除かれ、[*74]若狭国御賀尾浦の塩船が、おそらくは南北朝期、足羽で北荘公文所によって塩二一石、一俵の代を含む銭二一貫文余を、山門の神人・社使によって「盗み取」られたといわれているのも、やはり関料徴収の名目があったものと思われる。[*75]

この気比升米は敦賀津升米ともいわれた敦賀での関料で、延慶《えんぎょう》二年（一三〇九）に西大寺四王院、醍醐《だいご》寺、祇園社三方の修造、正和四年（一三一五）から五か年間は四王院、祇園社の造営、その翌年、[*77]「石別一升雑物百分一」が祇園社神輿《みこし》の造営、[*76]元徳三年（一三三一）には気比社の造営、暦応四年（一三四一）にも祇園社の造営と、[*78]各方面の寺社の修造料所とされている。

もとよりこれは、ここにあげた越前、若狭のみの動向ではなく、越後の弥彦《やひこ》神社が「寺泊津之御上分《てらどまりのつ》」「蒲原《かんばら》郡内湊御上分料」を徴収しているように、[*79]日本海沿海諸国の主要な津・湊で広く同様の動きがあったことは、推測して間違いないといってよい。

しかし、こうした関料の賦課は、寺社の造営のためのみにとどまらず、さきの「国司津料」の流れをくむ守護・あるいは津・湊の地の領主によっても行われた。暦応三年（一三四〇)、幕府が、「小浜津問屋」による臨川寺領加賀国大野荘の年貢の検納と京都への運送を、翌年、同じく敦賀津、小浜津に着岸した年貢の沙汰を守護斯波氏に命じ、康暦元年(一三七九)には、同寺領の年貢に対し、小浜津で「馬足課役」を賦課するのを停止せよと、小浜の地を含む今富名領主山名時氏に命じている[*80]のは、守護や領主によるさまざまな名目の賦課が行われていたことを物語っている。

すでに一二世紀、少なくとも西日本では廻船が確実に活動しているが、この海域で廻船が史料に現れるのは、ほぼ鎌倉末期、さきの志積浦の事例[*81]を最初とする。しかしすでにそこで、志積浦の人々は「廻船の業を以て身命を継ぐ」廻船人、いわば廻船の「職人」として姿を現しており、廻船の活動がこれよりはるかに遡ることを物語っている。

さきのような諸方面からの関料の賦課が、こうした廻船人の活動の活発化を前提としていたことはいうまでもないが、反面、廻船人にとって、当然ながらこの事態は重大な障害であった。それゆえ、さきにあげた多烏浦の船徳勝が得宗の過所旗章を掲げ、志積浦の廻船人たちが代々の青蓮院門跡の令旨《りようじ》や、津での煩いを免除すべしとの免状、さらに平泉《へいせん》寺大塔の勧進聖が点定物を糺返《きゆうへん》したときの請文等、多くの文書を証文として提出し、関料徴収の不当を訴えたように、廻船人はできうるかぎり、権威ある過所、あるいは関所料免除の特権の保証を求め、この障害を乗り切ろうとはかったのである。

しかし前述したように、南北朝・室町期以降、日本海の海上交通を一元的に統制しうるような権威・権力はもはや存在せず、敦賀の道川氏の船が戦国末期から近世初期、南部氏や佐渡の大久保長安から、その領内の津において、「役儀一切有間敷《いっさいあるまじく》」と保証されたように、[*82]廻船人たちは守護大名、戦国大名などから関料・入港税免除の保証を得ることにつとめる一方、廻船人相互の職能民としての独自な組織、連帯を発展させ、円滑な海上交通の実現をはかったものと思われる。

寛正四年（一四六三）、若狭守護武田信賢の被官と丹後守護一色義直の被官である小浜住人との間で、「大船」といわれた「十三丸」の「舟荷物」と、その「枝舟」の売買をめぐって、小浜で相論が起こった。[*83]「十三丸」という船名からみて、この船が津軽の十三湊とかかわりのある船であったことは確実で、このころの若狭と十三湊との海上交通の活発化を知りうるが、さらにこの「枝舟」の問題について、幕府が「豊前守護」に命じて「売主を召し上げらるべし」としていることも見逃すことはできない。この船は豊前の大内氏とも関係があったのである。

すでに北国―東日本海の海上交通と、西国―山陰・瀬戸内海・九州の廻船との間には、前述したように、早くからかかわりがあったので、これは当然のことであるが、注意すべきは、こうした問題が守護によって処理されている点である。一色氏被官の小浜住人が廻船人であったことは明らかであるが、この事実は廻船人がこのように守護の「被官」となり、守護にその特権を保証されて活動していたことを、間接ながら示しているといえよう。

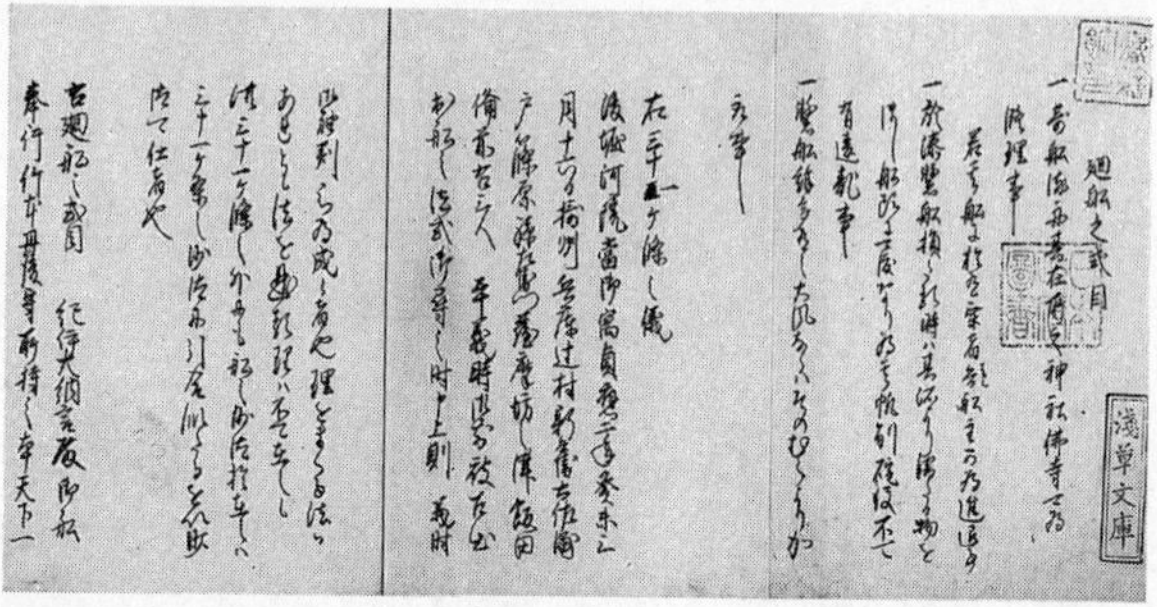

「廻船式目」　廻船式目には多数の諸本があるが、これは紀州藩の船奉行竹本丹後守が所持したといわれる本を、承応２年（1653）に書写したものである。
国立公文書館蔵

　さらにこの相論に関連して、幕府は、「舟荷物」について、船頭に負物があったのでこれを押さえ取ったのだとする主張に対し、舟の荷をはたして「船頭の計」としてよいのかどうか、「自余の津湊の例を相尋ね」それによって判断を下す、としている。

　これはこのときすでに、広い範囲の「津湊」の間に、準拠すべき「例」、すなわち慣習法があったこと、まさしく廻船人の「大法」が存在していたことを明確に物語るものといわなくてはならない。そこにはすでに、現在みられるような「廻船式目」「廻船大法」があったとすることも可能であるが、そうでないとしても、この「例」がそれに吸収されるべき「大法」であったことは疑いない。

「廻船式目」「廻船大法」と名づけられた、ほぼ三一箇条からなる海上法―廻船人の慣習法については、住田正一[*84]、長沼賢海をはじめ、多くの研究があり、窪田宏[*86]は諸本の異同および語釈を一条一条について明らかにした労作を結実させているが、これらの諸研究が明らかにしているように、この「式目」は貞応《じょうおう》二年（一二二三）に作成されたという偽文書の形をとりつつ、おそらくは戦国期、廻船人の間に長期にわたって形成されてきた慣習法を集成したものであった。

長沼はこれを「船道中《ふなどうちゅう》」のきめたものとしているが、戦国期に史料に現れる「船道」の語は、廻船人の「道」にほかならないので、それ自体、廻船人が「芸能」をもつ「職人」であったことをよく示しているといわなくてはならない。そして「廻船式目」の成立は、そうした廻船人の「職人」としての組織、連携の成熟を物語っているといえよう。

また長沼はその作成の主体を越前敦賀の「船道中」に求めようとしている。たしかに、三国湊などに伝わる「廻船式目」の一系統の本には、周知の「七湊」、越前の三国湊、加賀の「本吉イマ」＝今湊、能登の「輪島ヲヤ」＝小屋（親）湊、越中の岩瀬、越後の「今町ナヲヤ」＝直江津、出羽の秋田湊、陸奥の津軽十三湊など、北国―東北日本海の海上交通の要津があげられており、この海域の津・湊の廻船人たちの間に強い結びつきがあったことを物語っている。

とはいえ、「廻船式目」の諸本のほぼすべてに共通してよく知られているとおり、兵庫の辻村新兵衛、土佐浦戸の篠原孫右衛門、薩摩坊ノ津の飯田備前守の連署があり、「七湊」

をあげる系統の本は、伊勢の姉津（安濃津）、博多の宇津、和泉の境津を「三津」として並べているのである。

その第六条[*87]の「盗まれた船を船主が取り返す場合」を規定した条に、「北国の船は西国にあり、西国の船は北国にありといえども」とあることからみても、「北国」の廻船人がその成立に寄与するところ大であったことは確実であるが、「廻船式目」はやはりここにある「西国」だけにとどまらぬ、本州、四国、九州の海辺の津々浦々の廻船人——「船道者」の関与によって成立したものと考えなくてはなるまい。

それがなぜ「貞応二年三月」という年紀に仮託されたのかについては、なお明らかにし難いが、王朝との正面からの戦争に鎌倉幕府が勝利した承久《じょうきゅう》の乱（一二二一年）からこの年にかけては、鋳物師《いもじ》に与えられた過所[*88]をはじめ、六波羅《ろくはら》探題《たんだい》や朝廷の発給した過所が見いだされるので、おそらくはこの年、廻船人にとって記憶さるべきなんらかの文書、あるいは法令が実際に発せられていたのではなかろうか。

これまでの諸研究が明らかにしたとおり、鎌倉時代から事実として確認しうる「寄り船、流れ船の処置」についての規定をはじめ、室町・戦国期まで、現実に廻船人たちの活動を規制した慣習法を、そうした記念すべき年に仮託して、廻船人たちにこのような「式目」に集成したのである。まさしくこれは、日本列島の海の道に生きた人々のなかから生まれた、壮大な規模をもつ偽文書といわなくてはならない。

江戸時代の廻船人たちが、これをあたかも「一種の経巻か御祭文《ごさいもん》」のように、大切に船中に保持した理由もそこにあるが、とすればそれは、近世の諸国鋳物師の所持した蔵人《くろうど》所偽牒《どころぎちょう》、鋳物師由所《ゆいしょ》書とまったく本質を同じくする役割を果たしたといってよかろう。*89

「海人」とその社会

古代から中世にかけて、日本列島を取り囲む海で活動した海民に対する呼称は、地域によってかならずしも一様ではない。

まず、『小右記《しょうゆうき》』（藤原実資《さねすけ》の日記。天元元～長元五年〈九七八～一〇三二〉）長徳三年（九九七）一〇月一日条に、奄美島の者が船に乗り、兵具を帯びて「国嶋海夫」を掠奪《りゃくだつ》したとあり、『権記《ごんき》』（『行成卿記《ゆきなりきょうき》』とも。藤原行成の日記。正暦二～寛弘八年〈九九一～一〇一一〉）長保元年（九九九）一〇月二六日条に、「松浦海夫」の採取した「九穴蚫《きゅうけつのあわび》」を大宰大弐《だざいのだいに》藤原有国が左大臣道長に奉ったという記事のみえるのをはじめ、鎌倉・南北朝期、肥前の松浦一揆《いっき》、肥後の小代氏などの支配下に一類・党をなし、譲与の対象とされた多数の「海夫」を見いだすことができる。

船で生活し、潜水して蚫を採る海士であったとみられるこの「海夫」が、海の領主としての松浦党を支え、いわゆる「倭寇《わこう》」の活動をその基底で支えた海民であったことは間違いない。[90]そして高橋公明によると、済州島の海民のあり方は、この「海夫」と酷似しているというのである。[91]

また「海夫」は、はるかに離れた常陸《ひたち》、下総《しもうさ》の霞ケ浦、北浦、利根川下流域にも現れる。やはり船・漁撈を生活の中心としたとみられるこの水域の「海夫」と肥前の「海夫」が結びつくかどうかについては、今後の研究をまたなくてはならないが、呼称の一致を大前提に置き、「海部《かいふ》」等の地名をその間に置いてみれば、両者を関連づけることはできる、と私は考えている。

これに対し、琵琶湖から瀬戸内海にかけては、「網人《あみうど》」という呼称が顕著にみられる。寛治四年(一〇九〇)、鴨御祖《かものみおや》社の近江国堅田御厨の「網人」が安曇《あど》川の半分を御厨とすることを主張しているのをはじめ、[92]翌年の讃岐《さぬき》国司解も同じく鴨社の御厨、摂津《せっつ》国長洲《ながす》御厨の「網人」たちが、讃岐まで越え来《きた》って濫行をすると訴えており、[93]瀬戸内海で活動した鴨社供祭人は「網人」と呼ばれたものと思われる。

また、寛元二年(一二四四)、安芸《あき》国の厳島《いつくしま》社領の両倉敷にも、給畠二四〇歩(約七・九アール)を与えられた「網人」がみえ、[94]建治元年(一二七五)ころの伊予《いよ》国弓削嶋《ゆげのしま》荘にも「網人」を見いだすことができる。[95]

さきの長洲御厨供祭人が、文永三年(一二六六)、「諸国浦浦引網垂釣」を「所職」としたといわれていることからみて、これらの海民が一方で「釣人」であったことも事実であるが、やはりなにより、網を引く「網人」であった点にその特徴が求められたのであろう。
またもちろん、この言葉は広く一般的な語であり、長享三年（一四八九）、若狭の世久見《せくみ》浦に「網人中」を見いだしうるが、[96]平安末・鎌倉期の瀬戸内海海域に、特徴的にこの語が広く現れることは、やはりこの海域の海民の特質をよくとらえているものとしてよいと思われる。

一方、日本海沿海地域の海民は、さきにもふれたように、平安末・鎌倉期については「海人」と呼ばれていたと思われる。建久六年（一一九五）の太政官符に、若狭国阿納《あのう》浦の「海人等」が現れるとともに、犬熊野《いぬくまの》浦には「居住の海人なし」[97]とあるのをはじめ、「多烏海人等所」にあてて秦武成を刀禰職に補任し、本《もと》のごとく「海人等」を汲部《つるべ》浦に沙汰し居《す》えるべしとした寛喜《かんぎ》三年（一二三一）の下文《くだしぶみ》、[98]「志積浦海人等」の申請どおり、田畠を十禅師、客人《まろうど》宮に寄進した建久二年（一一九一）の寄進状、[99]さきにもふれたように新日吉神人である「三川浦海人等」を強引に日吉神人とすることを停止した嘉禎元年（一二三五）の延暦寺政所《まんどころ》下文等、[100]若狭の浦々の海民は鎌倉前期まで、共通して「海人」と呼称されていた。

また、前述した大治二年（一一二七）ごろの加賀国の国務雑事条々にも、[101]「浦々海人事所出物」「津々事付海人」とあり、加賀においても「海人」の語が用いられていたことを知りうる。

東部日本海の海域では、いまのところ事例をこれだけしか知りえていないが、建久七年(一一九六)豊後国図田帳[*102]は、姫嶋浦について「件《くだん》の嶋は海中の嶋なり(中略)、海人等の栖《すみか》として、網庭許《ばか》りなり」としており、嘉元三年(一三〇五)、大隅国禰寝《ねじめ》郡南俣《みなみまた》の「湊海人」が東南海上で漁をして湊に帰るさい、「魚類以下の所持物」を奪い取られたことが問題になっている。[*103]「海人」の語も貞応三年(一二二四)ごろ、和泉の海民についても用いられている[*104]ように、かなり一般的な言葉なので、この表記だけで海民の特質にまで立ち入ることは、慎重でなくてはならないが、少なくとも、鎌倉前期までについては、こうした表記の相違の背後にある問題を考えることも、十分に意味のあることと思われる。

こうした「海人」等の長の立場に立つ人は、刀禰と呼ばれることが多かった。若狭では中世に小浜津、多烏浦、汲部浦、矢代浦、阿納浦、犬熊野浦、志積浦、御賀尾浦、日向《ひるが》浦、近世初期まで目を向けると、宇久《うく》浦、加尾《かお》浦、西小川《にしおがわ》浦、塩坂越《しゃくし》浦、遊子《ゆうし》浦、北小川浦等、ほとんどすべての浦に刀禰を見いだすことができる。越前でも名子《なご》浦、縄間《のうま》浦、色浜《いろはま》浦、浦底《うらそこ》浦、大比田《おおひだ》浦、本比田《もとひだ》浦、江良《えら》浦、手《たの》浦、沓《くつの》浦、五幡《いつはた》浦、さらに阿古江《あこえ》、崎《さき》浦、梶《かじ》浦、安島《あんとう》浦、挙野《あげの》浦、大味《おおみ》浦、左右《そう》浦等、やはり浦のほとんどすべてに刀禰がみられる。

しかし、加賀には史料上の所見はなく、能登に入ると、弘長元年(一二六一)の諸橋六《もろはしろく》郷《ごう》の検注《けんちゅう》目録に、本郷《ほんごう》、古君《ふるきみ》、馬島《ましま》、宇出津《うしつ》などに「刀禰給」がみえ、[*105]さらに、珠洲郡の塩津にも刀禰家があり、天正六年（一五七八）、「能州正院出湊之船壱艘」について、分国中諸役免許の特権を上杉氏によって保証されているのをはじめ、[*106] 真浦、高屋、折戸、曾々木にも刀禰家のあったことが知られている。ただ、越中以東の諸国については、いまのところ、その存在を見いだしえていない。

もともと刀禰は、九世紀ごろから村人の集団を代表し、その慣行を保証するとともに、検察も行った村役人として、畿内を中心に広く現れる職名で、農村部では平安末期以降、名主《みょうしゅ》・荘官等に吸収されて消えていくが、浦・津においては、浦を代表・統轄する公式の職として中世を通じて、領家・地頭などの補任を得て長く生きつづけた。いまあげた北陸諸国だけでなく、大阪湾、紀伊水道、伊勢海に面する和泉、摂津、紀伊、土佐、伊勢、志摩等にも見いだされ、山陰を含めて、今後なお探索の余地が広く残っている。

それゆえ、軽々にはいい難いが、さきの諸国の浦々――海人の社会の一つの特質として、刀禰の濃密な分布をあげることはできよう。そしてもしも、越中以東の諸国にそれがみられないとすると、そこに海民の社会そのもののあり方の相違、さらには東国と西国の違いなどのからんでくる可能性がある。

これらは今後の問題としなくてはならないが、注意すべきは、この国々の浦に、若狭多烏浦の刀禰秦氏、越前手浦の刀禰秦氏、能登馬緤《まつなぎ》浦の恒利《つねとし》名々主秦氏などのように、秦を氏名《うじな》とする人々が分布している点である。それが古代にまで遡ってみられることは、浅香年木の指摘するとおりであり、[107]この海域の海民と列島外の世界との古くからの結びつきを、そこからうかがうことができよう。

また、[108]弘安元年（一二七八）、若狭の汲部、多烏浦の刀禰が「由留木大網」の村君《むらぎみ》職を安堵《あんど》され、暦応《りやくおう》五年（一三四二）、御賀尾浦の大音助長が子息有態に、刀禰職とともに「本あミのむらきみ」を、毘沙王には「二たう（統カ）」の網のうち「一たうのむらきみ」を譲与しているように[109]、刀禰は浦の海人＝百姓のすべてがかかわる「大網」「本あミ」の指導者である村君の立場に立つことも多かったものと思われる。

さらに、この多烏、汲部両浦では、刀禰をはじめ浦の百姓たちが、鎌倉中期以降、弥権《いやごんの》守《かみ》や大権守《おおごんのかみ》、太郎大夫、次郎大夫のように、その仮名《けみよう》に権守・大夫などの令制官職名をつけるようになっている。

この点に着目した黒川正宏は、権守を仮名につける事例を、石工《いしく》、猿楽《さるがく》から農村部などについて広く探っているが、[110]そこで黒川も指摘しているように、若狭の御賀尾浦、常神浦では、室町期以降、権守成、大夫成、左衛門成などの儀式を行っており、この名乗りが浦の中における地位を示していることは明らかである。

実際、気比大神宮政所が正安四年（一三〇二）、越前国手浦の刀禰を「権守職」に、正和元年（一三一二）その子息を「大夫職」[111]に、元応元年（一三一九）には安大郎を「刀禰幷《ならびに》五位大夫職」に補任しているように、手浦では権守・大夫は「職」になっている。これは能登においてもみられることで、正長二年（一四二九）の総持《そうじ》寺《じ》寺領目録[*112]には、やはり権守・大夫を仮名とする百姓を見いだしうる。

もとよりこれは、年齢階梯的な村落・座などにおそらくは広く見いだされることで、能登から若狭の浦のみに限られたことではなく、越後の虫川白山神社の正安元年（一二九九）の棟札に「新権守」の仮名を見いだしうる。[*113]こうした「権守成」のような慣習が越中以東の浦・湊に果たして見いだしうるかどうか、さらに慎重に探ってみる必要があろう。

また、さきの手浦に「間人《もうと》」がみられることは、羽原又吉が注目しており、[*114]権守・大夫の仮名をもつ浦の長百姓に対し、小百姓、さらに移住民である間人があったことも、越前、若狭等に即して指摘されているが、ここでもう一つ注意しておきたいのは「あぜち」についてである。

現在、いわゆる上時国《かみときくに》家と下《しも》時国家の二家に分かれている奥能登の時国家が、元来は一つの家であり、それが江戸の初期の時国家の当主藤左衛門が、元来の同家の「あぜち」分の持高と、寛永一一年（一六三四）までに新築した屋敷（現在の下時国家）とを「すへのせがれ」に与えて前田家領時国家とし、「おもや」の持高分とその屋敷を「惣領のせがれ」に与えて、土方家領時国家とした（現在の上時国家につながる）ことによって、二家に分かれたことは、すでにほぼ明らかにされている。[*115]この「あぜち」が、やはり能登以西の諸国に見いだされるのである。

上時国家（上）と下時国家（下） 時国家は、壇ノ浦の戦い（1185年）で平氏が滅亡したときに能登へ流された時忠の子孫が創始したと伝えられている。

能登については、天文一四年（一五四五）、鳳至《ふげし》郡新町の衛門太良が「御あぜちの御としよりさま」から米一俵を借り、そのかわりに田地廿苅を、おそらくこの「あぜち」その人とみられる誓法という人に預けている。[*116] 注目すべきは、これとまったく同じ内容の文書に、この部分が「御庵室之御老様」と書かれていることで、「あぜち」が「庵室」であったことは明らかである。

また、永正一四年（一五一七）五月、越前国江良《えら》浦の棟数注文に、三間（軒）に「あんしつ」「あんせつ」が現れるが、[*117] 一方、若狭の南田烏浦刀禰九郎兵衛良勝は、元和《げんな》三年（一六一七）、「南とねあんじつ」に網場、山、屋敷、田畠を譲っており、その充所《あてどころ》を「あせち七左衛門」としているのである。[*118]「あぜち」は「あんじつ」であり、「庵室」であったとして間違いない。

同じ年、南田烏の刀禰七左衛門は、刀禰分の田畠、山、網場の目録を書き上げているが、その充所は「おも屋」であった。[*119]「あぜち」の対語は「おも屋」だったのであるが、これは能登の時国家の場合も同様で、この点からみて、「あせち」が世を捨てた隠遁者の住む「庵室」から転じた、隠居を意味する語であったことは明らかである。

しかし、それは単純な隠居分家ではない。万治四年（一六六一）、越前の浦底浦の持高人数家数小物成《こものなり》船数改帳に、[*120] 石高をもつ太郎左衛門に対する、家一間をもつのみの「太郎左衛門あせち」のような一対が四例もあり、「あせち」の家のうち、三例は「うば壱人」、二例は「なうち壱人」を成員としている。

時国家の事例も示しているように、「あぜち」は元来は親の隠居であった。そして「あぜち」分を前田家領とした時国藤左衛門が「おもや」を惣領次郎兵衛に与えて、土方家領時国家とし、「末のせがれ」千松に自らの名前を継承させて前田家領時国家としたこと、また寛文年間（一六六一〜七三）、上時国家の喜左衛門が、「おもや」を子息長左衛門に与え、自らはその弟たちをつれて、「あぜち」になっている点からみて、あるいはここにみられる「なうち」がそうした「あぜち」が伴った「おもや」の兄弟に当たるのではなかろうか。

また、浦底浦の「あぜち」は石高をもっておらず、同じ越前の江良浦でも、寛永一六年（一六三九）の人数書上[*121]によると、家数一七間のうち、「公事人」は七間であり、「あぜち」三間は、四間の「やもめ」、庄屋の一間、「寺」および「ひく人《比丘尼》寺」の各一間とともに、公事を負担していない。実際はこの場合でも、内々の田畠はもっていたかもしれないが、「あぜち」＝隠居は、まさしく隠遁者の「庵室」として、表向きには公事を負担していないのである。

しかし、若狭南田烏の「あぜち」は、さきにみたとおり、かなりの数の網場や山、田畠を譲られており、能登時国家の「あぜち」も元来、一〇〇石の持高を「あぜち分」として保持していた。また、越前手浦でも、永禄二年（一五五九）、「あぜち」の開いた田地に本役が賦課されており[*122]、浦底浦、江良浦の事例ですべてをおしはかることはできない。

このように多くの田畠等を保持する「あぜち」の場合、当然、子息の家である「おもや」と肩を並べる立場に十分立ちえたのである。「おもや」分を継承して土方領の百姓となった時国次郎兵衛家（上時国家）に対し、「あぜち」分を継承して前田家領の百姓となった時国藤左衛門家（下時国家）が寛永一一年（一六三四）以降、並立することになったのは、こうした事情を背景にしており、その後の上時国家の「あぜち」の喜左衛門も、「おもや」の子息長左衛門に対し、強力な権威をもっていたのである。

このような「あぜち」の慣習も、決して北陸海辺の浦のみにみられたのではなく、近江の菅浦にも、中世末、「あセち」という百姓の名前が見え[*123]、民俗学の調査では、岐阜、富山、石川、福井の四県に分布するとされている[*124]。ただ、これまでほとんど追究されてこなかったこの習俗については、今後なお広い視野からの調査を行う必要があり、その結果をまたなくてはならないが、能登あるいは越中以西の海辺に色濃くみられる習俗であることだけは、ここに確認しておいてよかろう。

この海域の浦の海民――平民百姓の生活が漁撈、製塩、交易によって主としてささえられ、田畠の比重が小さかったことについては、若狭・越前を中心とした諸研究によってすでに明らかにされており[*125]、別に詳述したこともあるので、ここでは若干の気づいた点にふれるにとどめておきたい。

漁撈と漁獲物の処理　烏帽子姿の威厳を正した男が鯛を捌いている。漁撈を中心とする御厨での一場面であろう。(『彦火々出見尊絵巻』)　小浜市・明通寺蔵

若狭湾の浦々からの年貢は、多烏浦、汲部浦、御賀尾浦、志積浦の事例[*126]によって明らかなように、鯛、飛魚、鯵《あじ》、鯖《さば》およびその加工品である鮨《すし》、荒巻等の魚、和布、海松《みる》、心太《こころぶと》などの海藻、蚫、塩であり、これは敦賀湾の浦々でも同様であったと思われる。

そのなかに「めうといを」「女夫魚」「妙戸魚」と「数の魚」という名称が見いだされるが、御賀尾浦の場合、前者が鯵、後者が小鯵、志積浦の後者は飛魚であった。とすると、両者とも特定の魚名でないことは明らかで、「女夫魚」が「刺《さし》」を単位としている点から、複数の魚を刺し貫ねたものとみることができる。

戦国期になると浦から貢納される魚貝、海藻の種類もいちじるしく増加し、御賀尾浦から「美物」として納められたのは、鱈《たら》、鯛、

鰯《いわし》、ゑい、鱸《すずき》、鰤《ぶり》、鰒《はまち》、鯵《あじ》、鱰《しいら》、鰹《かつお》、鰐《わに》、烏賊《いか》、さざえ、蚫、かちめ、もずく、みる、それに磯魚、塩等、じつに多種多様であった。[*127]

一方、漁法についてみると、若狭、越前の場合、「あじ」(網地)、「あと」(網堵)、網庭《あみば》などと呼ばれた漁場に定置された網による漁撈が、おそくとも鎌倉中期以降、最も盛んに行われた。その小型のものは、多烏・汲部浦に典型的にみられるように、浦相互、浦の長百姓たちの間で、輪番交替にこれを使用する場合が多かったものと思われる。

注目すべきは、これらの浦々に、「大網」と呼ばれ、実際に大型であるとともに、浦のすべての人々が加わって引かれた網がみられることで、この大型の網がしだいに発展して、後年、越中の台網、大謀《だいぼう》網などの大型定置網になっていったものと考えられている。

こうした網庭をめぐって、浦々の間の争いがいたるところで起こっているが、室町期の漁場相論が、若狭においては守護の法廷で裁決されている点が注目されるとともに、広い範囲の浦々の連合のなかで、調停・解決されることもしばしばみられる。このような漁場をめぐる海を通じての浦々の独自な結びつき、そのあり方については、今後さらに究明される必要があろう。

こうした多様な漁撈のなかで、若狭の多烏・汲部浦で鎌倉中期から「はまちあミ」(鰒網)がみられるのをはじめ、御賀尾浦の「鰒あみ」、日向浦の鰤網、さらに能登の諸橋《もろはし》稲荷《いなり》神社に神事料を捧げた本郷・波並《はなみ》の鰤網など、中世以来、能登以西では鰤・鰒の漁獲が活発であり、近世初期に入れば、越中もまたその圏内にあったことは確実である。正月の祝いの魚に鰤を用いる西日本の習俗の背景は、このようにして形成されていったのである。

他方、東日本の祝いの魚とされる鮭についてみると、疑問のある文書であるとはいえ、文和元年（一三五二）、若狭国耳西《みみにし》郷内気山村の鮭川において、「一夜狩」の鮭を上瀬《うわせ》宮などに捧げたといわれている[*128]ように、若狭でも鮭は神に奉る魚であった。また、鎌倉末期の越前国坪江下郷の三国湊は「越中網鮭　一艘別三尺」「能登鯖　一艘別卅巻」「鱒《ます》網　一艘別三十尺」、三ケ浦は「鮨桶　三口、鮑ヒシヲ三升」「能登鯖　一艘別　三十巻」、北方も「巻網鮭五尺」「能登鯖一艘別三十巻」、牧村は「鰶《このしろ》網　一艘別一石一斗」「飛魚　千五百喉」「巻網鮭　人別一尺」、西谷が「鮭　九尺」を負担している[*129]。若狭湾、敦賀湾とやや異なる漁撈の様相をここにみることができるので、鮭・鱒は越前でもかなりの比重をもっていた。ただ「越中網鮭」「能登鯖」を、越中・能登からの船の漁獲とみるか、逆とみるかはかならずしも明らかでないが、いずれにせよ、鮭については越中に重要な意味のあったことに注目しておく必要がある。

能登でも近世のごく初頭に「鮭川役」がみられるので、それが中世にまで遡ることは確実であるが、前述した気比社神人のうち、越中・越後の神人が鮭を神に貢していた事実からみて、やはり越中以東が鮭漁の卓越した地域とすることができよう。実際、越後が平安後期、鮭を「封物」「重色済物」として都に貢進していたことは、よく知られており、前述した「関東御免津軽船」の積荷も鮭であった。

このような北東日本海沿海の社会における鮭の重要な役割は、それが北海道――アイヌさらには列島をこえた北方世界に広くひろがる問題であるだけに、とくに注目しておく必要があり、将来の大切な研究課題といわなくてはならない。

また、蚫の貢進も前述のとおり、若狭、越前、能登、越中、佐渡で確認できるが、永万元年（一一六五）神祇官諸社年貢注文に、[*130]佐渡一宮が蚫三〇〇具を進めたとあり、徳治二年（一三〇七）、越後国小泉荘加納《かのう》方の粟島《あわ》が、年貢として蚫一一〇〇具を納めているよ[*131]うに、神饌《しんせん》・贈物として広く用いられた蚫のこの海域における役割も、さきの「海人」との関連も含め、さらに掘り下げて追究する必要があろう。

このような蚫を採取する「海人」として、この海域でとくに著名なのは舳倉《へぐら》島の海士である。西田長男は、この島の奥津比咩《おきつひめ》神社と輪島の辺津比咩《へつひめ》神社＝重蔵《じゅうぞう》神社との関係をはじめ、重蔵神社について詳細に研究しているが、一方、舳倉島に南の島から流れついた女神像に注目し、能登版「海上の道」に思いをいたしている。[*132]

海民の移動の視野はそこまでひろげて考えなくてはならないが、それはともかく、小嶋芳孝の考古学の分野からの労作「舳倉島と能登――考古学からみた海民の歴史」[*133]によって明らかなように、この島に人の足跡を見いだしうるのは弥生時代まで遡る。そのころから、永禄年間（一五五八～七〇）の筑前鐘崎《かねざき》からの移住の伝承、さらに文書で確認できる慶安二年（一六四九）の海士の移住まで、舳倉島、七ツ島には何度となく海民の来住・往来があったことは確実である。[*134]

こうした日本海を通じての海民の移動・移住が、想像をこえる広域性を古くからもっていたことは、佐渡の洞穴遺跡について藤田富士夫（「佐渡と沿岸地方の考古学」[*135]）、飛島《とびしま》の洞窟遺跡について佐藤禎宏《よしひろ》（「飛島の洞窟遺跡」[*136]）が、それぞれ詳細に指摘している。

文献史料によってでは、そこまでの追究は困難であるが、よく知られている鎌倉期初頭の若狭日向浦から須浦、多烏浦への海人の移住、さらに同じころ無人だった犬熊野浦に鎌倉中期までに海人が定住したことなどによって、その片鱗をうかがうことができる。実際、遠隔地へ廻船だけでなく、「塩船」と呼ばれた塩を積む交易船が永仁七年（一二九九）、若狭の汲部浦と出雲の三《み》尾津《おのつ》との間を往来し[*137]、さきにもあげたように御賀尾浦の塩船も越前の足羽に行っており、三国湊で延慶三年（一三一〇）、一艘別二貫文の「塩船津料」が一八貫文徴収された事実[*138]などの示すとおり、かなり日常的に海民の往来が確認されるのである。それゆえ、鎌倉末期、若狭の常神《つねかみ》浦の刀禰蓮昇が越前国の女性を妻としているように[*139]、浦の婚姻圏は早くから国をこえて広域的だったのであり、この点の究明も今後の研究課題である。

戦国末から江戸初期には、岡田孝雄が具体的に追究しているように[*140]、海民の移住にともなう新漁村の成立は各地で確認しうる。寛永九年（一六三二）、若狭の小浜・高浜の釣舟のものが、能登国羽咋《はくい》郡の大念寺村に移住し新村を作った事実、寛永一二年、神子《みこ》浦の複数の船が能登に出漁しており、日向浦の船も寛永期（一六二四〜四四）から継続的に能登へ出漁していたこと、正保四年（一六四七）の日向浦船数之覚によって、この浦の七人乗りの船二艘が但馬に出漁し、能登、丹後、但馬へ各一艘ずつ売られていることなどを、岡田は明らかにしているが、このような遠隔地への出漁、船の売買も中世以来のことであったろう。

このほか、近世初頭、石見の猟師が佐渡の姫津に移住し、大久保長安から漁撈上の特権を保証されたと伝えられていることなど、こうした事例は少なからずあり、さらに広い視野から考究する必要があろう。

日本海沿海の地域では、入江や島影を利用した港、あるいは船の曳揚路《ひきあげろ》で岩礁の間や平浜の船を入れうる水深のあるところなどを、澗あるいは間といった。前述した道南の勝山館から見下ろす大澗もそれで、このような地名は青森県下北郡の大間《おおま》湊、東津軽郡大間村、秋田県由利郡塩越湊の大澗・小澗、山本郡岩館村の大澗など、各地に見ることができる[*141]。すでに羽原又吉は、越前における澗を保有する澗主と、澗を借りる反子《そりこ》との関係を「澗主制度」として、その実態を追究しているが[*142]、澗がそれ自体、所領・財産であったことは、永正三年（一五〇六）、若狭の久々子《くぐし》、早瀬両定使が闕所《けっしょ》地となった「屋敷・船間」を刀禰六郎左衛門に打ち渡していること、[*143]また、明暦四年（一六五八）、越前の小丹生《こにう》浦七郎左衛門が「舟あけ間」を刀禰から借りていることなどによっても明らかである。[*144]能登でも泉雅博が注目しているように、時国喜左衛門、柴草屋太次兵衛は、正保二年（一六四五）、時国藤左衛門が宇出津町に返上した田畠、間、空屋敷を、あらためて町から渡されている。[*145]

このように、屋敷と澗の結びついている事例がみられることは、澗の景観的なあり方を考えるうえでも注目すべきで、これは舟入りの場と屋敷とが結びついている場合だったのではなかろうか。一方、時国家の宇出津の例で知られるように、澗は町の管理下にあったのであり、若狭、越前の場合も、刀禰が澗を保持していた。これは、澗がたとえ澗主の保有になった場合でも、羽原の指摘するとおり、浦・町の規制下に置かれていたことを物語るものといえよう。

しかし澗は、たんに船揚場として用いられただけでなく、そこに入ってきた船から澗役を交通税として徴収する場でもあった。寛永二年（一六二五）敦賀・若州両所の船について、[*146]寛永五年（一六二八）三国湊の船について、[*147]前田領三か国（越中・能登・加賀）の浦々における澗役の免除が認められているのは、それをよく示している。他方、加賀藩はこの三か国において、浦に対し、澗役を賦課・徴収しており、[*148]越前でも左右浦の例で知られるように、澗に対してはその規模に応じ、浦請《うらうけ》の形で「澗年貢」が賦課されていたのである。[149]

こうした潤をめぐる諸制度が、他の諸国においていかなる形をとっていたかについては、いまふれるだけの力をもたないが、この海域の海事制度を知るために、その追究もまた必須の課題といわなくてはならない。

このような潤とも重なりつつ、森浩一が的確に指摘したように、[150]日本海沿岸に広く見いだされる河口の潟湖《せきこ》などを中心に湊が形成され、やがてそのなかには、本格的な湊町に発展していく場合も多くみられるようになってくる。

もとより、津・浦の場合も、湊と同様に、漁撈・製塩を行うとともに、廻船の基地としての役割を果たしており、そうした活動のなかで、鎌倉末期の若狭国常神浦の刀禰は、一人の娘に大船一艘、銭七〇貫文、米一五〇石、山一所、五間屋一宇、材木、小袖六、女三人・男二人の下人など、当時の内陸部ではとうてい考えられない豊かな財産を譲与するほど、莫大な富を蓄えていたのである。[151]前述した一六世紀の御賀尾浦大音家の場合もまったく同様であり、[152]こうした浦の有力者のあり方は、それ自体、都市的といっても決して過言ではなかろう。

実際、日本列島の社会においては、海民は本来、商人的な性格を、海村は都市的な特質を潜在させていたのであるが、室町期に入ると、これらの浦、津、湊は、なお廻船を一部保持しつつも、漁撈・製塩を主とする漁村と、そうした生業を完全には止めていないとしても、主として港の機能を中心にするようになった湊町とに、しだいに分化していく。

たとえば、若狭の小浜津には暦応三年（一三四〇）には「問居《とい》」がおり、室町期に入るころには刀禰の掌握する「政所屋」があった。そして、応永一五年（一四〇八）、応永一九年の二回にわたって来着した、パレンバン（現インドネシア西部、南スマトラ州の州都）からの船と推定されている「南蕃船」を迎え、その「宿」となった問丸本阿弥《といまるほんあみ》をはじめ、「宿」・倉庫・交通業者の機能をもつ問丸が数多くいたものと思われる。守護はここに代官を置いていたが、応永二八年（一四二一）、小浜の問丸たちは訴訟によって、これを改替させるだけの力量をもつにいたっている。*153

そして天正年間（一五七三〜九二）、上杉氏の奉行人が、越中国放生津市を「十楽」の市として安堵しているように、*154こうした湊町の多くは自治都市に成長していったものと思われる。とはいえ、泉雅博が明らかにした能登の町野川河口の湊（前掲「能登と廻船交易——北前船以前」参照）のように、江戸初期まで町としての機能をもちながら、海上交通の様相の変動のなかで、その姿を消していった湊のあったことにも、注意を向けておかなくてはならない。

最後に注目しておきたいのは、近年とくに注意されるようになってきた、時衆《じしゅ》と津・湊との深い関係である。『一遍上人絵詞伝《いっぺんしょうにんえことばでん》』*155によってみると、他阿弥陀仏真教は、正応三年（一二九〇）越前国府、翌年八月には加賀国今湊、藤塚、さらに正応五年に越前の惣社、永仁六年（一二九八）には越中国放生津、越後国鵜河《うかわ》荘萩崎の極楽寺、柏崎、国府、正安三年（一三〇一）越前の敦賀と、遊行の歩みを進めている。

　こうした時衆の歩んだ道は、越後以西の北陸諸国の津・湊が多く、他阿以後もその教勢は柏崎等に根深くおよび[*156]、越中の放生津についても報土寺という時衆道場があったことが知られている。とくに注目すべきは、しばしば引用される嘉元四年（一三〇六）の「関東御免津軽船」に関連して現れる廻船人、越中国大袋《おおぶくろ》荘東放生津住人本阿弥陀仏が、越前国長崎の時宗《じしゅう》寺院称念寺の薗阿弥陀仏とかかわりをもつ時衆であったと推測されている点である[*157]。

　とすれば、北東日本海の廻船人の活動と時衆とは、切り離し難い関係にあったことになり、事実、加賀の今湊、宮の腰、越前の敦賀等にも時衆の影響が強くおよんでいるが、さきにあげた室町期の若狭国小浜津の問丸本阿弥も、その名からみて、あるいは時衆だったかもしれない。応永七年（一四〇〇）、多烏・汲部両浦の百姓等が、「西の京の御時衆」の毎度の下向《げこう》、数十日の滞在中の勝手な振舞について訴えていることも[*158]、見落とすことはできないので、若狭にも確実に時宗は影響をおよぼしていたとしなくてはならない。

　このような海民の社会と、宗教・文化とのかかわりについても、なお研究すべき余地は広いのである。

　春から夏の晴れた日の日本海は、エメラルド色に輝き、水平線に沈む落日は、あたかも西方浄土への道を思い浮かべさせるような、金色の光の道を海上につくり出す。しかし、秋から冬の荒れた日本海は、天野武の注意したように、「ウサギナミ」と人々の呼んだ無数の白い波[*159]がわき立ち、鉛色の海はたえまなく海鳴をとどろかせてやまない。

この海をきわめて古い時代から、さまざまな人や物が通ってきた。そして、北見俊夫が明らかにしたような多様な民謡が海の道を媒介として伝播し、はるかに遠く南海から、対馬暖流にのって、ハリセンボン、タコブネなど、さまざまな物が漂着してくる。[*160]また、北からの昆布の道は、沖縄から中国大陸にまでおよんだのである。

測り知ることのできないほど大きく、多様なものを、この海は列島の社会に与え、その文化をはぐくんできた。現在のわれわれの力は、そのごく一部をとらえたにすぎないが、たとえば『海と列島文化1　日本海と北国文化』(前掲)に収められた諸労作をはじめ、今後のこの分野の新たな研究によって、その実態が全面的に明らかにされる日も、決して遠いことではないと確信している。

(付記)本稿を成すにあたって、上之国勝山館遺跡については松崎水穂氏により多大の御教示を得た。また、神奈川大学日本常民文化研究所における奥能登時国家文書研究会のメンバーからは、全般にわたって、多くの示唆をいただいた。記して謝意を表する。

第二章　瀬戸内海交通の担い手

海上交通の担い手

これまでの交通史研究が、著しく陸上交通に偏っていたことは否定し難い事実である。もちろん、近年各県で行われている「歴史の道」の研究などはきわめて重要であり、各地域でその探査が進められ、具体的な成果がつぎつぎにあげられていることは、心から慶賀すべきことで、それが交通史にとどまらず、政治史、経済史、社会史等の分野に寄与するところは、まことに大きいといってよい。しかし、そこでも河海の水上交通、水の道が、ともすれば見逃されがちであることも、事実といわなくてはならない。

人の通った跡をほとんど残すことのない柔らかな交通路である河海の自然としての特質が、そうした事態を生み出す一つの理由であることは間違いない。しかし、河海の交通にたいする従来の政治・社会の軽視ないしは無視、さらに歴史的研究の貧困さの背景は、決してそうした自然的な理由のみにとどまらないので、それは列島の社会と国家の歴史そのものに深くかかわっている、と私は考える。

縄文時代以来、日本列島の島々、さらには列島と他の諸地域とを結ぶ交通が、海上の交通路を基軸としていたことはいうまでもない。そして、少なくとも七世紀後半に「日本」を国号とし、「畿内」を中心に成立した律令国家の出現するまでの列島の社会の交通体系

鞆の浦　軍事・政治の中心である一方、商港でもあり、瀬戸内海の要津として栄えた。

が、海・河・湖を基礎として組み立てられており、とくに瀬戸内海が大和《やまと》、河内《かわち》等の地域と北部九州、山陰、朝鮮半島、中国大陸とを結ぶ最も重要な交通路であったことも明らかである。

しかし律令国家は、列島の社会のこうした自然なあり方に抗するかのように、陸上交通を基本にしてその交通制度を整えようとしている。九州——西海道は別として、畿内を中心に放射状にのびる東海道、東山道、北陸道、山陰道、山陽道、南海道等の陸上の道路を軸に、七道の行政単位が定められたことは、周知のとおりであるが、山陽道の一部の発掘や東山道の調査によって明らかにされているように、これらの道路はかなりの幅をもち、舗装された個所もあり、しかも、できうるかぎり真っ直ぐに築造されていたといわれる。

そして、駅家《うまや》等の交通施設も、この陸上の道に即して設けられ、国司《こくし》の往復も、各地域からの調《ちょう》・庸《よう》等の輸送も、陸路が原則とされていた。もとより河川の多い島によって「国土」が成り立っている以上、これらの道が河海を渡っていることはいうまでもないが、中国大陸の場合と異なり、水駅《みずうまや》はこの交通体系のなかでは、ほとんど意味をもっていないのである。[*1]

このようなまことに不自然ともいうべき交通体系を、律令国家がなぜ熱心に整備しようとしたのか。その理由は単純ではなかろう。ローマ帝国やインカ帝国などが共通して直線的な道を設定したように、はじめて「文明」的な世界をひらいた古代帝国特有の志向が働いていることは間違いないところであり、また、中国大陸の唐帝国の制度の模倣も、当然、考慮されなくてはならない。

しかし、さらに具体的に、こうした直線的な道路の築造は、唐・新羅《しらぎ》との戦争に大敗を喫したこの国家の、大陸・半島にたいする厳しい緊張した意識を背景に置いて、理解する必要があろう。「外敵」の襲来をはじめとする列島外の情報の、早馬による敏速な伝達など、軍事的な目的のためにこそ、こうした道路がつくられたのではなかろうか。[*2]それが、少なくとも朝鮮海峡・玄界灘《げんかいなだ》を「国境」とみて、防衛のための城郭《じょうかく》を築き、防人《さきもり》によって警固させたこの国家の姿勢と深くかかわっていることは疑いない。

海を「国境」とみる見方は、こうしてはじめて列島の社会にはっきりと影を落とすことになったのであるが、これは、その後の歴史に重大な影響を与えたといわなくてはならない。もちろん、こうしたきわめて不自然な制度が長続きするはずはなく、確立してまもなく、八世紀前半には、早くも物資の輸送は海上交通によって行われることとなり、九世紀から一〇世紀にかけて、列島の交通体系はふたたび、海・湖・河を基本とするようになった。海を「国境」とする見方も後景に退き、中世を越えて近世まで、水上交通が、少なくとも物資の輸送については、基本的な役割を果たしつづけたのである。

しかし、近世後期から、海を「国境」とみて、「海防」を重視する見方が、国家・支配者の側からあらためて強調されはじめ、明治以後の近代国家の確立によって、その方向は決定的となり、軍事を重視する国家的な政策として、交通体系は鉄道をはじめとする陸上交通を基本とするにいたったのである。それは現在にいたるまで、変わっていないといってよかろう。

しかし、このことが、現代の交通体系を著しく柔軟性に欠けたものとし、われわれの実生活を不便なものとしているだけでなく、まったく無駄ともいえる国費の浪費をも招いていることは明らかである。そして、それとともに重要なことは、海を「国境」とのみとらえ、それを人と人とを隔てるものとみる見方が、われわれ自身のなかに深く根をおろすことによって、多大な盲点をつくりだし、日本社会像、日本史像を大きくゆがめる結果になっている点である。

「日本島国論」「単一民族・単一国家論」[*3]などが、こうした見方にその根をもっていることは間違いないが、当面、この思い込みのために、海を通じてかつては緊密に結ばれてきた諸地域の関係が、われわれの視野から完全にはずれてしまうことがきわめて多いことに、目を向けておく必要がある。

たしかに、陸上の道がひらかれることによって、まったく新たな地域間の関係が生まれ、地域の生活の発展に大きく寄与することが多いのも事実である。しかし、それとともに、そのことが海や河を通じて結ばれてきた人々の関係に重大な変化を呼び起こすことになっている点にも、われわれは目をそむけることなく、注意しておく必要があろう。この両方の問題を総合的にとらえることによってはじめて、均衡のとれた、正確な日本社会像をわれわれは描き出すことができる、と私は考える。

この間にあって、瀬戸内海は歴史的にはもとより、いまもなお最も強力に、海の交通路としての機能を発揮しつづけているが、それでも、これまで見落とされてきたことは少なくないと思われるので、中世前期に時期を限定して、この海上交通の担い手と、瀬戸内海の交通路自体を支配しようとした支配者側の動きについて、若干述べてみることとしたい。

平安末期、およそ一一世紀後半以降、職能民にかかわる王朝国家の制度として、神人《じにん》・供御人《くごにん》制が形成されてくるが、海上交通の担い手としての廻船人も、多くは神人、供祭人《さいにん》、供御人などの称号をもち、神・天皇の直属民として海上の自由な交通を保証され、広域的な海・河での活動に従事していた。それは、人の力をこえる広大な大海原で船を自在に操る廻船人の職能、さらには、その交易活動そのものが、神の世界とかかわりある業《なりわい》と

中世の船　厳島社の鳥居あたりを行く小形の商船と、2艘は厳島に向かう渡船であろう。これらの船の行動半径はかなり広かったと思われる。（『一遍上人絵伝』）
清浄光寺・歓喜光寺蔵

みられていたからにほかならない。

たとえば、仁安元年（一一六六）、安芸《あき》国佐東《さとう》郡伊福《いおき》郷の堀立江上に牓示《ほうじ》（荘園の境の標式として立てたしるし）を打ち、その範囲を定められた厳島《いつくしま》社領志道原《しじわら》荘の倉敷《くらしき》には、末永・是延以下一三人におよぶ厳島社神人、友方・是永等二人の感神院《かんじんいん》神人、久行・行重等四人の天皇家の供御人が、畠・在家を保持しているが、これらの人々は、まず間違いなく海民、さらには廻船人と考えてよかろう[*4]（「新出厳島文書」九三号、仁安元年一一月一七日、伊都岐島社領安芸国志道原荘倉敷内畠・在家立券文）。そして、ここにみられる感神院＝祇園《ぎおん》神人の兄部職《このこうべしき》（人的集団の頭《かしら》）は、鎌倉時代には守護が掌握していたのである（同上三一号、文暦二年〈一二三五〉六月五日、関東下《げ》知状《ちじょう》案）。

長寛二年（一一六四）、周防《すおう》国住人清原清宗は、厳島社所司《しょし》西光房の私領田畠・栗林六町を得た直《あたい》（代価）として、「長肆《し》丈伍《ご》尺、腹七尺」の船を渡しているが、廻船人の用いた船はこのような船ではなかったかと思われる。事実、周防・安芸にかかわりをもつ清宗は、一方では「京・田舎《いなか》を往反《おうへん》（往復）」するような人物で、おそらくは廻船人であり、この船を入手した西光房もやはり同様の人であったろう。そしてこの船が、六町の田畠・栗林という、かなり莫大な土地の代価とされている点も、注目しておく必要があろう（同上三七号、長寛二年四月二一日、清原清末田畠等寄進状）。

さらに少し降ると、建長二年（一二五〇）に、摂津《せっつ》国広田《ひろた》社に属する廻船人のいたことが確認される。このとき廻船人は、社司《しゃし》・供僧《ぐそう》以下、百姓等とともに、近年、博奕《ばくえき》を好むとして禁制の対象になっているが（「狩野亨吉蒐集文書」建長二年三月二八日、神祇伯《じんぎはく》資邦王袖判下文《そではんくだしぶみ》）、さらに弘長三年（一二六三）四月二〇日の神祇官下文（同上）は、廻船人のなかには令制の官職をもつ「有官の輩《ともがら》」がおり、そうした有官の廻船人の罪については、「中官」――おそらくは供僧・八女《やおとめ》（神社に奉仕し神楽《かぐら》などを奏する少女）――に準じて特権を与えること、また、廻船人が遠国で犯した罪科については、訴人がなければ問題にしない、と定めている。

神人が官位をもち、世俗の侍身分に準ずる地位にあったことを示す事例は多いが、広田社の場合も同様で、廻船人は神人、あるいはそれ以上の特権を与えられて、広く遠国にまでその足をのばしていたのである。

　この広田社の廻船人そのものといえるかどうかは断定できないとはいえ、正応五年（一二九二）閏《うるう》三月一〇日、摂津国武庫《むこ》郡の今津《いまづ》、東船江《ひがしふなえ》屋敷などの田地四段、所従《しよじゆう》七人とともに、小船二艘を含む船三艘を嫡子有若丸に譲った秦《はた》永久が、武庫川河口近辺の津・船江に根拠をもつ廻船人であったことは、推定してまず間違いない（『大徳寺文書《だいとくじもんじよ》之三』一二七八号）。この地は、祇園社の今宮《いまみや》神人、さらには広田社神人をも兼ねた津江御厨《つえのみくりや》供御人とともに、諸国往反自由の特権を保証された武庫郡供御人の根拠地でもあり、秦氏がこれらの海民的な神人・供御人集団の一員であったことは、確実といってよかろう。

　永久が子息に譲った船のうち小船二艘は、おそらくは漁撈用、他の一艘が廻船に用いられた船――「大船」であったと考えられるが、廻船人は天皇家・神社などによってこうした特権を与えられ、大船によって広域的な海域で活動する一方、平安末・鎌倉期には、なお漁撈にも従事していたものと思われる。

　また、このような廻船の事例として、すでに周知の事実であるが、文治三年（一一八七）二月一一日の物部氏女《もののべうじのによ》譲状にみられる紀伊《きい》国久見和太《くみわた》住人で賀茂《かも》社供祭人の「坂東丸」と呼ばれる船をあげることができる（「仁和寺《にんなじ》聖教紙背文書《しようぎようしはいもんじよ》」）。この船は、建久三年（一一九二）四月の播磨《はりま》貞国をはじめとする播磨氏五名、額田《ぬかた》・美野《みの》・膳《かしわで》氏各一名からなる久見和太供祭人の連署状では、「東国」と号すとされており、本来、これを「私領船」

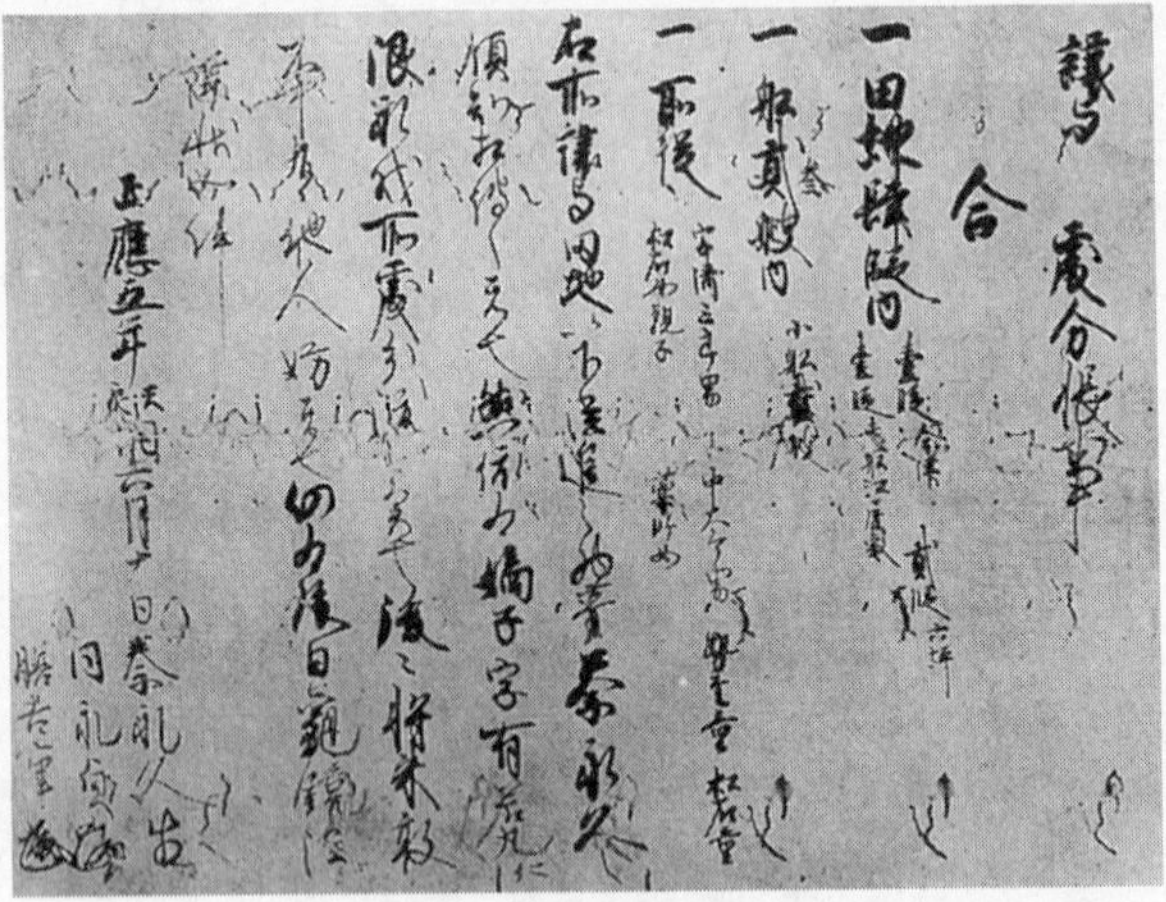

秦永久譲状　秦永久が田地・船・所従を有若丸に譲った譲状。（『大徳寺文書之三』）

大徳寺蔵

としていた源末利の死後、後家の美野氏、山崎寺主、摂津国草苅《くさかり》住人加賀介等の間で、争奪の対象となっていた。これは、こうした大船の貴重さをよく物語っているが、この賀茂社供祭人たちは、いずれも漁撈民であるとともに廻船人であり、末利は坂東《ばんどう》——東国にまで恒常的に赴いて、交易にたずさわっていたのである。

しかし、山内譲が言及しているように、賀茂社・鴨《かも》社供祭人は、東国方面だけでなく、むしろ瀬戸内海の海上交通、漁撈活動においてこそ、最も活発な活動を展開した海民的な神人集団の一つであった。

この両社供祭人については、その漁撈・廻船の活動について、日本海海域にも関連して第一章や別の機会に詳述したので[*5]、ここでは、瀬戸内海における海上交通に関係する点を中心にふれるにとどめるが、まず、供祭人の根拠地である両社の「御厨」――「供祭所」が、瀬戸内海に集中していることに注目しておかなくてはならない。とくに顕著なのは、鴨社の場合で、摂津国長洲《ながす》御厨、播磨国伊保崎《いほざき》、伊予《いよ》国宇和《うわ》郡六帖《ろくじょう》網《あみ》、同国内海《うちうみ》、紀伊国紀伊浜《きのはま》、讃岐《さぬき》国内海、豊前《ぶぜん》国江嶋《えしま》、豊後《ぶんご》国水津・木津、周防国佐《さ》河《がわ》・中嶋《なかじま》御厨など、瀬戸内海沿海諸国の海、浜、洲、嶋、津、そして網を、その「御厨」としており（「鴨脚秀文《いちょうひでふみ》文書」）、賀茂社もまた、さきの久見和太供祭人を含むとみられる紀伊国紀伊浜御厨、播磨国室《むろ》・塩屋《しおや》御厨、周防国矢嶋《やしま》・柱《はしら》嶋・竈門《かまど》関等をおさえている（「賀茂《かも》別雷《わけいかずち》神社文書」第二）。

そしてさらに、寛治四年（一〇九〇）七月一七日の官符によって、白河《しらかわ》上皇が両社に寄進した諸荘も、鴨社の、長門《ながと》国厚挟《あさ》荘、讃岐国葛原《かつらはら》荘、安芸国竹原《たけはら》荘、備中《びっちゅう》国富田《とみた》荘、摂津国小野《おの》荘（「鴨脚秀文文書」）、賀茂社の、摂津国米谷《よねたに》荘、播磨国安志《あんし》荘・林田《はやした》荘、備前《びぜん》国山田《やまた》荘・竹原荘、備後《びんご》国有福《ありふく》荘、伊予国菊万《きくま》荘・佐方《さかた》保、周防国伊保《いほ》荘、淡路《あわじ》国佐野《さの》荘・生穂《いくほ》荘（「賀茂別雷神社文書」第二）などのように、瀬戸内海周辺に分布しており、これらの諸荘にも、供祭人の活動がみられたのである。

「櫓《ろ》・棹《さお》・杵《かし》の通い路は当社供祭所たるべし」「西国の櫓・棹の通い地（ママ）は、みなもって神領たるべし」という絶大な特権を与えられ、「魚付《うおつき》の要所を卜《ぼく》して居住」した両社供祭人が（「鴨脚秀文文書」）、こうして瀬戸内海を縦横に活動し、漁撈だけでなく廻船人としても重要な役割を果たしたことは確実で、御厨・所領の分布をみると、その活動範囲は琵琶湖を通って北陸、また、瀬戸内海から山陰にまでおよんでいたものと思われる。

たとえば、鴨社の長洲御厨供祭人は、その旺盛な漁撈活動によってもよく知られているが、承元二年（一二〇八）ごろ、船の買得をめぐって日吉《ひえ》神人と争っており、この船は、漁撈よりもむしろ廻船の船とみるべきであろう（「九条家本賭弓《のりゆみ》部類記紙背文書」『鎌倉遺文』三―一七五五）。

また、観応元年（一三五〇）、鴨社の「御厨」、讃岐国内海の一部として姿を現す「津多《つた》島《じま》供祭所」の供祭人は（「仁尾《にお》賀茂神社文書」一一号、観応元年一一月一七日、細川顕氏禁制案）[*6]、永徳三年（一三八三）には、仁尾浦供祭人といわれ、同浦の鴨社を中心にした集団をなし、「海上諸役」を負担するとともに、守護細川氏による「兵船」の動員に応じ、「御《ご》料所《りょうしょ》」として特権を保証されていた（同上二二号）。嘉吉《かきつ》元年（一四四一）から翌年にかけての同浦神人の目安（同上二三号、二五号、二六号）は、嘉吉の乱（嘉吉元年、播磨守護赤松満祐が将軍足利義教を弑《しい》した事件）にあたって、守護代香川《かがわ》氏からの船二艘の動員に応じたところ、浦の代官香西《こうざい》氏によってそれを止められ、船頭を召し取られたうえ、あらためて上下五十余人、船二艘を動員されたため、かれこれ一五〇貫文におよぶ出費を強いられたこと、さらに、香西方から徳役（富裕な人に課せられる賦課）を五〇貫文も賦課されたことなどを訴え、この香西氏の折檻《せっかん》のため、「五、六百間《けん》（軒）」ばかりもあった「地下家数」が二〇間にまで減少したとして、香西氏の更迭《こうてつ》を要求している。

　これによって明らかなように、仁尾浦の鴨社供祭人は、南北朝期以降、守護の兵船動員に応ずるなどの海上活動に従事しているが、一方、この浦と推定される「丹穂」の船は、文安二年（一四四五）卯月九日には、赤米一〇〇石、豆七〇石、米一八〇石、同年一二月三日にも、備後塩二〇石、赤鰯《あかいわし》七〇石を、さらに備後塩五〇石、赤鰯一八〇石を積んで、兵庫北関《ひょうごきたのせき》に入船しており[*7]、この浦の神人が廻船にたずさわっていたことを知りうる。

　そして、こうした供祭人＝神人の海上活動を通じて、室町期の仁尾浦は、家数「五、六百間」にもおよぶ人口が集まり、行政的に「浜分」と「陸分」に分かれ（同上二六号）、海《あまの》有縄《ありなわ》のような「海《あま》」を氏名《うじな》とする人（同上七号）や、「綿座《わたざ》衆」などの住む（同上二七号）小都市になっていたのである。

　さらにまた、兵庫北関には、播磨国伊《い》保《ほ》角《ずみ》（伊保崎）の船一艘、室津の船はじつに八二艘、安芸国竹原の船は六艘、周防国上関《かみのせき》（竈門関）の船七艘が入船しているが、これらはみな、さきにあげたように、賀茂・鴨両社領あるいは、「御厨」だったのであり、瀬戸内海の海上交通に両社供祭人の果たした役割をよく物語っている。

　このような両社供祭人の立場は、平安後期以降、瀬戸内海域の海上交通の掌握をめぐる貴族・寺社等の激しい競合をくぐり抜けて確立されていったのであるが、石清《いわし》水《みず》八幡宮神人もまた同様に、この海域において最も優勢な力をもつ神人集団であった。

本来、宇佐《うさ》八幡宮（宇佐市）から九世紀半ばに勧請《かんじょう》されたこの八幡宮が、瀬戸内海を通じて、北部九州と不可分の関係にあったのは当然のことで、この海域にたいするその影響力は、沿海諸国から山陰、九州におよんで分布する荘園と別宮によって知ることができる。そして、八幡神の直属民として、八幡宮神人は、保元三年（一一五八）一〇月の後白河《ごしらかわ》上皇院宣《いんぜん》（『石清水文書之二』「田中家文書」一二四号）によって、たとえ「諸権門勢家の領」を耕作していても、田畠の所当《しょとう》（年貢等）は別として、在家役《ざいけやく》、万雑公役《まんぞうくやく》をいっさい免除されるという特権を保証されていた。おのずと、別宮の神人を含めて八幡宮神人も、関渡津泊での関料・津料等の煩いなく、自由に通行する権利を与えられていたものと思われ、その広域的な活動は顕著なものがあったのである。

瀬戸内海沿海諸国におけるその荘園・別宮の分布を概観してみると、まず、淡路国には鳥飼《とりかい》別宮＝鳥飼荘、炬口《たきくち》荘、枚石《ひらいし》荘などがあるが、鳥飼荘には「船所」*8があって、国の海上交通の中心的な位置にあり、その「船津」は、神人の海上活動の根拠地であったと思われ（『石清水文書之二』「田中家文書」二二六号、弘安元年〈一二七八〉一二月八日、淡路国鳥飼別宮雑掌地頭和与状写）、炬口荘内とみられる竹口からは、文安二年（一四四五）、兵庫北関に二艘の船が入船している。次に、播磨国の継《つぎ》荘、松原《まつばら》荘、船曳《ふなびき》荘、赤穂《あこう》荘、魚次《うおすき》別宮のうち、松原の船が、同じく北関に一二艘も入っている。また、赤穂が製塩地として著名で

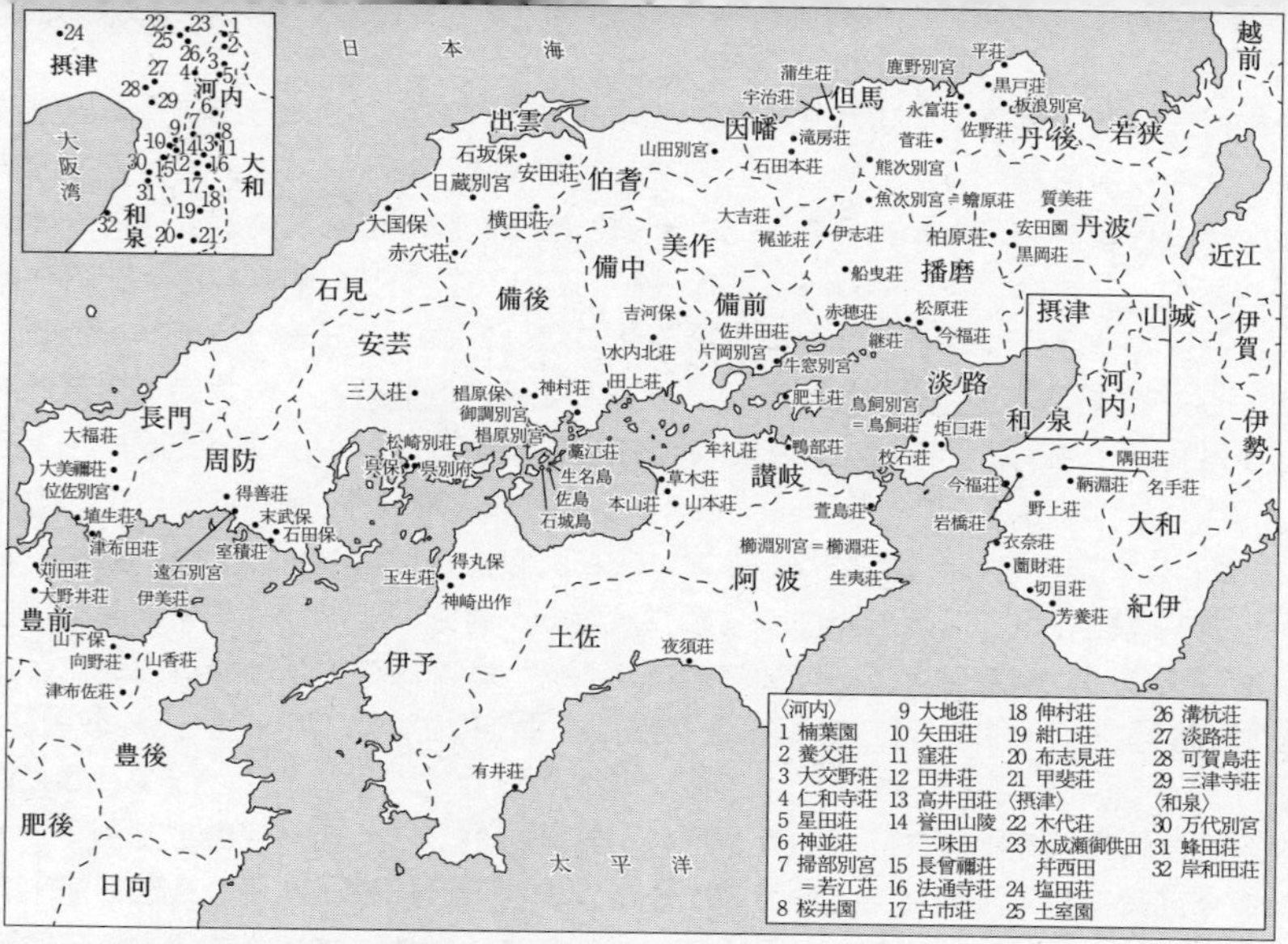

石清水八幡宮の荘園・別宮分布図（『大日本古文書　家わけ第四石清水文書之一』東京大学出版会をもとに作成）

あることはいうまでもなく、ここも海民的な神人の根拠地とみてよかろう。

備前国には牛窓《うしまど》別宮、雄島別宮、片岡《かたおか》別宮、肥土《ひと》荘などの別宮・荘園が分布しているが、牛窓は平安末期からすでに津として知られた交通の要衝で、兵庫北関には年間なんと一二一艘という多数の船が入関していることからも知られるように、室町期には廻船の重要な拠点となっていた。

また、小豆島《しょうどしま》の肥土荘は、延喜《えんぎ》四年（九〇四）、大菩薩《だいぼさつ》の託宣によって「八幡宮御白塩地」として寄進された荘と伝えられ、すぐれた製塩地だったと推測されるが、同年九月、肥土山に八幡宮を勧請して別宮が建立されて以後、中世を通じて、この別宮に属する神人たちは、地頭や百姓による神人の殺害、刃傷《にんじょう》、打擲《ちょうちゃく》等に抗議して、しばしば「蜂起」し、神宝を動かしている（『小豆島八幡宮縁起』）。

この神人が廻船人であったとする直接の根拠はないが、肥土荘の下司《げし》・公文《くもん》であった紀《き》氏《し》一族が海《あま》氏の流れをくんでいることや、文安二年の兵庫北関への小豆島からの入船が二三艘にもおよんでいる事実、さらに、製塩が活発に行われていた点などからして、これらの神人が海上活動に従事していたことは、確実といってよかろう。*9 さらに、片岡別宮の所在する地も、江戸時代、漁撈・製塩が盛んであり、同様のことを考えることができる。

備中国には水内北《みのちきた》荘、吉河《よしかわ》保、備後国には御調《みつぎ》別宮、椙原《すぎはら》別宮、藁江《わらえ》荘などがみられるが、椙原別宮が尾道の対岸の向島の西八幡社であるとすれば、その神人が海上交通と関係していたことは十分に考えられることである。また、藁江荘も室町期には塩浜が多く、大量の塩を社家に貢納していたことが知られるだけでなく（『石清水文書之二』「田中家文書」二六三号、文安三年〈一四四六〉正月二六日、藁江庄社家分塩浜帳）、寛喜《かんぎ》二年〈一二三〇〉、鞆《とも》浦地頭代がこの荘の神人二人を殺害したことが問題となっているように（『石清水文書之五』「宮寺縁事抄」天福元年〈一二三三〉五月日、八幡宮司所司等言上状）、海を通じて要津鞆《とも》とかかわりが深かった。[*10]

兵庫北関への文安二年の入関船数は八艘であるが、藁江の船はすべて関料免除を認められた「山名殿《やまなどの》国料」「国料」であり、この津の船が守護山名氏の支配下にあったことを知りうるが、それは藁江が海上交通上の重要な位置にあったことを物語っている。

さらに安芸国に所在する呉別符《くれべっぷ》（呉保）、三入《みいり》保、松崎《まつさき》別宮のうち、呉保は下向井龍彦が明らかにしているとおり、[*11]もともと安摩《あま》郷呉浦のなかにあったとみられる。この地は、のちに大内氏水軍の中核の一翼を担う呉衆の根拠地であったことから推測しうるように、海上交通の重要拠点であった。また、松崎別宮も鎌倉期、「松崎八幡宮下職」を守護が掌握していることからみて[*12]（「新出厳島文書」三一号）、国衙《こくが》・守護所と深いかかわりがあったのであり、それはここが交通の要地だったことを示している。

また、周防国には石田《いわた》保、遠石《といし》別宮、末武《すえたけ》保、得善《とくよし》保、室積《むろづみ》荘、長門国には位佐《いさ》別宮、大美禰《おおみね》荘、埴生《はぶ》荘等があるが、なかでも末武・得善両保にかかわる遠石別宮は、笠戸泊《かさどのとまり》を擁しており、室積荘もまた、平安末期の『本朝無題詩《ほんちょうむだいし》』に「室積泊」として現れ、すでに八幡社のあったことの知られる瀬戸内海交通の要衝であった。そして埴生荘も、今川了《りょう》俊《しゅん》の「道ゆきぶり」、宗祇《そうぎ》の「筑紫《つくし》道記《みちのき》」に姿をみせる要港なのである。

一方、四国側についてみると、阿波《あわ》国に萱嶋《かやしま》荘、生夷《いくな》荘、櫛淵《くしぶち》別宮（櫛淵荘）、讃岐国には草木《くさき》荘、牟礼《むれ》荘、鴨《かも》部荘、山本《やまもと》荘、新宮《しんぐう》、伊予国に玉生《たもう》荘、神崎出作《かんざきしゅつさく》、得丸《とくまる》保、石城《いわぎ》島、生名《いきな》島、佐《さ》島、味《み》酒《さけ》郷などが分布している。このうち、兵庫北関に一艘が入船している阿波の別宮は、萱嶋荘にかかわる別宮と推定され、讃岐の草木荘もさきの鴨社領仁尾浦に近い。また、伊予の玉生荘、神崎出作、得丸保は、玉生八幡社の所在する松前《まさき》の地にあるが、松前浜は江戸時代、一〇〇〇人もの「猟師」の集住する古くからの漁業第一の浦で、他領分内ではいずれの浦で網を引いてもよいという漁撈特権を保証されていた[*13]。

元禄元年（一六八八）、家数一九二軒、人数一一三〇人におよび、漁船八二艘、一六端帆一艘を保有した松前浜の猟師は、こうした特権を背景に、万治元年（一六五八）、他領となった小湊《こみなと》村と網代《あじろ》（漁場）の出入りから殺害事件を起こし、元禄一三年から享保三年（一七一八）には、二神《ふたかみ》村と網場をめぐって相論するなど、旺盛な漁撈活動を展開し、天保九年（一八三八）には、家数五〇七軒、人数二〇四二人、舟数一三九艘という繁栄をみるにいたっている。

この浜村の女性たちが、漂着した公卿《くぎょう》の娘滝姫とその侍女を祖とすると言い伝え、「松前のおたた」といわれた魚売女として活動したことはよく知られているが、こうした近郷の行商だけでなく、さきの一六端帆の船の存在によっても知られるように、松前浜の船は、「からつ船」「五十集《いさば》」と呼ばれる遠隔地の交易にも従事していたのである。[*14] このような廻船交易、漁撈特権、その女性の魚売りの淵源は、間違いなく玉生荘等に根拠をおいた、中世以来の海民的な八幡宮神人の特権に求めることができると私は考える。

一方、石城（岩城）島も鎌倉期には海民的「悪党」――海賊の拠点であり、室町期には生名島とともに、名《みょう》（年貢《ねんぐ》・公事《くじ》の賦課単位）に編成された塩浜があったことが知られており、兵庫北関にも六艘の船が入船している。

松前のおたたさん　西日本の海辺にみられる女性商人（販女）のなかでもよく知られていた。
（賀川英夫『松前のおたた研究』1940年より）

石清水八幡宮の荘園・別宮のすべてに、海民的な神人が活動していたわけではないとしても、ここに言及した多くの事例からみて、八幡神の権威を背景とした八幡宮神人の廻船、漁撈、製塩等の活動が、瀬戸内海の海域において、賀茂・鴨両社供祭人のそれとともに、きわめて顕著なものがあったことは確実といわなくてはならない。さらに河川まで視野に入れるならば、内陸部の荘園・別宮についても、同様の方向で考える余地は、広く残っていると思われる。

さらに注目すべきは、八幡宮の荘園・別宮が石見《いわみ》、出雲《いずも》、伯耆《ほうき》、因幡《いなば》、但馬《たじま》、丹後《たんご》等の山陰道諸国にも、濃密に分布していることで、この場合も、それらに根拠をおく神人たちが、日本海西部の海上交通に深くかかわっていたのは確実といってよいが、[*15]その点にふれることは別の機会にゆずり、ここでは、石清水八幡宮に直属する神人集団が、瀬戸内海と京都とを結ぶ淀川《よどがわ》沿いに拠点をもっていたという事実に、若干、言及しておくこととしたい。

すでに小林保夫が明らかにしているが、しばしば引用する文安二年の兵庫北関への入船のなかには、石清水八幡宮の長門国埴生荘、播磨国船曳荘・松原荘、淡路国鳥飼荘の年貢を運送してきた、周防の野上《のがみ》、播磨の松原および摂津の尼崎《あまがさき》、淡路の与井《よい》などの船がみえ、この時期にも、八幡宮領の荘園年貢が、瀬戸内海を通って輸送されていたことを確認しうるが、それとともに、小林は、「淀十一艘」と記載され、関料免除の特権をもつ船の動きに注目している。[*16]

この船の船籍地は、摂津の兵庫（地下）・尼崎・杭瀬《くいせ》、播磨の別所・松原、備前の牛窓、備中の連嶋《つらじま》、讃岐の塩飽《しあく》、淡路の都志《つし》など、各地にわたっているが、小林はこれを、石清

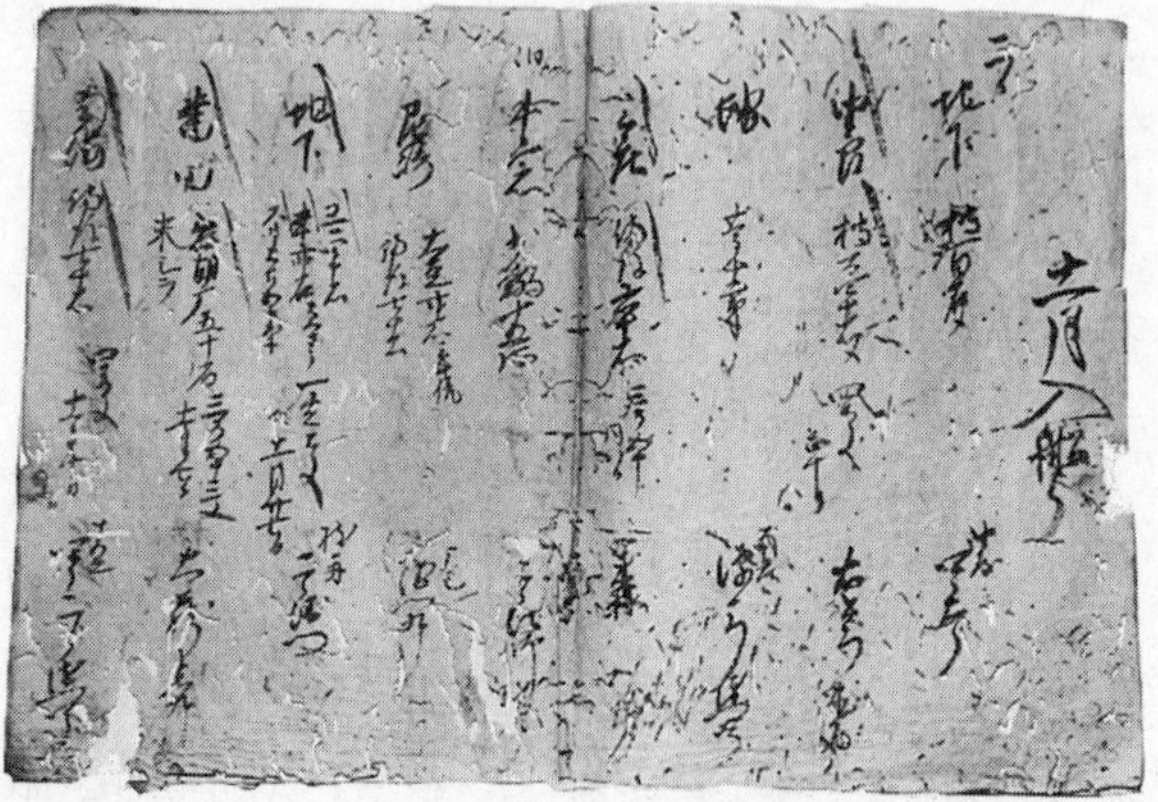

山崎の胡麻　文安２年11月に備前番田の船頭大蔵の船が、山崎胡麻50石と米・塩を積んで入船したことが記されている。(『兵庫北関入船納帳』)

京都市歴史資料館蔵

水八幡宮淀神人の船と推定し、詳細にそれを論証した。この論証は的確であり、八幡宮綱引《つなひき》神人といわれる神人集団は、平安末期以来、山城《やましろ》国淀《よど》に根拠をおいて、主として塩の交易に従事し、鎌倉時代からは、瀬戸内海の塩を京都に販売・供給していた。「淀十一艘船」は、小林のいうとおり、その後年の姿だったのである。

また兵庫北関には、ほぼ文安二年一〇月末から翌年正月にかけて集中的に、「山崎物」などといわれる胡麻を積んだ船が二九艘も入船している。その船籍地は摂津の尼崎、播磨の中《なか》庄・那《な》波《ば》・船上《ふなげ》・松江《まつえ》、備前の牛窓・番田《ばんだ》、備中の平山《ひらやま》、讃岐の塩飽・鶴箸《つるはし》・宇多《うだ》津《つ》・観音寺《かんおんじ》などの各地にわたっているが、とくに播磨(一〇艘)、備前(一〇艘)、讃岐(七艘)に集中し、年間の総量は一四二二石五斗にもおよんでいる。いうまでもなく、これは、油神人として周知の八幡宮大山崎《おおやまざき》神人に供給される荏胡麻《えごま》であり、これらの船の積荷の一部の米、塩、大豆、蕎麦《そば》などの物品については関料が徴収されているが、胡麻については「起請《きしょう》これあり」などと注記され、関料は免除されたものと思われる。

鎌倉時代以来、大山崎神人に保証された「内殿御灯油料荏胡麻」にたいする「諸関所津料」免除の特権は、このような形で室町期まで保持されつづけているが、このことはまた、貞応《じょうおう》元年(一二二二)の美濃《みの》国不破《ふわ》関の往反を認めた過所《かしょ》(「離宮八幡宮文書」)をはじめ、寛喜元年(一二二九)一二月の後堀河天皇綸旨《りんじ》、摂関家御教書《みぎょうしょ》をうけた六波羅《ろくはら》探題《たんだい》の播磨・肥後等の諸国守護代にたいする下知状(「疋田《ひきた》家本離宮八幡宮文書」)などによって保証された、西国における大山崎神人の特権が、淀川および瀬戸内海交通の全体にたいする石清水八幡宮の強い影響力によってささえられ、維持されてきたことを、よく物語っているといえよう。

淀川沿いの地には、このほかに八幡宮領大交野荘《おおかたのの》があり、楠葉《くずは》、禁野《きんや》を含めて、このあたりには、「交野御綱引神人」「交野五箇荘《ごかのしょう》神人」「交野五座神人」などと呼ばれる八幡宮神人がいて、鎌倉後期、麴《こうじ》の売買にたずさわっていたが、この人々も、河海の交通を通じてその活動を展開していたことは十分考えられる。そして、淀川の河口を扼《やく》する、古代における難波津《なにわづ》の御津《みつ》宮の流れをくむ三津寺《みつでら》荘も、八幡宮の荘園であった。

このように、石清水八幡宮は、中世を通じて、淀川の交通路をおさえ、そこを起点に瀬戸内海、さらに、ここではふれえなかったが、九州・山陰にいたる海上交通に大きな力を行使していたのであり、そうした八幡宮神人の広域的な活動とその影響を、たんに経済的な側面のみにとどまらず、神功《じんぐう》皇后伝説などをも含む八幡信仰のひろがりにまで視野を拡大して考究することは、今後の大きな課題の一つであろう。

また、このルートを逆に通り、宋人を神人としていた筥崎《はこざき》八幡宮をはじめ、中国大陸、朝鮮半島からの影響が、八幡宮を通じて、いかに日本列島の内部に流入したかについて考えてみることも必要であるが、ここでは、これまで述べてきた神人を掌握した神社の支配とはやや別の形で、淀川、瀬戸内海、九州の河海の交通に支配力をおよぼした勢力について、さらに一、二の問題を述べてみることとしたい。

瀬戸内海交通の支配者

瀬戸内海と海人の歴史に早くから着目し、すぐれた研究を積み重ねてきた河合正治は、さきの石清水八幡宮、賀茂・鴨両社の神人に関しても、すでに若干の言及をしているが、*17 平氏の全盛時代を経て鎌倉期に入ってからの瀬戸内海の動向については、西園寺《さいおんじ》家と北条氏一門の進出、西大寺《さいだいじ》流律宗《りつしゅう》の弘布に目を向けている。この的確な先駆的指摘に導かれて、北条氏および西大寺流律宗については、別の機会にふれたことがあり、*18 近年の研究も著しく進展しつつあるので、若干、後述するにとどめ、以下、河合の洞察にしたがって、これまであまり注目されることのなかった西園寺家と淀川、瀬戸内海の交通の関係について考えてみたいと思う。

　九条家、一条家、さらには鎌倉の将軍家との姻戚関係を通じて、朝廷にその地歩を固めつつあった西園寺公経《きんつね》が、はじめて伊予国の知行国主となったのは、建仁三年（一二〇三）のことであるが（『明月記《めいげつき》』建仁三年三月一〇日条）、これに続いて、建永元年（一二〇六）には、周防国の知行国主となっている（同上、建永元年九月一九日条）。このように、瀬戸内海の西の入口にあたる両国をおさえている点に、西園寺家のこの海域にたいする強い関心が、早くも動いていたことを推測することができる。

　ただ、周防については、建保元年（一二一三）に、ふたたび公経に与えられたことを知りうるのみで（同上、建保元年八月九日条）、以後、西園寺家の手から離れる。しかし伊予の場合、承久《じょうきゅう》の乱（承久三年〈一二二一〉）をこえた貞永《じょうえい》元年（一二三二）、いったん、公経はその知行を辞退するが（『民経記《みんけいき》』〈経光卿記《つねみつきょうき》〉貞永元年閏九月二日条）、仁治二年（一二四一）にいたっても、なお知行国主であったことを確認しうる（『勝延法眼記《しょうえんほうげんき》』）。そして公経以後、その子実氏《さねうじ》が寛元四年（一二四六）に、この国の国主であったことを知りうるのをはじめ、建長五年（一二五三）には公相《きんすけ》、文永六年（一二六九）には実兼《さねかね》、嘉元三年（一三〇五）には公衡《きんひら》と、鎌倉時代を通じて、西園寺家嫡流《ちやくりゆう》にその地位は継承され、伊予国はほとんど同家の家領となったといってよかろう。

実際、この国にたいする西園寺家の執着がきわめて強烈であったことは、嘉禎二年（一二三六）二月二二日、公経が幕府に強要して、同国宇和郡を相伝してきた橘《たちばな》（小鹿島《おがしま》）公《きん》業《なり》の知行をやめさせ、これを自らの所領とした事実に、よく示されている（『吾妻鏡《あずまかがみ》』）。このとき、先祖が藤原純友《すみとも》を討ち取って以来この地に居住し、代々相伝してきた所領を、咎《とが》なくして奪われるのは不当、と抗議する公業に対し、公経は、この所望《しよもう》が達成されなければ、「老後の眉目《びもく》を失ふに似たり」として、自ら鎌倉に下向《げこう》する意志を示し、ついに幕府も、これを受け入れるにいたったのである。

龍粛《りようすすむ》はそこに、交渉にあたった同家の家司《けいし》三善《みよし》長衡の手腕が働いていたとみているが、[*19] それはともかく、西園寺家はここに、宇和郡については、知行国主としての立場に加え、おそらく地頭職《じとうしき》にあたる所職《しよしき》をも手中に入れ、確固たる一円的所領として、これを確保することとなったのである。

前太政大臣《だいじようだいじん》の地位にありながら、このような「下職」ともいうべき所職に、公経がこれほどの執着を示し、家格を顧みず、ついにこの地を手中にした事実を通して、西園寺家にとっての宇和郡の重要性をうかがうことができるが、その意図は、純友が日振《ひぶり》島を根拠にしたという歴史からみても、海上交通の要地の掌握という点をおいては、理解し難いといわなくてはならない。

　これよりさき、寛喜二年（一二三〇）、豊後《ぶんご》水道をはさんでその対岸にあたる豊後国阿《あ》南《なみ》荘を、公経が由原《ゆすはら》八幡宮に寄進するとともに、自らの所領としていることも（「柞原《ゆすはら》八幡宮文書」寛喜二年九月日、一条前太政大臣西園寺公経家政所《まんどころ》下文）、もとより同じ理由によるとみてよかろう。

　こうして西園寺家は、後年、南北朝動乱期に宇和郡にその一流を土着させ[20]、室町期以降さらに足場を固め、ついにここを基盤に伊予の戦国大名にまでなっていくための足がかりを、はっきりとつかんだのである。しかもそれだけでなく、伊予国において、西園寺家はさらに宇摩《うま》荘を手中にしており（「柳原家記録」巻一六三、建武二年〈一三三五〉七月一二日、後醍醐天皇綸旨）、知行国主として支配下においている国衙領をはじめ、船所《ふなどころ》などの諸機関の掌握を通じて、瀬戸内海の海上交通に大きな力をおよぼしたものと思われる。

　また、鎌倉時代の同家の所領は、周防国玖珂《くが》荘、安芸国沼田《ぬた》荘、備中国生石荘、備前国鳥取《ととり》荘、播磨国五箇荘、摂津国富松《とまつ》荘など、瀬戸内海沿海諸国にもいくつか分布しているが、なかでも沼田荘は、公経のときすでに手中に入れている所領で（『小早川《こばやかわ》家文書之一』「小早川家証文一」四号、嘉禎四年一一月一一日、一条入道太政大臣西園寺公経家政所下文案写）、その内部に、後年、海民の拠点として知られる能地《のうじ》、忠海《ただのうみ》、渡瀬《わたせ》を含む浦郷を擁する海上交通の要地であり、西園寺家は家司橘氏を預所《あずかりどころ》として、現地の経営に力を入れている。

　これらの事実からみて、西園寺家と瀬戸内海の海上交通とのかかわりが、これまで予想されてきたよりもはるかに深いものであったことは明らかであるが、瀬戸内海の東の入口で、都との間を結ぶ水上交通路である淀川に沿って、同家の所領が分布していることも[*21]、もとより、このことと関連するとみなくてはなるまい。

　まず、神崎《かんざき》川の左岸に位置し淀川舟運の要衝であった吹田《すいた》は、津江御厨ともかかわりのある御厨として、古くからの海民の拠点であるとともに、平安末期には、遊女の群参する景勝の地として知られており、九条兼実・道家なども来遊しているが、なかでも西園寺公経は、しばしばここを訪れ、やがて山荘を営んでいる（『五代帝王物語』）。その後、この地は実氏《さねうじ》に譲られ、以後、西園寺家の別業として相伝されており、そこを拠点とする吹田西荘は同家の所領となっている。

　また、淀川左岸の河内国小高瀬《こだかせ》荘および池田《いけだ》荘も、鎌倉後期まで西園寺家領であったことを知りうるが、なにより注目すべきは、おそくとも実氏のときまでに、鳥羽殿《とばどの》とそれに付属する機関・所領を同家が知行するようになっていたことである。

　桂川・鴨川が淀川に合流する水上交通の要地である鳥羽には、応徳三年（一〇八六）、白河上皇によって離宮が造営されて以来、殿舎がつぎつぎと建てられ、康和五年（一一〇三）には、北殿・南殿・泉殿などの殿舎に、「殿人」ともいわれた殿侍一〇〇人、庭掃一

○二人が属していたことを知りうるが（『為房卿記《ためふさきようき》』応徳三年八月一二日条）、ここには厩《うまや》もあり、文永九年（一二七二）正月一五日の後嵯峨院《ごさがいん》処分帳案には、「六勝寺并《ならびに》鳥羽厩以下事」は「治天《ちてん》の君《きみ》」の掌握下におく、とされている。

この厩については、後述するように注目しておく必要があるが、当面、宝治二年（一二四八）八月一九日、後嵯峨院が鳥羽殿を訪れたとき、「年来この御領を知行」してきた前大相国《たいしようこく》西園寺実氏が南殿と厩を修造したといわれているように（『葉黄記《ようこうき》』宝治二年八月一九日条）、実氏がすでにこのころ、院の下で鳥羽殿領を管理していたことを、確認しておく必要がある。

そして、寛元四年（一二四六）四月二六日、後嵯峨院が石清水八幡宮に行ったときの「鳥羽辺河橋」、また同年五月二四日の八幡宮参籠《さんろう》のさいの羅城門《らじようもん》から大渡《おおわたり》にいたるまでの橋・船などが、「鳥羽殿沙汰《さた》」として実氏によって調達され、「御船差《ふなさし》」に「鳥羽殿公文《くもん》」がなっていることからも知られるように、鳥羽殿はたんなる宮殿だけでなく、淀川の水上交通の重要拠点であり、おそらく、この公文のような「殿人」「殿侍」のなかには、もっぱらこうした交通にたずさわる人々もいたに相違ない。

しかも、鳥羽殿領は公衡に相伝され、以後、代々、西園寺家の家領として継承されているが、長禄三年（一四五九）一月二九日の室町幕府奉行人《ぶぎようにん》奉書（東北大学附属図書館蔵「西園寺文書」）に、「鳥羽殿領号拾参箇庄」といわれているように、鳥羽殿領は殿舎を中心に、その周辺の地に広くおよぶ所領だったのである。[*22]
その一つとして淀魚市のあったことは、元応元年（一三一九）七月七日の関東下知状写（『見聞筆記』一三）[*23]に、「鳥羽殿御領魚市下司師光」とある点から明らかであり、ここで、その先祖が河原に在家人を居《す》えて市庭《いちば》を立てたのが淀魚市の「開発《かいほつ》」であったと主張し、天福元年（一二三三）には「海賊人犯用物」の「糺返《きゅうへん》」を命ぜられている魚市下司豊田氏も、おそらくは、水上交通にかかわりをもつ河海の武士団――海の領主ともいうべき人物であったに相違ない。周知のとおり、淀魚市は戦国期まで西園寺家の家領だったのであるが、このように考えてくると、それが実氏のときまで遡りうることは確実といってよい。
また、元応元年には西園寺家領であったことが確認され（『大徳寺文書之一』一六二号、元応元年九月一〇日、摩尼王丸寄進状案）、長く戦国期まで相伝された下三栖《しもみす》荘、また、建武二年（一三三五）までに同家領となり、やはり同様の経緯をたどっている桂新免《かつらしんめん》（「柳原家記録」巻一六三）も、おそらくは鳥羽殿領の延長上にあるものとみてよかろう。
淀魚市はもとより、これらの所領は、いずれもこのあたりの河川交通の要地であり、西園寺家はこのように、鳥羽殿領をおさえることによって、淀川水系の交通の喉元《のどもと》を掌握したといってよいが、さらに、淀川から巨倉《おぐら》池、宇治川に遡ると、いわばその中洲《なかす》ともいうべき真木《まき》島も、公経が仁治三年（一二四二）七月四日、ここに山荘を造営して以後（『故一《こいっ》品記《ぼんき》』）、西園寺家領となり、さきの諸所領と同じように、戦国期まで相伝されている。真木島には、きわめて古くから、網代などにたずさわる贄人《にえびと》が根拠をおいており、中世に入るころには、楽人狛《がくじんこま》氏がその長者となって、真木島氏といわれたことについては、別の機会に述べたとおりで、[*24]この島が中世を通じて交通の要衝であったことは、あらためていうまでもなかろう。西園寺家はここまで河川交通の拠点を手中にしていたのである。

しかし、それだけではない。ここでとくに注意しておきたいのは、西園寺家が院の厩の別当《べっとう》となり、[*25]左《さ》馬寮《まのりょう》および同寮領を、その知行の下においていた点である。

西園寺家が「御厩《みまや》別当」となったのは、保安年間（一一二〇～二四）、鳥羽院のときの通《みち》季《すえ》が初めといわれており（『葉黄記』寛元四年〈一二四六〉正月二九日条）、正治元年（一一九九）七月まで、公経も、後鳥羽院の「御厩別当」であった（『明月記』正治元年七月一五日条）。おそらく実氏も同様の地位にあったと推測しうるが、それが事実上、世襲されるようになるのは、寛元四年正月二九日に、公相が後嵯峨院の別当になってからのことで、それ以後、一時的な中断があったとはいえ、その立場は、戦国期、さらには江戸時代まで変わることがなかったのである。

それに加えて、見落としてならないのは、おそらくはかなり早くから、院の、「御厩別当」になることが、左馬寮を奉行することにもなった点である。さしあたり、西園寺家に即してみると、正元二年（一二六〇）公経の子洞院《とういん》実雄が左馬寮を賜って日吉神輿《ひえみこし》を造進し、弘安一〇年（一二八七）にも、院の「御厩別当」公衡が、同じく左馬寮を与えられて神輿を造進している（『公衡公記』正和四年〈一三一五〉四月二五日条）。このへんの事情について、元亨二年（一三二二）四月一〇日の今出《いまで》川《がわ》兼季にあてた西園寺実兼書状（早稲田大学蔵『荻野研究室収集文書』上巻、六一三号）は、左馬寮の奉行のことは、もともと「家門朝恩之内」であったが、「両三代遷替以後」、弘安（一二七八〜八八）のころに、公衡がさきの日吉神輿造替と亀山院の「御所造進」の功により、「初度之朝恩」として拝領、実衡がいまも相続していると述べ、この「朝恩」の「子孫相続、相違あるべからず」と言いおいている。

実際、この実兼の置文《おきぶみ》のとおり、西園寺家が室町・戦国期まで左馬寮を知行しつづけたことは、永享五年（一四三三）正月、美濃国衙充《あて》に白馬料として馬四疋《ひき》の進済を求めた左馬寮牒《ちょう》写が「西園寺家記録」七に残されていることや、文明三年（一四七一）一二月六日の室町幕府奉行人奉書（「西園寺文書」）によって、「禁裏《きんり》御厩御料所合物課役」の賦課が、西園寺前内大臣家雑掌《ざっしょう》に安堵《あんど》されていることなどからみて、間違いないといってよい。

これは、佐藤進一*26の指摘する上級貴族による官司請負《うけおい》の事例としても注目すべきで、西園寺家は、知行国伊予と同様、左馬頭に自らの家司を推挙《すいきょ》し、左馬寮の所領を知行したのであるが、すでにそれは、院の厩のそれと早くから一部は重なっていた。

院の厩には、平安末期から、後院領会《え》賀牧《がのまき》・福地《ふくじ》牧が付属しており、弘安一一年（一二八八）二月三日の後《ご》深草《ふかくさ》上皇の石清水八幡宮からの帰途にあたって、実兼が「船 并《ならびに》人夫」二十余人を「鳥羽幷会賀・福地」から動員していることからみて（『公衡公記』）、鳥羽殿領もやはり厩に所属していたと考えられるが、左馬寮領山城国美豆《みず》御牧もまた、早くも文治五年（一一八九）までに、院の「御厩管領地」となっていたのである（『吾妻鏡』文治五年閏四月四日条）。

こうして西園寺家は、院の「御厩領」と左馬寮領とをあわせ知行することとなったのであるが、美豆牧は桂川・鴨川・淀川の合流点にあり、正応四年（一二九一）、淀魚市下司豊田為盛が同牧の人と刃傷事件を起こしているように、魚市とも不可分の関係にあった。さらに、左馬寮領摂津国鳥飼牧も、安威《あい》川下流と淀川との間に形成された沖積地の牧で、正嘉元年（一二五七）には公経の子実藤《さねふじ》の手中にあり（『経俊卿記』正嘉元年九月二三日条）、おそくとも康永三年（一三四四）までには洞院家領になっているが（『園太暦《えんたいりやく》』康永三年一〇月八日条）、これが、西園寺家の左馬寮領知行による伝領であることは明らかであろう。

美豆牧については、長禄三年（一四五九）、西園寺大納《だいな》言《ごん》家領として、鳥羽院領とともに、室町幕府が守護使入部《にゆうぶ》を停止しており（『西園寺文書』）、淀川から離れているとはいえ、会賀牧も、永正一三年（一五一六）一二月二六日の室町幕府奉行人奉書によって西園寺家に安堵されているように、これらの所領は戦国期まで、同家あるいはその流れをくむ諸家をささえつづけたのである。

このように、院の「御厩領」および左馬寮領をあわせ知行することによって西園寺家の淀川・宇治川水系にたいする影響力はきわめて強いものになったといってよかろう。さらに注目すべきは、元亨《げんこう》二年（一三二二）までに、松浦党《まつらとう》の根拠地として知られる肥前《ひぜん》国宇《う》野《の》御厨が、小牛を毎年の年貢とする所領として、西園寺家の手中に入っていることである（「雨森善四郎氏所蔵文書」乾、元亨二年八月一六日、西園寺実兼処分状）。これは同家の厩の管理とかかわりのある所領であろうが、とすると、公経以後、鎌倉時代を通じての同家の厩の最盛期には、宇治川・淀川から瀬戸内海を通り、北部九州にいたる河海の世界は、極端にいえば、西園寺家にとって「わが庭」のごときものであったとすらいえるであろう。

仁治三年（一二四二）七月四日、公経の宋《そう》に遣わした「唐船」が帰朝し、一〇万貫の銭貨のほか、種々の珍宝をもたらし、そのなかに、よく物を言う鳥一羽と、普通の牛の二〇頭分の力をもつ水牛一疋があったというよく知られた事実は（『故一品記』）、こうした西園寺家の海上交通にたいする支配を前提におけば、まことに自然に理解できるし、水牛の招来についても、厩にかかわる公経の発想を、そこに見いだすことができるかもしれない。龍粛が詳しく明らかにした同家の驚くべき豪華な財力[*27]は、まさしく、主として海のもたらしたものといっても決して過言ではない、と私は考える。

しかも、厩に付属していたのは、荘・牧などの所領だけではなかった。河海の交通路を相互に結びつけるとともに、それを都のなかまで連続させる陸上の交通、物資の輸送を担った馬借《ばしゃく》・車借《しゃしゃく》もまた厩に属していた、と考えることができる。

馬借・車借は、すでに『新猿楽記《しんさるがくき》』の貪飯愛酒《たんはんあいしゅ》の女の夫、字《あざな》は越方部《おちかたべの》津五郎、名は津守《つもりの》持行《もちゆき》として姿を現し、東は大津・三津に馳《は》せ、西は淀の渡《わたし》、山崎に走り、牛馬を一日も休むことなく使い、その血肉で妻子を養う、みじめで酷薄な人として描かれている。

しかし、ここから、周知のような南北朝・室町期に土一揆《つちいっき》などと関連して活発に活動するにいたるまでの馬借――平安末・鎌倉期の馬借の実態は、これまでほとんどといってよいほど不明であり、車借についても、ほぼ同様であったといわなくてはならない。[*28]

ただ一方で、馬寮《めりよう》、院や摂関家の厩に、牛飼《うしかい》や舎人《とねり》・居飼《いがい》といわれた馬をあつかう人々が属していたことはよく知られており、私は、車借を牛飼の集団に、馬借を舎人・居飼となった牧を基盤とする人々に、結びつけてみることによって、この空白を埋めることができると思う。

詳細は他日に譲ることとして、ここでは、必要な点のみをふれるにとどめるが、牛飼については別の機会に、北野《きたの》社の大座《おおざ》神人が牛飼である一方、車借を兼ねていたと推測した[*29]ように、鳥羽を重要な根拠としていた車借の集団が、鳥羽殿の厩とかかわりをもつ牛飼と不可分であったことも、推定してまず間違いなかろう。もとより「御牛飼」と呼ばれ、童《わらわ》姿《すがた》・童名《わらわな》で貴人たちの牛車《ぎっしゃ》を曳《ひ》く牛の統御にあたった牛飼は、厩に付属した所領などから給分を与えられるなど、その立場が保証されており、車借の業にたずさわる必要もなかったであろう。

車借と馬借　一遍が近江の関寺で念仏踊りをしている場面。俵を積んだ車を牛に曳かせる人や、馬に俵を背負わせ鞭で追う人がみえる。前者が車借、後者が馬借であろう。
（『一遍上人絵伝』）東京国立博物館蔵

しかし、たとえば、弘長元年（一二六一）にその家財の全貌を知りうる牛飼力王丸が保持していた「わろき牛一疋」（「京都大学所蔵文書」弘長元年三月一七日、力王丸田畠家財譲状）は、おそらく、車借に用いられたものと推測することも可能であり、牛飼の下層は、車借を行うことによって、その生計をたてていたとみてよいのではなかろうか。

また馬借に関しては、まず正嘉元年（一二五七）、内膳司《ないぜんし》と相論している「御厩寄人《よりうど》」に注目する必要がある。この寄人の陳状を挙達しているのが右大臣西園寺公相であったこと（『経俊卿記』正嘉元年五月八日条）、内膳司が訴えているのが、「御牧住人保貞供御米難済事」であった点（同上、同年八月三日条）などからみて、この御厩寄人は、おそらく福地牧の住人とみてよいのではないかと思われる。

こうした御厩寄人は、応永七年（一四〇〇）一〇月には、「北山殿」――西園寺家に属する「御厩方寄人居飼」として姿を現し、縄《なわ》莚課役にたいし内蔵寮《くらりよう》代官が「新儀」を立てたと訴えている（「山科《やましな》家古文書」）。ここで、御厩寄人――居飼は、縄・莚の交易に課役を賦課する立場に立っているのであるが、相田二郎《あいだにろう》がすでに詳細に追究しているように、[*30]暦応《りやくおう》三年（一三四〇）から貞和《じようわ》三年（一三四七）にかけて、京都の艮口率分《うしとらぐちそつぶん》をめぐって鞍馬坂《くらまさか》本《もと》商人と争った、摂関家厩司に属する居飼の場合も同様であった。

しかし、このように関料・商売課役を賦課する人々が、自らも交易・商売にたずさわっている事例は広くみられるところで、事実、御厩寄人の諸商売について、諸方課役を免ずるとの貞和五年（一三六六）の綸旨に任せて、甲乙人《こうおつにん》（貴賤《きせん》上下の人）の違乱《いらん》を禁じた、応永一二年（一四〇五）八月の院御厩下文（「京都御所東山御文庫記録」甲七十）や、享徳二年（一四五三）二月、御厩案主基景が、数百年来なんの妨げもなかった丹波《たんば》国巨勢《こせ》・幡原《はたはら》・上吉三《かみよし》か村の炭・薪《まき》等にかかわる御厩寄人の諸商売を、小野・細川地下人《じげにん》が違乱し、「路頭において商売物等を奪い取った」と訴えていること（同上）などからみて、御厩寄人が自ら商売にたずさわっていたことは明らかである。

これより遡って、康暦元年（一三七九）二月二日の後円融《ごえんゆう》天皇綸旨が、西園寺公永《きんなが》にあてて、「七口万雑公事」を免除しているのも（宮内庁書陵部蔵「西園寺家古文書」）、おそら

藤原国能邸の厩　馬は板張りの上で飼われ、体重をささえるために梁から吊られている。それと並んで牛車用の牛がおり、牛馬の守り、厩の魔除けとして猿がつながれている。院や摂関家などは、これより大規模であったろうと思われる。
（『石山寺縁起絵巻』）石山寺蔵

く、こうした御厩寄人等の交易活動とかかわりがあるものと思われ、降って天文一二年（一五四三）から同一四年のころの文書とみられる西園寺大納言公朝充《きんともあて》の後奈良《ごなら》天皇綸旨（「京都御所東山御文庫記録」甲七十二）が、「御厩寄人幷百姓等諸業」にたいする諸方公事課役を免除しているのも、同様であろう。

　さらに、さきにあげた文明三年（一四七一）一二月六日の幕府奉行人奉書が西園寺家に領知を認めた「禁裏御厩御料所合物課役」もまた、間違いなく御厩寄人に関係する課役とみてよかろう。

　このように、牧を基盤とし、厩に属して馬をあつかい、さらに諸商売にたずさわるとともに商売課役・関料等を賦課・徴収する御厩寄人は、馬借以外のなにものでもない、といってよいのではなかろうか。南北朝期以降の馬借は、もっぱら山門《さんもん》の寄人として史料に現れ、室町期には、犬神人《いぬじにん》とともに西塔の上林《じょうりん》房《ぼう》を年預《ねんよ》とし、その統轄下にあって、住宅破却など、刑吏としても活動しているが、[*31]その最大の拠点の一つである大津に、近衛《このえ》家領大津御厩のあったことにも、注意しておかなくてはならない。

車借・馬借の実態については、今後なお厩を広く視野に入れつつ、追究すべき分野が残されているが、[*32]もし以上の推定が認められるならば、当面われわれは、西園寺家が瀬戸内海・淀川・宇治川の水上交通と琵琶湖の湖上交通を結ぶ道、さらには鳥羽から洛中への道を、車借・馬借を統括することによって掌握したことを、ここに確認できることとなろう。

そして、陸上交通の運輸専業者――「職人」である馬借・車借が、こうした京都周辺、あるいは日本海から琵琶湖など、水上交通の連絡路においてのみ姿をみせることにも注目すべきで、中世の交通体系が河海の交通を基軸にしていたことが、この点に明確に表現されているといってよかろう。[*33]ただ、西園寺家による厩および瀬戸内海交通にたいする支配は、さらに広い問題につながってくる。

まず注意すべきは、すでに河合正治も指摘した[*34]鎌倉後期における北条氏の交通路支配との関連で、得宗《とくそう》（北条氏の家督）による瀬戸内海水運の支配については、別のおりにも若干ふれたことがあるが、[*35]西園寺家との関連でとくに注目する必要のあるのは、北条氏一門の金沢《かねざわ》氏の動向であろう。

武蔵《むさし》の六浦《むつら》・金沢《かなざわ》（以上、神奈川県）を本拠とする金沢氏が、代々、上総介《かずさのすけ》となり、房総半島と海を通じて密接に結びつくとともに、モンゴル襲来の前後、伊勢《いせ》・志摩《しま》をはじめ周防・長門・豊前の守護となり、さらに鎮西探題《ちんぜいたんだい》となって、肥前・肥後《ひご》の守護を掌握し、東海道から瀬戸内海を通って九州にいたる海上交通のルートに強い影響力をおよぼしていたことは、別稿[*36]で詳しく述べたとおりであるが、この金沢氏一門と西園寺家との関係は、意外に深いものがあったのである。

まず、顕時《あきとき》の子顕実《あきざね》が伊予守になっているが、これは知行国主西園寺家の下での国守であった。また、伊予国久米《くめ》郡も、徳治二年（一三〇七）には、金沢の称名寺《しょうみょうじ》の寺用にあてられる同氏の所領となっている（「金沢文庫文書」〈徳治二年〉二月二日、倉栖兼雄書状）。さらに、顕時のもう一人の子息貞顕《さだあき》が、西園寺実氏の女東二条院《ひがしにじょういん》公子の蔵人《くろうど》になったことのある事実、その貞顕の子で東寺長者《とうじちょうじゃ》にもなった顕助《けんじょ》が、公経の女にとっては外孫にあたる実重《さねしげ》の子で洞院実雄の外孫であった内大臣三条公茂《きんしげ》の猶子《ゆうし》となっていることなどにも、目を向けておく必要があろう（「前田家本平氏系図」）。

こうした金沢氏の西園寺家とのつながりは、決して偶然のことではなく、同氏の瀬戸内海交通にたいする支配と西園寺家のそれとが重なっていたことの、おのずからの結果と、私は考えてみたい。そして、この結びつきによって、両者はたがいに相補い、この海域の交通にたいする影響力を、より安定したものにすることができたと思われる。

さらにまた、西園寺家の西国の海上交通にたいする支配が、伊予国をおさえる一方、院御厩別当として左馬寮を知行することによって達成された事実に着目すると、興味深い現象に気づく。それは、兄頼朝と対立した源義経が、文治元年（一一八五）八月一六日に伊予守に任ぜられ（『玉葉《ぎょくよう》』）、さらに院御厩別当になっており（『源平盛衰記』四五。『吾妻鏡』文治五年閏四月三〇日条）、同じく頼朝と敵対関係にあった源義仲もまた、寿永二年（一一八三）八月一〇日、左馬頭《さまのかみ》になり、同一六日には伊予守に補任《ぶにん》され（『吾妻鏡』元暦元年〈一一八四〉正月二〇日条）、ついで同年一二月一日、院御厩別当になっていることである（『吉記《きっき》』寿永二年一二月一日条）。

義仲はこのとき、「院ノ御厩別当ニ成テ、思フサマニ馬取ノランモ所得也トテ、押テ別当ニ成テケリ」（『源平盛衰記』三四）といったと伝えられているが、いったん補任された越後守《えちごのかみ》を嫌って、あえてその六日後に伊予守になっている点からみて、この両職の兼帯は、決して偶然ではないのではなかろうか。とくに義経、義仲が、ともに東国をおさえた頼朝に対抗し、西国にその勢力を固める必要に迫られていたことを考えると、淀川から瀬戸内海への交通路支配の根拠となる伊予守、御厩別当（左馬頭）の兼帯は、二人にとって、どうしても実現しなくてはならないことであった、と考えられるのである。

とすると、さらに遡って、平氏の時期が問題になるが、すでに高橋昌明が詳しく解明しているように[*37]、平氏一門は忠盛《ただもり》以来、重衡《しげひら》、知盛《とももり》が院御厩別当（左馬頭）になるとともに、重盛が平治元年（一一五九）に伊予守となり（『公卿補任《くぎょうぶにん》』第一篇、長寛元年〈一一六三〉ごろ）、清盛も長寛二年、同国の知行国主であったことを確認することができる（「東寺百合《とうじひゃくごう》文書」セ函、長寛二年一二月日、弓削《ゆげ》島荘住人等解）。そしてまた、源義朝も伊予守、左馬頭になっており（『尊卑分脈』）、伊予守と御厩別当との兼帯は、高橋が指摘しているように、大治四年（一一二九）の藤原基隆、同五年の藤原家保についても、確認しうるのである。[*38]

ここまでくれば、両職の兼帯は、もはや偶然とはいい難いであろう。それは疑いもなく、西国支配、淀川・瀬戸内海交通の支配とかかわりがある、といってよいと思われる。実際、伊予国宇和郡の日振島を根拠として、瀬戸内海を席捲《せっけん》した天慶《てんぎょう》の乱のときの藤原純友の軍勢が、淀川にたちまち姿をみせていることからも、伊予と淀川の水域との密接な関係をうかがうことができよう。

そして、このような藤原基隆から源義経、さらには西園寺家にいたるまでの、伊予国と院御厩領・左馬寮領支配の背後に、院の存在があったことも見落としてはなるまい。高橋もふれているように、鳥羽院の御厩別当となった平忠盛が、会賀・福地牧を支配するとともに、後院領肥前国神崎《かんざき》荘の預所として、宋船との貿易に関与したという周知の事実をみても、白河上皇以後、おそらくは後鳥羽上皇にいたるまでの院が、淀川、瀬戸内海、北部九州、さらには中国大陸にいたる河海の交通に、なみなみならぬ関心をもっていたことは、明らかであろう。平氏もそれを背景にしつつ、独自な西国支配を固めていったのであり、西園寺家にしても、同様のところがあったとみなくてはなるまい。

こうした海への関心は、淀川沿いに楠葉牧を確保し、近江《おうみ》に大津御厩をもつ摂関家も、同様だったのではなかろうか。文治元年（一一八五）以降、九条兼実が伊予の知行国主になっているのも、おそらく、それと無関係ではないように思われる。これらについては、さらに今後、追究される必要があるが、ここでもう一つ注目しておきたいのは、馬と船の関係である。

牧、厩が陸上交通と密接不可分であり、中世社会においては、それが河海の交通と連絡することによってはじめて大きな役割を果したという点にあらためて注目してみると、すぐに想起されるのは、三浦圭一がかつて指摘した[*39]、摂津の渡部《わたべ》党の動きである。大江《おおえ》御厨渡部惣官として著名な海の武士団である渡部党が、一方では、馬寮の允《じょう》になって牧の経営とかかわりが深かったというこの三浦の着想は、きわめて興味深いものがあるが、それはむしろ、肥前の松浦党において、具体的に立証することができる。

五島の中通島《なかどおり》青方浦《あおかた》に根拠を置く青方氏の所領のなかに牧がみられることは、よく知られているが、正嘉三年（一二五九）五月一一日の佐志房《さしふさ》の譲状にも、田畠のほかに「牧・桑垣・船木山」があげられており（『肥前松浦党有浦文書』一〇号、弘安二年〈一二七九〉一〇月八日、関東下知状案）、海の領主として知られる松浦党の領主たちはいずれも牧を支配していたものと思われる。これに、済州島の牧の馬が、いわゆる「倭寇《わこう》」の騎馬《きば》軍団をささえていたという田中健夫・高橋公明の指摘を考え合わせてみれば、牧と馬と船の深いかかわりは、明らかといってよいであろう（第四章参照）。[*40]

また一方、南関東の武士団の場合も、平将門《たいらのまさかど》以来、牧と船とは、その存立のための不可欠の条件であった。あるいは、当時の馬と船との関係は、現代の車とフェリーとの関係に、なぞらえることができるのかもしれないが、おそらく、こうした観点に立って追究すれば、各地域でこれと同様の問題を、まだまだ多く発見することができるのではあるまいか。

最初にも述べたように、陸上交通中心の見方に慣らされたわれわれと違って、中世の人々は、平民も「職人」も、また支配者も、海や河の機能・役割については、生活そのものに結びついたものとして、はるかに敏感で真剣だったと考えなくてはならない。それゆえ、海上交通をとかく軽視しがちであったこれまでの視点を改めて、虚心に事実を観察するならば、われわれは今後、さらに多くの盲点を見いだし、それに光をあてて解明することができるのではなかろうか。

第三章　太平洋の海上交通と紀伊半島

鎌倉幕府と太平洋の交通

海が列島社会に果たしてきた大きな役割については、近年、ようやく本格的に注目されつつある。とはいえ、これまでの研究が、海のさまざまな役割を軽視してきた結果、きわめて多くの空白が残されていることは否定し難い事実であり、それを埋めることは、正確な日本社会像を明らかにするための急務といわなくてはならない。

そのなかで、列島内外の海上交通に関する研究は、最近、急速に進み、海を通じての交流がまったく意外なほど広域的に展開していたことが、文献史学、考古学などの成果によって判明しつつある。もとより、この分野も開拓すべき余地は広いが、明らかにされつつあるこうした社会の実態にたいし、国家成立後の支配者がいかなる対応をしてきたかについては、かならずしも考慮されてこなかったといえよう。

しかし、直線道路を基幹とした律令国家の交通体系が弛緩《しかん》しはじめる八世紀末から九世紀以降、ふたたびその役割を回復してきた河海の交通にたいし、支配者もその立場を強め、維持するため、それなりに真剣に対処してきたことは当然、予想されるところであろう。

いま、平安後期以降、中世にいたるさまざまなレベルの支配者の、海上交通にたいする対応を概括してみると、まず、その拠点としての津《つ》・泊《とまり》・浦《うら》・浜等の掌握、支配が、交通

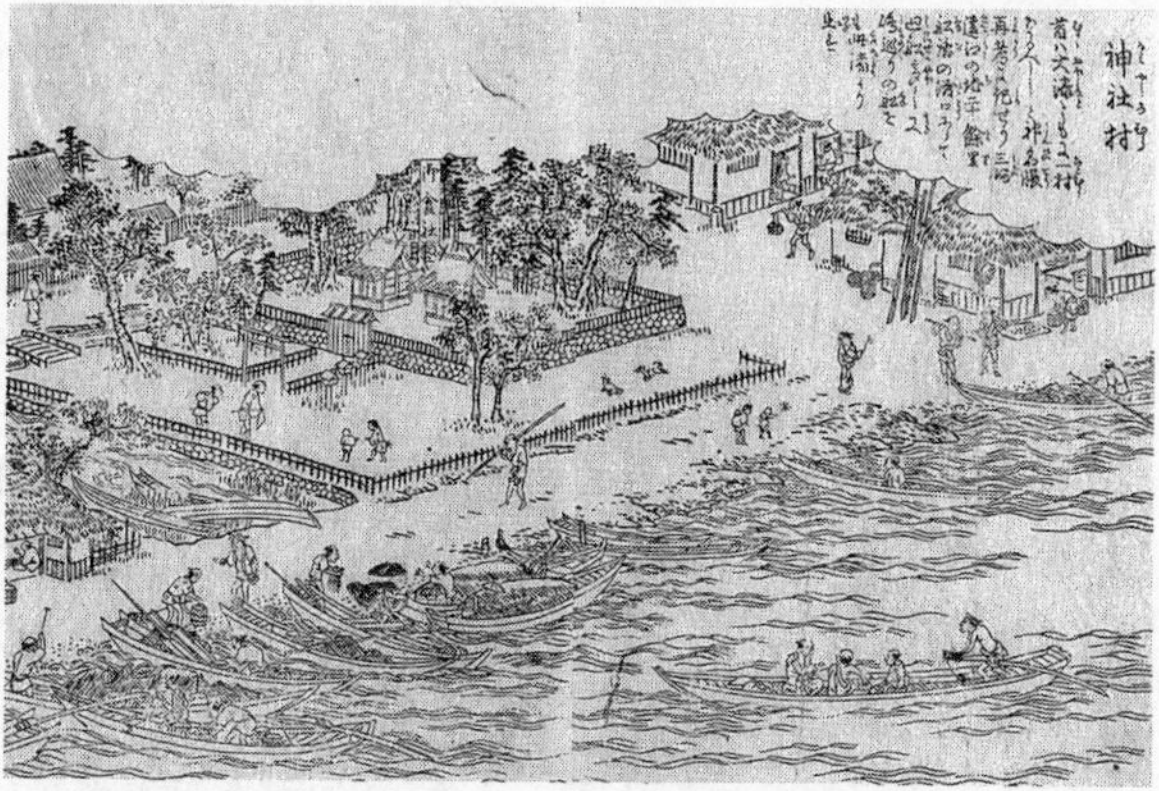

神社港　伊勢の勢田川河口にあり、大湊と山田を結ぶ水運の要衝で、参詣人や野菜類を運ぶ艀《はしけ》が多数みえる。中央の神社は外宮摂社御食《みけ》神社。(『伊勢参宮名所図会』)

国立公文書館蔵

路支配のための要《かなめ》の一つだったことはいうまでもない。

律令国家において、山野河海は「公私その利を共にす」る場として、国家―天皇の支配権のもとにおかれており、おのずと、津・泊・渡・浦・浜など、河海の交通の要地は、京においては京職《きようしき》、諸国においては国司《こくし》の管理下にあったが、それは平安後期以降の王朝国家にも基本的に受け継がれていた。

一二世紀前半の加賀《かが》国の国守が、「浦々海人事所出物」「船所事付勝載所」「国梶取事」「津々事付海人」「国内船員事」「勝載所事」「鮭漁河事」「国中関事」などの事項を国務として管掌していたことは第一章にふれたとおりであるが、こうした津・関・河、さらに船やその勝載物《しようさいもつ》、梶取《かんどり》、海人にたいする国衙《こくが》の管理は、一一世紀以前に遡りうるとみてよかろう。

しかし一一世紀後半から一三世紀前半にかけての荘園公領制の形成過程で、天皇家、摂関家、高位の貴族、また興福寺《こうふく》(奈良市)・延暦寺《えんりやく》(大津市)などの大寺院、伊勢、上下賀茂《かみしもかも》(京都市北区の賀茂別雷《わけいかずち》神社、左京区《さきよう》の賀茂御祖《みおや》神社)、熊野、石清水八幡《いわしみずはちまん》(八幡市)、日吉《ひえ》(大津市)、春日《かすが》(奈良市)、祇園《ぎおん》(京都市東山《ひがしやま》区の八坂《やさか》神社)などの大神社は、それぞれ独自に、海上交通の要地である津・泊・渡・浦・浜などを含む荘園の確保に努め、また一方では同じころに広く一般化した知行国《ちぎようこく》制のなかで、分国《ぶんこく》主、知行国主となり、国衙を通して河海の交通路支配権を掌握しようとして、たがいに激しく競合した。

さらに、鎌倉幕府が成立、守護・地頭制が確立すると、安芸《あき》国守護領のなかに「山川得分《やまかわとくぶん》」―「祇園神人兄部職《じにんこのこうべしき》」のあったことからも知られるように、守護は国衙の権限に関与して交通路の掌握に努め、地頭もその領内の関・渡・津・泊に支配をおよぼし、武家もまた、貴族・寺社の競合に大きく介入するようになったのである。

北陸道諸国の延暦寺領や北条氏所領と日本海交通(第一章参照)、瀬戸内海・淀川沿いの西園寺《さいおんじ》家領や上下賀茂社領と瀬戸内海交通(第二章参照)との関係は、そうした動向の一つの結着を示しているが、ここではまず最初に、それを、紀伊半島を中心とした太平洋交通に即して考えてみたい。

それとともに、こうした津・泊等にたいする地域的な支配と並行して、天皇家、高位の貴族、大寺社は、そこに根拠をもち、河海の交通を担う海民の有力者——廻船人、商人等を直接的に組織すべく、一一世紀後半以降、たがいに激しく競《せ》り合った。前述したように、こうした海民たちも、本来は国衙のもとに管理されていたが、天皇家、摂関家、大寺社はこれらの人々のうちの有力者を天皇、神仏の直属民——供御人《くごにん》、神人、寄人《よりうど》として交通上の特権を与え、海上交通に強力な影響をおよぼそうとし、国衙との摩擦を引き起こした。

このような職能民にたいする支配は、一三世紀前半までに、神人・供御人制ともいうべき制度として、安定的に定着するが、これに対し、東国の幕府や寺社は、職能民を直接掌握するよりも、むしろ船そのものを把握し、それに「神船」、あるいは「関東御分《ごぶん》」の船などの名目で特権を付与する方式をとっていたように思われる。

その結果、北陸・東北の日本海では日吉神人や「関東御免津軽船《かんとうごめんつがるぶね》」、瀬戸内海には天皇家の供御人、上下賀茂社供祭人《くさいにん》、石清水八幡宮神人やさきに安芸国に関して姿をみせた祇園社神人など、それぞれの海域に即した勢力圏をもつ廻船人・商人の活動がみられた（第一章、二章参照）のであるが、次にその実情を、紀伊半島に即して、若干、考えてみることにしたい。

これらの供御人、神人、寄人は、ときに官位をもつ侍身分に準ずる立場にあり、実態についてみても、船を何艘かもち、水手《かこ》となるべき海民的な人々を下人《げにん》として従える「海の領主」ともいうべき存在であったが、一四世紀以降になると、鎌倉殿御家人など、世俗的な主従関係のもとにあった人々を含め、こうした「海の領主」の拠点としての城郭が姿を現してくる。第一章でも述べた北海道の勝山館《かつやまだて》（上《かみ》ノ国《くに》町）をはじめとする「湊《みなと》を見下ろす館《たち》」は、まさしくこのような城であり、瀬戸内海の島々に数多くみられる、いわゆる「海賊」の城も同様であろう。これまでの城郭研究では、こうした海城《うみじろ》の機能については、ほとんど考えられてこなかったと思うので、紀伊半島の海に向かった城に即して、本章でもその点を多少追究してみたいと思う。

黒潮の流れる外洋であるがゆえに、太平洋の海上交通はきわめて困難であったとする従来の「常識」は、近年の考古学の発掘成果に基づく諸研究により、ほぼ完全に克服されたとしてよかろう。実際、文献史学の側からみても、後述する伊勢神宮の御厨《みくりや》の分布をはじめとするさまざまな徴証からみて、どのようにおそくみても一一世紀後半からの院政期には、紀伊半島を中心に東は東国・東北、西は土佐《とさ》・九州にいたる太平洋の海上交通が安定した航路となり、活発な船の往来があったことは確実に証明できるが、そうした事例の一つとして、ここでは鎌倉に「都」を定めた東国「国家」にとっての太平洋海上交通の意味について考えてみたい。

治承四年（一一八〇）八月、伊豆で挙兵した源頼朝が、石橋山《いしばしやま》（小田原市の西南にある山）の敗戦を経て安房《あわ》に渡り、鎌倉に入るまでの過程で、伊豆半島・三浦半島・房総半島の間を結ぶ海上交通が、きわめて重要な意義をもっていたことは、周知のとおりであるが、これとほとんど時を同じくして、八月中旬、紀伊の熊野権別当湛増《くまのごんのべっとうたんぞう》が頼朝に呼応して蜂起し、弟湛覚《たんかく》の城を焼き払い、「鹿瀬以南」を掠領《りゃくりょう》したといわれている（『玉葉《ぎょくよう》』治承四年九月三日条）。この動きが、ここ一両年前から熊野新宮に居住していたという新宮十郎行家（為義の子、頼朝の叔父）の動向とかかわりのあることは明らかであるが、伊豆と熊野の双方の反応の迅速さに、まず注目しておく必要があろう。

湛増の活動はその後ますます活発で、別当範智《はんち》もこれに与力《よりき》するほどになり（同上、同年九月一一日条）、翌年正月四日、熊野山衆徒は志摩《しま》国菜切《なきり》嶋（三重県大王《だいおう》町波切《なきり》）に競い来り、武勇の者が船五〇艘ばかりで伊勢国に打ち入った。これに対して平家の派遣した伊豆江四郎は敗走し、三百余人の熊野衆徒がなお伊勢に居住するほどの事態になってきた（同上、養和元年〈一一八一〉正月一一日条）。このとき、関東勢が南海を回って洛中《らくちゅう》に攻め入るという風聞があり、平家はこの地域に家人を分置しているが、これは伊豆・房総を発し、太平洋の海上を通じての関東の軍勢の攻撃が、かなりの現実性をもっていたことをよく物語っている（『吾妻鏡《あずまかがみ》』養和元年正月五日条）。

熊野山衆徒はさらに伊勢・志摩の浦々を攻撃して平家の家人たちを打ち破り、正月一九日、湛増の「従類《じゅうるい》」は伊雑宮《いぞうのみや》（三重県磯部《いそべ》町）に乱入、二一日には二見浦《ふたみ》（同二見町）の人家を焼き払い、二六日になると、山田・宇治郷（伊勢市）を襲った。しかし、平家家人関和泉守信兼《いずみのかみのぶかね》の反撃によって、「悪徒」の中心人物大頭八郎房戒光が討たれたため、衆徒はいったん、二見浦に退き、下女・少童三十余人を搦《から》め取って、熊野浦に帰ったが、一部は伊勢を回って墨俣《すのまた》の渡に向かったともいわれている（同上、養和元年正月二一日条。『玉葉』同年二月一一日条）。

一方、二月に入ると、「熊野法師原」は対岸の阿波《あわ》国に攻め入り、在家を追捕《ついぶ》して、雑《ぞう》物《もつ》、資財、米穀をすべて捜し取るという挙に出た（『玉葉』同年二月一七日条）。こうした熊野山衆徒の行動を、『吾妻鏡』は平清盛が南海道を虜掠《りょりゃく》したことにたいする強い反発による、と説明しているが、当時の情勢のなかにおいてみると、こうした衆徒たちの動きは、尾張《おわり》の墨俣にあって、美濃《みの》・尾張源氏の勢力を背景に、平氏と対決しようとしている行家と連繫したもので、実際、閏《うるう》二月二二日、「熊野法師原」二千余人が行家に与力すべく尾張に集結しているのである（『玉葉』同年閏二月二二日条）。

すでに一一世紀後半から、美濃・尾張源氏と伊勢平氏は、伊勢海《いせかい》・木曾《きそ》川・長良《ながら》川などの河海の世界をめぐって再三にわたり競合・対立しており[*1]、他方、熊野山衆徒については、稲本紀昭《いなもとのりあき》の「伊勢・志摩の交通と交易」[*2]でも指摘されているように、早くから伊勢海への進出をめざしていた。熊野新宮とかかわりの深い源氏の行家は、まさしくこの両者の力を結集して平氏と対決しようとしていたのである。しかし平氏側も検非違使《けびいし》を派遣して美濃・伊勢等の船を動員、とくに伊勢の塩浜《しおはま》御厨、石田御厨、若松《わかまつ》御厨（鈴鹿《すずか》市）、焼出《やきで》御厨（津市）からは、水手一六〜一八人の大船四艘をはじめ、四〜一〇人の水手の漕ぐ船など、水手二九八人、船四八艘を動員して尾張に向かわせ、伊勢平氏の面目をかけて行家に立ち向かった（「壬生《みぶ》家文書」）。

こうして伊勢海の制海権をめぐる決戦は、頼朝の弟愛智義円《あいちぎえん》（円成）と行家を大将とし、頼朝とかかわりの深い熱田大宮司にも支援され、熊野山衆徒をも加えた源氏軍と、平忠《たいらのただ》度《のり》等を大将に、伊勢の水軍を総動員した平氏軍との間で、三月一〇日、墨俣川を戦場として展開されたが、激戦の末、源氏側は敗北、行家はいったん、熱田社（名古屋市）に引き籠らざるをえなかった。

平氏政権はこの戦勝によって、小康状態を保つことができたが、頼朝はこの敗戦後、行家や熊野山衆徒を遠ざけ、むしろ伊勢神宮との接近をはかり、元暦元年（一一八四）正月、武蔵《むさし》国大河土《おおかわど》御厨（埼玉県松伏《まつぶし》町）、同年五月三日、同国飯倉《いいぐら》御厨（東京都港区）、安房国東《とう》条《じょう》御厨（鴨川《かもがわ》市）を寄進、神宮側も頼朝の力によって、東国の御厨の支配を安定させようとしている（『吾妻鏡』）。これは、伊勢神宮と連繫して、東海道の海の道、太平洋交通路を掌握しようとする頼朝の意志を示すもので、行家や別当湛増は、これ以後、頼朝から離れ、やがて義経に接近していく。

文治元年（一一八五）、平氏を西海に攻めた頼朝の弟範頼《のりより》の軍は苦戦を強いられ、正月六日の書状で、頼朝は豊後《ぶんご》、四国の船に加えて、東国の船を二月一〇日ごろに進発させると範頼に伝え、実際、三月一二日、伊豆国鯉名《こいな》奥と妻良《めら》川（ともに静岡県南伊豆町）に集結した兵船三二艘が、兵粮米《ひようろう》を積み、西国に向かって纜《ともづな》を解いている（『吾妻鏡』）。伊豆南部を基地とする太平洋の海上交通がこのような軍事的な意味をすでにもっていたことを、この事実はよく物語っているが、このとき、熊野の兵船は範頼軍に協力していない。

しかし二月に入り、義経が平氏の拠《よ》った屋島《やしま》（高松市）の攻撃に出撃すると、湛増はこれに味方し、讃岐《さぬき》に渡って、九州まで入る形勢をみせたといわれており、熊野はこのころ、義経に与《くみ》していたのである（『吾妻鏡』文治元年三月九日条）。湛増は義経・行家が没落したのちも、なお熊野別当の立場を保ち、文治三年（一一八七）九月二〇日には巻数《かんず》と進物を頼朝に送っているが、頼朝はこれを不快として進物を返却した（『吾妻鏡』）。このように、この時期の熊野と鎌倉との関係は、明らかに円滑を欠いていたとみなくてはならない。

あたかもこのころ、頼朝はしきりに紀伊半島をこえて、土佐との関係を緊密にしようとしている。土佐には、平治の乱に縁座して配流された弟土佐冠者希義《からじやまれよし》が介良荘《けら》（高知市）にいたが、寿永元年（一一八二）九月二五日、かねて約諾を結んでいた夜須七郎行宗をたよって夜須荘《やす》（高知県夜須町）に向かおうとする途中、平重盛の家人蓮池家綱、平田俊遠に攻撃され、誅殺《ちゆうさつ》された。これを聞いた行宗は、船をととのえ、一族とともに仏崎《ほとけざき》から海をこえて紀伊国に逃れた。

この報《しら》せはいち早く鎌倉に達し、同年一一月二〇日、頼朝は行宗を援《たす》けるため、伊豆有綱を土佐に派遣し、家綱・俊遠を征討させている。その結果については明らかではないが、土佐にたいするこうした頼朝の積極的な働きかけは功を奏し、四国の武士たちがほぼ平氏に与力していたのにたいし、元暦元年（一一八四）三月一日、土佐の宗たる大名国信、国元、助光、信恒などは、みな関東に志をよせている、といわれるほどであった（『吾妻鏡』）。このように、鎌倉と土佐とが意外なほど緊密に結ばれているのは、その背景に活発かつ安定した太平洋の海上交通があったからと考えなくてはならない。

実際、それからしばらくして、文治元年（一一八五）三月二七日、介良荘の住侶琳猷《じゅうりょりんゆう》上人が鎌倉に来着した。希義の死後、琳猷は塡田郷にその墓所を点じ、供養をしてきたのであるが、伊豆走湯山《はしりゆ》（熱海市の伊豆山神社）の住僧良覚を介して、頼朝に所領の寄進を求めるべく、海を渡ってきたのであった。頼朝はこれを喜び、五月二日、その帰国にあたって琳猷の住所である介良荘の恒光名と津崎在家について万雑公事《まんぞうくじ》（荘園における種々の雑税）を免除し、上人をささえるように土佐国住人に命じて、その志に酬《むく》いている。

注目すべきは、ここで琳猷を頼朝に仲介したのが走湯山の住侶だったことで、それは介良荘がおそらくこのころ、伊豆山密厳院《みつごんいん》（その名残が熱海市の般若院《はんにゃ》にみられる）領の荘園となっていたことによるのであろうが、土佐と伊豆との海を通じての結びつきは、このような形で実を結んでいるのである。

琳猷の住所が港とみられる「津崎」であったこと、さきに紀伊に渡った夜須行宗も壇《だん》ノ浦《うら》（下関市）の海戦に水軍として加わって功をあげていることにも、目を向けておく必要

鎌倉の海　「東国の都」鎌倉は前面にひろがる海によってささえられ、多くの船が出入りした。　写真提供／PPS通信社

があるが、文治三年（一一八七）正月一八日、琳猷はこの津崎在家を甲乙人《こうおつにん》が濫《らん》妨《ぼう》すると、京都の一条能保《よしやす》に訴えた。頼朝はこれに応《こた》えて、同年五月八日、希義の墳墓に一寺を建立し、さきの所領に加えて、毎年六八石の供料《くりよう》米をこの寺のために沙汰し渡すことを、介良荘預所《あずかりどころ》兼地頭の源内民部大夫行景に命じた。行景はこの頼朝の命にたいし、八月二〇日、弓一〇〇張、魚鳥干物等を一艘の船にのせて、土佐から鎌倉まで使者を送り、請《うけ》文《ぶみ》を捧げている。たしかに遠路であるとはいえ、土佐と鎌倉との間には、このように盛んな船の往来があったのである。

以上に述べてきた事実からみても明らかなように、鎌倉に「都」を定めた東国「国家」＝鎌倉幕府にとって、太平洋の海上交通は、いわばその存立のための基本的な条件であった。従来、鎌倉は三方を山で囲まれた要害の地であり、それゆえに頼朝はここに幕府を開いたといわれてきた。この見方からすると、海もまた、「要害」をささえる、人と人とを隔てる自然条件でしかないことになるが、もはやこうした見方の成り立たないことは明白である。

たしかに、「要害の地」という一面が認められることも事実であるが、前面にひろがる海を通じて各地域との間を結びつける船の出入りなしに、鎌倉は決して「東国国家」の首都とはなりえなかった、といわなくてはならない。とすると、幕府の政治においても、この太平洋の交通路を支配することは、きわめて大きな意味をもったに相違ない。これまでほとんど考慮に入れられることのなかった、こうした角度からみてみると、ただちに目に入ってくるのは、和田・佐原氏を含む三浦氏一族の存在である。

三浦半島にその本領をもつ三浦氏が、頼朝の挙兵以来、船によって伊豆・三浦・房総半島の間を活発に動き、挙兵を成功に導いたことはよく知られているが、幕府成立後、侍《さむらい》所《どころ》別当となった和田義盛は房総と三浦を結ぶ要地、武蔵国六浦《むつら》荘（横浜市金沢区六浦《むつうら》）を与えられた。その名字《みょうじ》の地も、これまでいわれているような三浦半島の和田ではなく、六浦に近い鎌倉のなかの和田ではないかと推定されているように、[*3]六浦は鎌倉の東の窓口であり、そこをおさえた和田氏は上総《かずさ》国伊北《いほう》荘（勝浦市・夷隅《いすみ》郡夷隅町）をも所領とし、この間の海上交通に強い影響力をおよぼした。建暦元年（一二一一）一二月二〇日の『吾妻鏡』

の記事によって知られるように、義盛が熱心に任官を望んだ受領の地位が、上総の国司であったのは、十分に理由のあることだったのである。

一方、三浦氏も、平安末期以来の祖先の権限を受け継いで、相模《さがみ》国守護となり、安房国などにも所領をもっているが、佐藤進一の精細な考証によると、[*4]三浦義澄の弟佐原義連は建久七年（一一九六）以前に和泉《いずみ》国、建仁三年（一二〇三）以前に紀伊国守護となり、同年以降、三浦義村は土佐国の守護に任ぜられている。

承久《じようきゆう》元年（一二一九）、和泉・紀伊はいったん、後鳥羽《ごとば》上皇の計らいとされたが、承久の乱（承久三年〈一二二一〉）以後、紀伊についてはふたたび、三浦氏一族の手中に戻っており、さらに仁治四年（一二四三）以前、讃岐国守護も三浦氏であったことが知られている。しかも、三浦義村は承久二年以降、駿河守《するがのかみ》となったことがあり、同三年以後、その子泰村は将軍家領となった北部九州の海上交通の要地、筑前《ちくぜん》国宗像《むなかた》社（宗像市の宗像神社）の預所職に補任《ぶにん》された。[*5]

まことに大まかな所領の分布であるとはいえ、はじめに述べた守護・国守の権限の大きさを考えるならば、相模、紀伊、和泉、讃岐、土佐という守護任国の配置は、三浦氏一族が太平洋の海上交通に大きな力をおよぼしていたことを推測するに十分な根拠となりうるであろう。そして、筑前国宗像社の掌握は、その視野がさらに中国大陸にまでおよんでいたことを憶測させる。

これは、三浦氏一族の所領の分布を、さらに細かく追究することによって確かめられなくてはならないが、こうした三浦氏の志向が、海の国ともいうべき伊豆の在庁の出身で、やはり海上交通の掌握に重大な関心をもっていた北条氏にとって、恐るべき競合の対象になってきたであろうことも、たやすく推測しうる。

北条氏は、まず建保元年（一二一三）、和田義盛を挑発して反乱に追い込み、これを滅ぼして六浦荘および上総の所領を獲得、房総との海上交通を掌握する。ただ注目すべきは、このとき五〇〇騎の勢を率い、六艘の船に乗って安房国に赴き、そのまま行方知れずとなり、高麗《こうらい》に渡ったとの伝説もある義盛の子朝夷《あさひ》名《な》三郎義秀が、田上繁が「熊野灘の古式捕鯨組織」[*6]において言及しているように、紀州太地《たいじ》（和歌山県太地町）の鯨方《くじらかた》和田氏、太地氏の始祖として、系図の世界に姿を現していることで、もとよりただちにこれを事実とはみなし難いとしても、こうした伝承の生まれる素地は、三浦氏一族のあり方そのものからみて、まことに自然、ということはできよう。少なくとも安房、三浦半島、紀伊とのただならぬ関係をそこから推測することは十分に可能である。

とすれば、北条氏が三浦氏一族を滅ぼした、宝治元年（一二四七）の争乱（宝治《ほうじ》合戦《かっせん》）も、その一つの要因として、太平洋の海上交通路支配をめぐる両者の競合を考えておくことも必要になってくるのではないかと思われる。実際、北条氏一門はこのころまでに、北陸道諸国の守護をほとんど掌握し、日本海交通には大きな力を伸ばしていたが、中国大陸との交流に強い意欲をもやす当時の北条氏にとって、太平洋側に侮《あなど》り難い影響力をもつ三浦氏は、おそらくは目の上のこぶのような存在になってきたのではあるまいか。

事実、宝治合戦で三浦氏を滅ぼしたあと、相模は幕府直轄となり、紀伊・讃岐・土佐の守護、さらに筑前の宗像社はすべて北条氏一門の掌握するところとなったと考えられる。この結果、三河《みかわ》（参河とも）・尾張（鎌倉後期には、尾張も北条氏一門が守護となる）を除く武蔵以東の東海道諸国にさきの三国を加えた太平洋沿海諸国の守護は、ほぼすべて北条氏一門に独占されることになったと推定され、太平洋の海上交通の支配権は、確実にその手中に入ったとみることができる。

鎌倉後期に六浦を所領とした金沢氏が伊勢・志摩の守護となって、瀬戸内海から北部九州にいたる海上交通に重要な役割を果たしたことは、別にも述べたとおりであるが[*7]、この時期にも、鎌倉と土佐との間は緊密で、関東御領に準ずべき伊豆の走湯山密厳院領介良荘をはじめ、得宗《とくそう》領として極楽寺《ごくらくじ》（鎌倉市）の悲田院の料所となった大忍荘《おおさと》（高知県香我美《かがみ》町と香北《かほく》町の一部など）などは、いずれも海の道を前提とした所領とみなくてはなるまい。

ただ、このように考えたうえで、すでに石井進によって明らかにされた九州諸国における北条氏所領が海上交通の要地をおさえているという事実[*8]、さらに別に多少言及したことのある瀬戸内海、山陰、北陸、東北にかけての同氏一門領の配置を加えてみると[*9]、北条氏がきわめて強烈に、海へのこだわりをもっていた事実がはっきりと浮かび上がってくる。

宝治合戦以後、建長六年（一二五四）の唐船制限令、文永元年（一二六四）の大宰府による「御分唐船」発遣の停止令を通じて、北条氏が「唐船」とその発遣を、自らの手で集中的に管理しようとしたことも、当然、このことと結びついているといわなくてはならない。

このような北条氏による海上交通の列島全域にわたる積極的な支配・管理の実態については、[*10]今後さらに細かく追究する必要があるが、それは南北朝の動乱とともに分解し、たとえば伊勢海に即して稲本が詳細に解明したように（前掲「伊勢・志摩の交通と交易」）、それぞれの海域をめぐる諸勢力の角逐《かくちく》が展開されるようになる。とはいえ反面、この時期以後、海上交通の実際の担い手である廻船人たちの、海域をこえた列島全域にわたる独自の組織がしだいに形成されるようになってくるので、その一つの結実でもあり、象徴ともいうべきものが「廻船式目《かいせんしきもく》」であったとみることができよう。そしてその「廻船式目」が、成立の年紀をすべて共通して、貞応《じようおう》二年（一二二三）に懸けているという事実の意味は、いまだ解明されたとはいい難いが、まさしくこの年が、東国・西国戦争＝承久の乱に勝利した北条氏を中心とする東国「国家」＝鎌倉幕府が、西国の統治権にも強力に関与しはじめた年であるのは、決して偶然のことではあるまい。

稲葉伸道が注目しているように、[*11]鎌倉中期以降の王朝の荘園整理令が「貞応以後の新立荘園」をその対象としていることも、もとよりこれとかかわりがあろう。その点の具体的な究明も今後の課題としなくてはならないが、こうした列島の全海域にわたる廻船人の組織の成立の前提、背景に、さきのような北条氏による海上交通の全域的な掌握があったことを、これらの事実から推測することは、可能なのではあるまいか。

伊勢神宮・熊野社の所領と神人

紀伊半島の側で、このような太平洋の交通に大きな役割を果たしたのが伊勢神宮と熊野三山であったことは、すでにふれたとおりであり、また稲本（前掲論文）や荒木敏夫（「東への海つ道と陸《くが》つ道」[*12]）等の論稿をはじめ、多くの先学の指摘する周知の事実である。いまこれらの諸研究に加えうることはほとんどないが、若干の補足の意味で、二、三の事実をあげておきたいと思う。

伊勢神宮の御厨の分布については、別に言及したこともあるが[*13]、建久二年（一一九一）の公家新制に応じて作成された、建久三年八月の二所太神宮神領注文によってみると、いちおう、表（次ページ）のようになる。

これらの神領のなかで、「国造貢進」と注記された、一〇世紀以前にまでその起源を古く遡りうる本神戸《かんべ》は、大和《やまと》・伊勢・伊賀《いが》・尾張・三河・遠江《とおとうみ》の諸国に分布しているが、これは、紀伊半島・知多半島・渥美半島にかこまれた伊勢海・三河湾から浜名湖にいたる海域に、きわめて古くから伊勢神宮の影響が強くおよんでいたことを物語っている。そして

伊勢神宮領地域別分布表

	国名	往古神領	治暦4年(1068)以前	嘉承3年(1108)注文	白河院政(1086~1129)	鳥羽院政(1129~1156)	後白河院政(1156~1192)	不明	計
A	伊勢・大和・伊賀・尾張・三河・遠江	13	11	39	10	5	6	18	102
B	近江・美濃	1	1	1	1	2	2	1	9
A+B		14	12	40	11	7	8	19	111
C	駿河・伊豆・相模・武蔵・安房・下総・常陸		1	3	5	2	4		15
D	上野・下野・信濃	2			1	3	3	3	12
C+D		2	1	3	6	5	7	3	27
E	加賀・越中・越前・能登	1				1	3		5
F	伯耆・但馬・丹波・丹後						5	1	6
G	長門						1		1
E+F+G		1				1	9	1	12
計		17	13	43	17	13	24	23	150

注　建久3年8月、「二所太神宮神領注文」（皇太神宮建久已下古文書）より作成。A＝本神戸のある国及び畿内、B＝東山道中神宮に関係の深い国、C＝東海道、D＝東山道、E＝北陸道、F＝山陰道、G＝山陽道

天慶《てんぎょう》三年（九四〇）、尾張・三河・遠江には、さらに新神戸・新封戸《ふこ》が加えられているのである。

この六か国のなかで、大和には神戸があるのみで、御厨はないが、他の五か国についてみると、伊勢四七、伊賀八、尾張二〇、三河一二、遠江一四で、神戸を加えて計一〇二か所となり、総数の六八パーセントに達し、しかも、そのうち六〇か所（往古神領は除く）は白河院政期以前の建立であった。

これにつづくのが東海道・東山道《とうさん》の諸国で、近江《おうみ》・美濃のように神宮と関係の深い国も合わせてみると三六か所、総数の二四パーセントとなり、そのうち半数に近い一六か所が、鳥羽院政期以後の建立となっている。

そして駿河以東、安房・常陸《ひたち》にいたる東海道の御厨は、白河院政期まで含めると、一三か所が増えたことになり、そのなかには頼朝によって寄進された御厨も三か所見いだしうるが、これは前述したように、院政期以降の太平洋海上交通の安定、頼朝の伊勢神宮への意識的な接近を示しているといってよかろう。とくに、武蔵国鎌倉御厨が頼朝によって寄進され「鎌倉家祈禱《きとう》所」と定められている点は、注目すべき事実といわなくてはならない。*14

これに対し、北陸・山陰・山陽道の御厨はわずかに一二か所、八パーセントにとどまり、ほとんどが後白河院政期の建立であった。とくに山陽道には長門《ながと》の一か所しか御厨を見いだすことができない。

伊勢神宮領が全体として、東国に圧倒的な比重をもっていたことを、これによってよく知りうるが、その状況は一四世紀後半の成立とされる神領目録『神鳳鈔《じんぽうしょう》』の段階でも、ほとんど変わっていない（左表）。ここでは、伊勢・志摩・伊賀の御厨が総数の八四パーセントという圧倒的な数を占めているが、それを除いた総数二一四か所のうち、尾張・三河・遠江の三国が五五・六パーセント、東海道・東山道諸国の御厨を合わせると、その八

伊勢神宮領地域別分布表

道	国名	御厨数	計	道	国名	御厨数	計
畿内	大和	1		北陸道	若狭	1	
	摂津	1	2		越前	3	
	伊勢	1038			加賀	1	
	志摩	77			能登	3	
	伊賀	12	1127		越中	3	
東海道	尾張	57			越後	1	12
	三河	38		山陰道	丹波	1	
	遠江	24	(119)		丹後	3	
	駿河	8			但馬	1	
	伊豆	2			伯耆	2	7
	甲斐	1		山陽道	播磨	1	
	相模	1			備前	1	
	武蔵	5			備中	1	
	安房	2			長門	1	4
	上総	1		南海道	阿波	1	
	下総	5			讃岐	1	
	常陸	1	145		伊与	2	4
東山道	近江	10		(伊勢·志摩·伊賀除)			214
	美濃	8	(18)			総計	1341
	飛騨	1					
	信濃	9					
	上野	10					
	下野	2	40				

注『神鳳鈔』（「群書類従」所収）による。

六・四パーセントとなる。そして北陸道にやや増加が目立ち、南海道にはじめて御厨が現れるとはいえ、山陰・山陽道を加えても、その比重はきわめて低いのである。

院政期以降、活発に進められた権禰宜《ごんのねぎ》クラスの祠官《しかん》たちの働きかけが、もっぱら東国方面に向かって行われていたこと、それが東海道の海の道、太平洋の交通を前提としていたことは、以上によって明らかといえよう。

それとともに、別にも述べたとおり、『神鳳鈔』[*15]にみられる志摩の御厨のうち、近世以降は伊勢に属する相可《おうか》御厨、紀伊国となる木本《このもと》御厨（三重県海山《みやま》町）、須賀利《すがり》御厨（尾鷲《おわせ》市）、さらに古代は三河、近世は尾張に属する篠嶋《しのしま》（篠島。愛知県南知多町）などが、いずれも志摩国とされている点である。これは国の境の問題として取りあつかわれることが多いが、むしろ、宇野《うの》御厨が筑前・筑後《ちくご》・肥前《ひぜん》に、大江《おおえ》御厨が河内《かわち》・摂津《せっつ》にわたっていたのと同様、志摩の海民の活動、定着にともなって生まれた、一種の「飛地」とみるべきであろう。嶋と海の国志摩の特質は、ここによく表れているということができる。

熊野社領の実態については、伊勢神宮とは違って、所領目録は伝わらず、関連史料も分散しているため、その全貌をつかむことはとうていできないが[*16]、寛治四年（一〇九〇）二月、白河上皇は熊野山に参詣し、「紀伊国一ケ郡田畠百余町」を同社に寄せており（『百《ひゃく》錬抄《れんしょう》』鎌倉後期の成立）、紀伊国がその所領の中心だったことは、いうまでもなかろう。

これに次いで、元永二年（一一一九）九月一七日、白河法皇はさらに、紀伊・阿波・讃岐・伊予《いよ》・土佐の五か国に各一〇烟、計五〇烟の封戸を熊野山に寄進した（『中右記《ちゅうゆうき》』）。この国々がすべて南海道であった点に注目すべきで、伊勢神宮が紀伊半島から伊勢海、太平洋をもっぱら東に進んだのに対し、熊野社が少なくとも当初の所領については、主として西方をめざし、土佐から日向《ひゅうが》への方向と瀬戸内海に向かう動きを示していたのである。

これまでに管見のかぎりで知りえた、中世前期の熊野社領の分布についてみても、この傾向は明らかにうかがうことができる。次ページの表のように、熊野社領は伊勢神宮の御厨がほとんどみられない南海道に一〇か所、山陽道にも五か所分布しており、両者合わせて一五か所は総数の三五・七パーセントを占めている。このうち、紀伊国の所領の数は、これよりもかなり多いと考えられるので、その比率は実際にはこれ以上とみてよかろう。

そして、紀伊から阿波・土佐、さらに日向に所領がみられることは、熊野社が紀伊半島から西南に向かう太平洋の海上交通に強い影響力をもっていたことを明瞭に物語っており、一方、備前《びぜん》の小島《こじま》荘（倉敷市）のような瀬戸内海の交通の要衝をおさえている点からみて、この方面にもその影響が強くおよんでいたことを知りうる。

こうした熊野社の志向は、嘉元元年（一三〇三）以前から（『公衡公記《きんひらこうき》』乾元《けんげん》二年〈一三〇三〉四月一一日条）、延慶《えんきょう》二年（一三〇九）ごろまで（『高野山文書』宝簡集一四、延慶二年四月一一日、伏見上皇院宣《いんぜん》）、阿波国を同社が知行国とし、その諸郷保《ほう》を支配している事実によっても明らかであろう。

とはいえ、中世前期までに、熊野社は紀伊半島の東方、東海道諸国にも多くの荘を保持し、その合計一八か所は諸道の所領のなかで最大の数であり、全所領の四二・九パーセントの比率におよんでいる。そして、これらの荘園と熊野社とが、海の道で結ばれていたこ

熊野社領地域別分布表

道	国名	荘園名	数
東海道	伊勢	八対野荘	1
	尾張	六師荘，牛野荘，那古野荘	3
	三河	竹谷荘，蒲形荘，碧海荘	3
	遠江	山名荘	1
	駿河	長田荘，足洗荘，北安東荘	3
	伊豆	江馬荘	1
	甲斐	八代荘	1
	相模	愛甲荘	1
	上総	畔蒜南荘，同北荘	2
	下総	匝嵯南条荘	1
	常陸	熊野保	1
		小計	18
東山道	陸奥	新宮荘（？）	1
		小計	1
北陸道	越前	脇本荘	1
		小計	1
山陰道	但馬	沢寺田，観音寺，新宮田，鉢山寺，福田荘	5
		小計	5
山陽道	播磨	田原荘，浦上荘	2
	備前	小島荘，和気荘	2
	美作	稲岡南荘	1
		小計	5
南海道	紀伊	園宝荘，佐野荘，比呂荘，宮原荘	7
		五箇荘，雁山荘，南部荘	
	阿波	日置荘	1
	土佐	大忍荘，長徳寺	2
		小計	10
西海道	筑後	広川荘	1
	日向	高知尾荘	1
		小計	2
		総計	42

とは、永仁三年（一二九五）八月、熊野山日御供米《くまい》四〇九石五斗を、三河国碧海《あおみ》荘の諸郷に配分した文書（『紀伊続風土記』付録一四、本宮社家二階堂蔵）に、この米について、上総国畔蒜《あひる》荘から紀伊の新宮《しんぐう》津（新宮市）にいたる運賃・雑用を差し引いたとの注記がある点からみても間違いない。

このように、熊野社はこの海域において、伊勢神宮と競合する立場にあったのであり、前述した両者の間の摩擦、対立は、ここにその一つの理由があったとみてよかろう。

ただ、熊野社の場合に見落としてはならない点は、日吉神社の「日吉田」と同様に「熊野田」などと呼ばれ、熊野山の先達《せんだつ》・神人、三山僧等の所領ともなっている小規模な田畠が、各地に広く見いだされることである。嘉禄三年（一二二七）の周防《すおう》国布施《ふせ》領給田注文《もん》（「九条家冊子本中右記紙背《しはい》文書」）に「熊野上分《じょうぶん》」とある田地、文永二年（一二六五）の若狭《わかさ》国大田文《おおたぶみ》の今富名《いまとみみょう》（小浜市）にみられる「熊野田五町五反」（「東寺百合《とうじひゃくごう》文書」ユ函）、鎌倉後期の安芸国国衙領注進状《ちゅうしんじょう》（「田所文書」）の各所にあげられている熊野上分田三反半、熊野御油田六反小、温科村の熊野御油免一町、応安元年（一三六八）九月の伊勢国栗真《くるま》荘（鈴鹿市）内にみえる熊野田三町、畠五反（『熊野那智大社文書』第三）などはその事例であり、「上分田」といわれているように、これらの田畠から先達・神人、熊野三山僧の徴収する米は「熊野僧供米」「熊野上分米」「熊野御初穂物《はつほもの》」などといわれ、その金融の資本となったのである。

久安元年（一一四五）一一月一日、秦守利《はたもりとし》が「熊野御僧供米千陸佰斛」を安芸君僧湛慶《たんけい》から借り、その代として紀伊国名草《なぐさ》郡三上院《みかみのいん》（和歌山市、海南市）を譲り渡しているのは、早い事例の一つであるが（『紀伊続風土記』付録五、甚右衛門文書）、元亨《げんこう》元年（一三二一）一一月五日、若狭国小浜《おばま》（小浜市）の浜女房は「くまの、御はつをもの」で孫三郎等の年貢米銭を立てかえて、太良《たら》荘助国半名（小浜市）を手に入れ（「東寺百合文書」ユ函）、建武元年（一三三四）九月六日、同荘の公文禅勝、上使友実も、この女房とその子石見房覚秀から「熊野上分物」一〇貫文を借りている（「東寺古文零聚」）。この「御初穂物」「上分物」が、さきの今富名の熊野田と結びついていることは間違いない。また、嘉暦三年（一三二八）六月一五日、法眼行盛が「くまの、御はつをもの、ようとう」二〇貫文の代として、陸奥《むつ》国骨寺《ほねでら》村（一関《いちのせき》市）の田・屋敷を信濃阿《しなのあ》闍梨《じゃり》に渡しているのも、同様の事例である（「中尊寺文書」）。

このような「熊野田」、それと結びついた先達・神人、三山僧の金融活動については、なお研究の余地が広く残っており、その実態、地域的な特色を十分にとらえることはできないが、これらの人々の動きと関連しつつ、各地に勧請《かんじょう》された熊野社については、新城常三が史料を博捜《はくそう》して鎌倉・南北朝期の事例を蒐集している。[*17]

これを地域別にみると次ページの表のようになるが、ここでは東海道諸国は一七・三パーセントで、比率はあまり高くない。とはいえ、陸奥国に九社もみられることに注目すべきで、それを太平洋の海の道を北上したものとみて、東海道に加えてみると、二九・三パーセントになる。一方、山陽道・南海道の数も多く、両者合わせると三四・七パーセント、これに西海道を加えると五四・七パーセントであり、西国の比重が大きくなっているが、全体としては、さきの荘園の分布とほぼ同じ特色を示しているといってよかろう。

さらに熊野の先達・神人の活動は、鎌倉後期に入ると、早くも譲与・売買の対象となる「旦那《だんな》」を生み出すが、『熊野那智大社文書』などによって、鎌倉・南北朝期の「旦那」の分布を概観すると、その範囲は陸奥の津軽にまでおよび、広く諸国におよんでいる。

それは、山陰道に多少の空白を残すのみとなっているが、新城の指摘するように、*18 淀川およびその河口、和泉・紀伊の諸港、瀬戸内海の鞆《とも》（福山市）・尾道《おのみち》（尾道市）・宇多津《うたづ》

熊野社領地域別分布表

道	国名	数	道	国名	数
畿内	山城	1	山陽道	播磨	1
	大和	1		備前	4
	小計	2		備後	1
東海道	三河	1		安芸	2
	遠江	1		周防	2
	武蔵	4		長門	2
	相模	3		小計	12
	上総	2	南海道	淡路	1
	下総	1		紀伊	5
	常陸	1		讃岐	1
	小計	13		阿波	1
東山道	近江	1		伊予	2
	信濃	2		土佐	4
	上野	2		小計	14
	陸奥	9	西海道	筑前	5
	出羽	1		筑後	2
	小計	15		豊後	1
北陸道	若狭	3		肥前	3
	越前	1		肥後	1
	小計	4		薩摩	2
				日向	1
				小計	15
				総計	75

（香川県宇多津町）、東海道では桑名（三重県）・品川・神奈川など、「当時著名な重要港湾の大半が先達ないし旦那の居住地として現われること」に注意すべきで、熊野社の先達・神人の諸活動が、もっぱら海上交通に大きく依存しつつ、活発に展開されたことは、もはや多言を要しないといってよかろう。

以上のような伊勢神宮、熊野社の勢力圏の状況を考えれば、紀伊半島を中心とする太平洋交通の担い手たちが、両社にかかわりのある神人・先達等であったことは、当然、推測することができる。とはいえ、両社は決して、ただちにこの航路を独占しえたわけではなかった。すでに周知のとおり、文治三年（一一八七）、賀茂社領紀伊国紀伊浜《きのはま》御厨（和歌山市）に属する供祭人とみられる久見和太《くみわた》供祭人源末年が、「坂東丸」と呼ばれる船一艘を保持しており、この船は建久三年（一一九二）には、「東国」とも名づけられていた（「仁《にん》和《な》寺聖教《じしようぎよう》紙背文書」）。これは、この船が紀伊半島を回り、東国、坂東にいたる航路をもっぱらその活動の舞台としていたことを示すものであり、実際、賀茂社に結びつく海民は、各地に残る「賀茂」にかかわる地名によっても知られるように、おそらくかなり古くまで遡る時期に、太平洋の海上交通に大きな役割を果たしていたと考えられる。賀茂社供祭人の持船、「坂東丸」の活動も、その伝統を背景にしていたとみなくてはなるまい。

また、伊勢・志摩には、おそらくはるかに古くからの贄人《にえびと》の流れをくむ、天皇家の供御人が活動していた。[*19] その存在を確認しうるのは、建久二年（一一九一）の史料にみえる

「嶋抜御厨供御人為頼」（「神宮雑書」）まで降るが、ついで建暦元年（一二一一）斎宮寮《さいぐうりよう》に属する保曾汲《ほそくみ》供御人が現れる（『玉蘂《ぎよくずい》』建暦元年六月二六日条）。この供御人は「延喜《えんぎ》三年紀定文」なる文書を保持しており、その真偽が問題になっているが、これは畿内の供御人が延喜年間（九〇一～九二三）にその直接の淵源を求めているのと照応する事実で、この供御人もやはり、延喜の御厨整理令、贄貢進の制度の改革とのかかわりで、形を成した集団であった。

そして宝治二年（一二四八）一一月日、某申状写（「近衛家文書」）に、木曾・長良・揖斐《いび》三川の河口近くに形成された江を「貢御江」とし、蠣《かき》を採取する供御人が姿を現す。伊勢国益田《ますだ》荘の桑名に根拠をもったとみられるこの供御人は、戦国期にいたるまで、毎年、女房の手を通じて蠣を天皇家に貢献しており（『御湯殿の上の日記』文明九年〈一四七七〉一二月一九日条等）、桑名は少なくとも天文一二年（一五四三）ごろまで「禁裏料所」だったのである（「証如上人日記」）。

さらに、弘安元年（一二七八）から翌年にかけて、その本拠地は不明であるが、伊勢国の蔵人所《くろうどどころ》供御人永用等が、伊勢神宮祠官・神人をまきこみつつ、山僧と結んでこれに対抗する神官の祭主大中臣《おおなかとみ》氏の一族神祇《じんぎ》少副清継と争っている（「兼仲卿記《かねなかきようき》紙背文書」）。また、正和四年（一三一五）九月にも、蔵人所供御人等雑掌《ざつしよう》祐清は、志摩国伊雑神戸惣追捕使延親神主、検非違使弘村・隆成が江利原《えりはら》（三重県磯部町恵利原）の住人である宗《そう》正・安正・

性実等の供御人の「一類」に対し、供御役田に点札《てんさつ》を立て、その身を追捕するなどの狼藉《ろうぜき》を働いたと訴えた(「神宮文庫文書」)。これは、供御人たちが、神宮の神人久次・久友等と、塩木の採用をめぐって争ったこととも関係しており、志摩の供御人たちが製塩をも行っていたことを推測することができる。

また、嘉暦二年(一三二七)から翌年にかけて、蔵人所供御人松王丸が、吹上《ふきあげ》(伊勢市)の屋敷をめぐって、光明寺(伊勢市)長老、法常住院別当恵観と激しい相論を行っている(「光明寺古文書」)。この争いは松王丸の敗北に終わったが、これに関連して、元亨二年(一三二二)に、後醍醐《ごだいご》天皇の綸旨《りんじ》により、勾当内侍《こうとうのないし》が伊勢国供御人四十余人の交名《きょうみょう》を注進した事実が明らかになってくる。この注進は後醍醐の神人公事停止令とのかかわりで行われたものと思われるが、[*20]これによって、伊勢国に根拠をもつ供御人の定数を知ることができる。

一方、さらに降って、文和《ぶんな》二年(正平八〈一三五三〉)、蔵人所供御人の年預《ねんよ》幸徳丸が、勾当内侍の指揮のもとで、志摩国磯部嶋供御人鶴王宮掌正憲跡の所領をめぐる検校太郎幸女との相論に裁決を下している(「徴古文府」)。この供御人も「塩木」をめぐる相論を別に起こしており、さきの江利原の供御人と同様、製塩にたずさわっていた。

これと同じ磯部嶋の蔵人所供御人は、応永五年(一三九八)九月にも、磯部政所が、「兵士」と称して、新儀の課役《かやく》を賦課《ふか》し、「嶋悪党」を語らって住宅を焼き、供御人を追い出したとして、その非法を一同言上しており（「京都御所東山御文庫記録」甲七九）、室町期までその活動を確認しうる。

これらの事実によって、伊勢・志摩の海辺の各所に散在し、漁撈・製塩等にたずさわった供御人集団は、鎌倉後期以降は蔵人所に属しつつ、内侍所　勾当内侍に直接統轄されていたことは明らかであるが、その根拠地が桑名、嶋抜、保曾汲（細汲。松阪市松ヶ島町）、吹上、江利原、磯部嶋など、いずれも港としても知られている地であったことからみて、これらの供御人が漁撈・製塩のみでなく、伊勢海から東国にかけての海上交通にもかかわっていたことも確実とみてよかろう。

それは、これらの供御人たちが、伊勢神官の神人や、延暦寺の山僧と対立、競合している点からも、逆に推測することができる。延暦寺の山僧は、平安末期から尾張・伊勢に進出しようとしており、承保《じようほう》二年（一〇七五）、天台の僧良心は伊勢平氏と同心して、尾張国大成荘《おおなり》（愛知県立田村）をおさえようとはかり、長治三年（一一〇六）にも延暦寺悪僧仁与が、美濃源氏と結託して、同荘を押領しようとした[*21]（「東寺文書」射函）。

また、建長四年（一二五二）には、山門の威をかりた静真阿闍梨が質券を改めて譲状《ゆずりじよう》を責めとり、神宮領内瀬御薗を十禅師《じゆぜんじ》社領に寄付し、釈尊寺《しやくそんじ》別当、二所大神宮神主に訴えられている（「永仁五年仮殿記紙背文書」）。弘安の事件における山僧は「寄沙汰《よせざた》」を請け取っているが、山門が近江から伊勢に出て、尾張にいたる地に進出し、伊勢海に勢力を伸ばそうとしていたことを、こうした動きから推測するのは、さして的外れではなかろう。

これらの山僧が海上交通に直接かかわっていたかどうかは明らかでないが、供御人との訴訟にしばしば登場する伊勢神人が海上での活動に従事していたことは、もとより間違いないところで、稲本紀昭が詳述した鎌倉末期以降の伊勢・志摩と東国との活発な交易活動に、神宮が深くかかわっていたことは明らかである。

すでに一二世紀前半、さきの益田荘内の星川市庭《いちば》で起こった武力紛争の当事者外宮神人の歌長末房《うたおさすえぶさ》が、市庭で鰯《いわし》などの魚類や米・稲を交易しながら、津料の徴収を拒否しており（「陽明文庫本知信記紙背文書」）、建久七年（一一九六）四月一五日の大神宮神主帖（「神宮雑書」）は内宮領安濃津《あのつ》御厨（津市）刀禰《とね》中臣国行等にたいし、津・泊の煩いなく、諸国を往《おう》反《へん》して交易を営むことを認めている。

このように、伊勢・志摩の海辺に広く分布した伊勢神人は供御人と同様、平安末期から津料・関料を免除され、海上を自由に通行する特権を認められて、広域的な交易活動に従事していたのであり、稲本が具体的に解明した中世後期の状況が、その発展であったことはいうまでもない。

ただそれは、天皇家の供御人、さらには稲本の指摘するような熊野の勢力との角逐のなかで展開していたのであるが、紀伊半島から西に向かう熊野神人の早い時期の活動については、いまのところ具体的にとらえることはできない。後述する「熊野海賊」の動きその

鎌倉出土の陶磁器　北条氏が中国大陸との交易を独占し、力を注いだ結果、鎌倉にはさまざまな「唐物」が流入した。また、瀬戸は北条氏所領と推定され、多くの瀬戸の焼物が鎌倉に運ばれた。右は瀬戸灰釉四耳壺、左は輸入青磁器類。
鎌倉市教育委員会蔵

ものが、交易・廻船の活動と表裏をなしていたとみられるが、正治二年（一二〇〇）五月、備《びん》後《ご》国大田《おおた》荘（広島県世羅《せら》町・甲山《こうざん》町）に「熊野上分物」の徴収を理由に乱入した先達・神人の行動をいましめた熊野山政所下文《まんどころくだしぶみ》が「備後国先達神人等」にあてて発せられていることに注目すれば、すでにこのころには、国ごとに先達・神人の組織があったと考えることも可能であり、さきにもふれた所領の分布状況からみて、その海上交通が東に西に、活発であったのは確実といってよかろう。

このように、紀伊半島を中心とする太平洋の海上交通の担い手たちは、決して一様ではなかったとはいえ、前述した諸事実をみると、平安末期以降、その航行はすでに「廻船」といってもよいほどに、安定した日常的なものになっていたといっても、決して過言ではなかろう。実際、この海の道は、最近の奥州平泉柳之御所遺跡の発掘によって明らかになったように、かなり古くまで遡る渥美、猿投《さなげ》、常滑《とこなめ》、瀬戸等の焼物の太平洋沿海地域への広範かつ多量な分布をささえ、また建治元年(一二七五)、鎌倉極楽寺にいた忍性《にんしょう》が、叡尊《えいそん》に届けるきわめて貴重な宋本大般若経を、船で鳥羽まで送ったほどに確実な輸送ルートになっていた。[*22]

また、暦応《りゃくおう》元年(延元三〈一三三八〉)、敗勢を挽回すべく、伊勢の大湊《おおみなと》(伊勢市)を出発して東国に向かった北畠親房《きたばたけちかふさ》をはじめとする南朝の軍勢は、たまたま暴風雨に遭ったとはいえ、最初からこの航路の安定を前提としていたことも、疑いない。事実、宗良《むねよし》親王は遠江に、親房も霞ヶ浦に入り、その南岸の神宮寺に到着しており、この年八月一二、三日ごろ、この軍勢を東国に渡すべく渡海した、伊勢国下市庭住人で伊勢神人の権宮掌黒法師太郎家助という人のいたことも確認できるのである(「光明寺古文書」)。

最近、綿貫友子は明徳三年(一三九二)の「武蔵国品河《しながわ》湊船帳」(「金沢文庫文書」)を取り上げ、伊勢国大塩屋《おおじや》、馬瀬《まぜ》(ともに伊勢市)の住人である御師《おし》とその船がこのなかに見いだされることを論証し、東海道の海の道に照明をあて、永原慶二も室町時代、品河湊(東京都品川区)で「有徳」と呼ばれた熊野出身の鈴木道胤について追究し、伊勢・熊野の船と東国との関係を米の東国への移入に焦点を絞りつつ論じた。[*24]これに稲本の力作をあわせてみると、紀伊半島から東に向かう海上交通の実態は、一挙に解明されはじめたということができる。[*23]

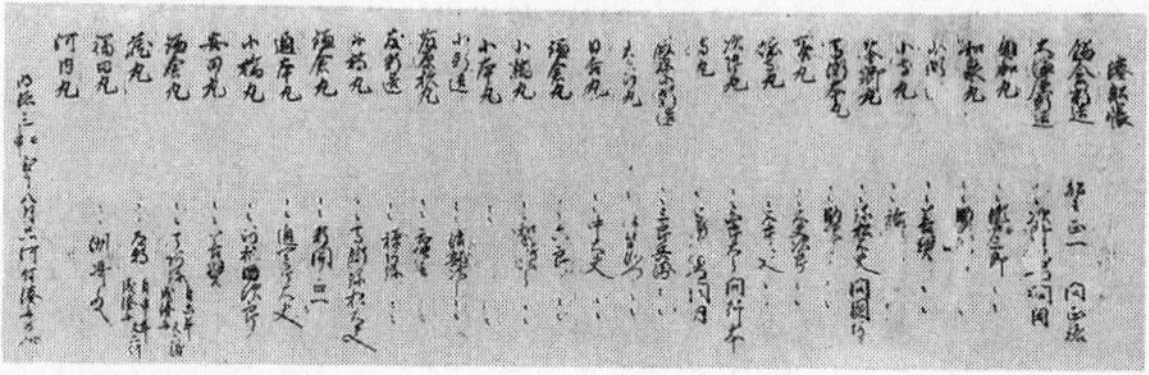

武蔵国品河湊船帳　称名寺は金堂修造のため品河・神奈川湊で帆別銭徴収を認められていた。上の記録は明徳3年（1392）正月から8月までに品河湊で徴収された船とみられる。
称名寺蔵（神奈川県立金沢文庫保管）

そのうえで注目すべきは、さきの「武蔵国品河湊船帳」に、和泉丸、参河《みかわ》丸、河内丸などと並んで、夷丸という船のみられることである。船の名前につけられる地名とその船のあり方との関係については、なお研究すべき余地があるとはいえ、その船の往来する地と関係深い地名であることが間違いないとすれば、さきの「坂東丸」と同様、この船も「夷島」との間を往来する船であった蓋然《がいぜん》性はひじょうに大きいといえよう。前述したように、熊野の先達の活動が津軽三郡までおよび、おそくとも貞和《じょうわ》五年（一三四九）までには、「下国殿」といわれた安藤又太郎、今安藤宗季・師季父子を旦那としていることからみて（『熊野那智大社文書』「米良文書」二九号）、これはなんらの不自然もない。すでに石井進も日蓮の書状に即して指摘しているように[*25]、太平洋の海の道は、鎌倉時代には「夷島」と鎮西《ちんぜい》（九州の称）とを結ぶまでになっていたとして間違いないと、私は考えている。

はるかに降って江戸時代、田島佳也《よしや》が明らかにしているように[*26]、紀伊・和泉の海民、あるいは海民的な商人が、西は土佐、五島《ごとう》から壱岐《いき》・対馬《つしま》、東は伊豆・房総から陸奥の気仙沼《けせんぬま》、そして「蝦夷地《えぞち》」まで足をのばし、多様な漁撈、商業の活動を展開した前提は、このように、中世前期までに、確実に用意されていたのである。

海賊・海城と港町・公界

紀伊半島の東方の海上および伊勢・志摩にたいする熊野山衆徒・神人の「海賊」的な行動については、稲本紀昭の論稿に詳述されているが、半島の西方、紀淡《きたん》海峡から瀬戸内海、あるいは土佐沖から日向にいたる海域での「海賊」の動きも、また早くから見いだすことができる。

それは『土佐日記』（承平四〜五年〈九三四〜九三五〉）などからもよくうかがえるが、永暦元年（一一六〇）八月四日と推定される宣旨《せんじ》が、「紀伊国浦海賊」によって神戸百姓が殺害され、船と雑物を捜し取られたとする住吉社司の訴えに応じて発せられているのも、その早い事例の一つであろう（「綸旨抄」）。前述した源平の戦いにおける別当湛増の活動が、こうした熊野の水軍の力を背景としていたことは、もとよりいうまでもないが、その後、熊野の「海賊」の動きが、はっきりと時代の表面に現れてくるのは、鎌倉時代も末期に近づいたころのことである。

徳治三年（一三〇八）三月二五日の関東御教書《みぎょうしょ》（尊経閣文庫蔵「古蹟文徴」）は、河野六郎（通有）にたいし、「西国幷びに熊野浦々海賊」が「近日、蜂起の由、その聞《きこえ》ある」により「早く警固を致し、搦め進むべし」と命じ、さらに翌延慶二年（一三〇九）六月二九日にも、鎮西に居住していた河野対馬守通有にたいして、「西海幷びに熊野浦の海賊」の警固のため、本拠の伊予国に帰り、賊徒を誅伐《ちゆうばつ》せよ、との命が関東から下っている（「尊経閣文庫所蔵文書」）。

これは河野氏のみに発せられた指令ではなかった。この年、「熊野悪党の事」により、関東の使南条左衛門尉《さえもんのじよう》が上洛し、一五か国の軍兵が熊野山に差し向けられていたのである（『武家年代記裏書』）。河野氏への命はその一環にほかならなかったのであり、同じころ、播磨《はりま》国福井荘東《ひがし》保宿院村《ほしゆくいん》（姫路市）地頭もまた、「熊野発向《はつこう》、海上警固」に動員されたものと考えられる（「神護寺《じんごじ》文書」応長二年〈一三一二〉三月九日、同上地頭代澄心重陳状）。

とすると、この一五か国は播磨、伊予をそれぞれ含む山陽道・南海道一四か国に、他の一か国——おそらくは西海道の一国を加えた諸国とみてよかろう。しかし、これだけの大規模な軍兵の組織的動員は、モンゴル襲来（文永一一年〈一二七四〉・弘安四年〈一二八一〉）を別とすれば、承久の乱以来のことということもできるので、このときの熊野海賊の蜂起がただならぬ規模をもつ反乱だったことは間違いない。

それがなぜ起こったのか、どのような結末に終わったのか、いまのところ、その状況を具体的に知ることはできない。ただ大勢からみて、この蜂起が、前述したように、宝治合戦以後、列島内外の海上交通支配権をほぼ独占し、さらにモンゴル襲来を契機に、新関停止令等[*27]を発して、とくに西国の交通路支配を強化してきた北条氏によって、その海上交通上の諸権益を奪われ、活動を抑制された熊野山衆徒・神人を中心とする紀伊半島西方の海域から瀬戸内海にいたる海上勢力の、憤懣《ふんまん》の爆発であったことは、推定してまず間違いなかろう。それは少なくとも一時期、北条氏による海上交通支配を大きく揺るがしたのであるが、当然、この蜂起以後、幕府――北条氏による海賊の禁圧、海上警固はいちだんときびしさを増した。

正和三年(一三一四)六月二九日、児玉藤行が海賊人右衛門次郎を搦《から》め捕らえ(『萩藩閥閲録』児玉主計広高)、同年七月二一日、小早川朝平も海賊人雅楽左衛門次郎を搦め捕らえ(『小早川家文書』)、いずれも伊予国高市郷代官景房(伊予国守護宇都宮氏の代官か)に渡し、六波羅《ろくはら》探題《たんだい》の感状を得ているのもそのあらわれであるが、文保二年(一三一八)一二月一〇日、幕府は西国の悪党を鎮めるため、使節を山陽道・南海道諸国のうち一二か国に発遣し、本格的な海上警固を、組織的・恒常的に行う体制を整えるべく動きはじめた。

北条氏被官や六波羅奉行人など、国ごとに三名からなる使節は、翌元応元年(一三一九)まで諸国に滞在、守護・守護代と協力して地頭・御家人から起請文《きしょうもん》をとり、悪党・海賊の追捕を行った。この年閏七月二五日、小早川朝平が海賊人弥五郎家秀を搦め捕ったことを、伊予国守護人狩野（宇都宮）貞宗が六波羅に注申《ちゅうしん》、探題が感状を与えており（『小早川家文書』）、播磨や備後国大田荘などでも、守護・守護代による追捕の行われていることが知られているが、このように使節発遣がいちおうの効果をあげたところで、元応二年、六波羅探題は国ごとに「有名の仁」を両使に定めて、地頭・御家人《ごけにん》等を結番《けちばん》し、海上警固を制度化したのである。

これについては、別に詳述したことがあり[*28]、松岡久人も言及しているので[*29]、その概略のみにふれておくと、この制度は播磨の明石《あかし》・投石《なげし》、安芸の亀頸《かめがくび》（広島県倉橋町）、伊予の忽那嶋《くつなじま》（愛媛県中島町）など、各国に一～二か所の警固所を定め、海辺三里中に所領をもつ地頭・御家人、本所一円地の住人を結番して役人・警固人とし、一か月単位で海上警固役を勤仕《きんじ》させた。

元応二年（一三二〇）の安芸国については、塩谷左衛門入道と児玉頼行・高行・光行等の児玉一族（『萩藩閥閲録』「防府毛利家文書」）、同三年の伊予国では河野通有と土居彦九郎（通増）（尊経閣文庫蔵「武家手鑑」）がこれを指揮しており、この海上警固がその中心的な推進者大仏維貞《おさらぎこれさだ》の六波羅探題在職中の元亨四年（一三二四）まで行われたことは、まず間違いないといってよい。そしてこうした制度が山陽道・南海道諸国で実施されたことは、その背景に、さきの熊野海賊の蜂起のような事態がふたたび起こる危険がこの海域につねに潜在していたことを、よく物語っているといえよう。

ここで注意すべきは、この海上警固を指揮したのが、守護ではなく、「有名の仁」といわれた両使に六波羅探題が直接、その月分の役人＝警固人の注文と事書《ことがき》とを通達する形で行われていることで、しかもその両使となった伊予の河野・土居氏は、それ自身、「海賊」にも転じうるような水軍——海の領主だったのである。これは、さきの熊野海賊の追捕にあたって、幕府が守護を経由せず、直接、河野通有にその誅伐を命じた点にもあらわれており、このように、水軍にたいして、幕府が通常の守護を通ずる地頭・御家人の統轄とは異なった統率方式を早くから採用していたことは、伊予国忽那嶋の地頭忽那氏に即して、すでに松岡が注目している。*30

松岡によると、忽那氏は鎌倉中期まで、伊予国守護の指揮を受けず、二階堂氏に結びつき、京都大番役もその「寄子」として勤仕しており、忽那氏は「海賊」となる危険性をもつ存在として、むしろ守護代によって、その航行を監視されていたとみられるのである。たしかに、田中稔も指摘しているように、*31忽那氏は、守護の一括注進によって御家人となった西国御家人の一般的なあり方と異なり、将軍家の下文によって本領を安堵《あんど》され、地頭職に補任された例外的な存在であった。おそらくこの二階堂氏との結びつきは、将軍家政所の執事としての同氏の立場と関係があるのではないかと推測されるが、肥前国宇野御厨（松浦《まつうら》市を中心に五島方面の島々におよぶ）・松浦荘《まつらのしょう》（唐津《からつ》市、伊万里《いまり》市、東松浦郡の各一部）の浦々に本拠をもつ海の領主、松浦氏一族——「松浦党」の諸氏もまた、忽那氏と同様本領安堵の地頭であった。

これらの事実を考慮すると、幕府は当初から、水軍となりうるこうした海の領主にたいしては特別の措置をとり、幕府の直属とする志向をもっていたとみることができる。このときの海上警固にあたっても、その方式が採用されたのであろうが、忽那氏はこのころ、北条宣時の被官となっていた形跡があり[*32]、北条氏はここで、「海賊」に姿を変える可能性をもつ海の領主たちを積極的に組織し、「毒をもって毒を制する」ことを狙い、事態の打開をはかろうとしていたのである。

しかし、元亨四年(一三二四)二月、関東の使節出羽判官が公家に申し入れた「本所一円地悪党事」を第一条にもつ「関東事書」[*33]が定められたことによって、海上警固はさらに新たな段階に入った。

この事書は、海賊や悪党の出入りする所々については、たとえ本所が一円に支配する荘園・公領であっても、本所の処理できない場合、武家の使《つかい》が直接、入部してこれを召し捕らえ、さらにその所領は没収し、「公家」の計らいで「朝要の臣」に与える、という、これまでになく強硬かつ強圧的な法令であった。そしてこの関東事書を施行する六波羅御教書、守護の施行状《しぎょうじょう》にたいしては、本所領の荘園の預所も、領内に悪党・海賊のいないこと、悪党・海賊について見聞したならばただちに報告することを、起請文をもって誓わなければならなかったのである。

この年四月二七日、阿波国勝浦《かつうらの》新荘（小松島市）の預所肥後守経家は、小山石見守《いわみのかみ》にあてて、こうした請文を提出し、領内の小松島浦の船は「唐梅」の定文《じょうもん》をつけていることを報告している（「小山文書」）。これよりさき、正安三年（一三〇一）、鎮西の海賊を鎮めるため、その津々浦々の船に、たやすく削り失われないように在所と船主の交名を彫りつけることを鎮西探題が九州諸国の検断にあたる人々に命じた前例があり（『島津家文書』）、ここでも同じ処置が実施されたが、注目すべきは、この小山石見守が田上繁の論稿（前掲「熊野灘の古式捕鯨組織」）で言及されている小山氏の同族で、紀伊国久木浦《ひさき》（三重県尾鷲市）などに本拠をもつ人であり、紀伊国の海の領主、まさしく熊野水軍であったという点である。[*34] 石見守という官途をもち、阿波国にも所領を保持するかなり有力な海の領主であったこの人物が、いかなる立場で、関東事書・六波羅御教書を施行したかについては、守護代とみることも可能であるが、むしろこの場合も、幕府が「海賊」ともなりうる海の領主を使節に採用し、「海賊」の禁圧にあたらせた蓋然性が大きい、と私は考える。

このように、懐柔策をも取り入れつつ強行された元亨の海賊禁圧は、西国の海上交通路の支配を保持しようとする北条氏の試みた、最後の思いきった賭であったが、むしろそれは、海の領主、廻船人等の海上勢力の不満を一身に集める結果となった。また、中国大陸――宋《そう》の文物・思想に強い関心をもつ後醍醐天皇にとっても、北条氏による海上交通の支配・統制は我慢のならぬものだったに相違ない。

後醍醐が関東になんらの連絡もせず、元徳二年（一三三〇）閏六月一五日、綸旨により関所停止令を発し（「東大寺文書」）、元弘三年（一三三三）七月三〇日、住吉社造営料足《りょうそく》に「唐船用途」二〇万疋をあてることとしているのは（「住吉神社文書」）、まさしく海上交通にたいするその積極的姿勢をよく示す動きといえよう。

実際、挙兵した後醍醐は瀬戸内海の水軍、土居・得能・忽那・三島大祝《おおはふり》などの諸氏に積極的に働きかけた。熊野水軍については明らかでないが、護良親王《もりよし》の動きや後述する小山氏の動向を考えれば、同様の呼びかけがなされていたに相違ない。こうして、鬱屈していた紀伊半島から瀬戸内海にかけての海上勢力の力は、一挙に解き放たれ、北条氏による支配を雲散霧消させたのである。

しかし、後醍醐の新政府はごく短期間で崩壊、新たに成立した室町幕府と、吉野に逃げ籠った後醍醐―南朝との間で、この海域、とくに熊野水軍の組織をめぐって厳しい競合《じょうごう》が始まった。熊野三山はこれにまきこまれて分裂し、延元元年（一三三六）六月、新宮上綱、熊野山衆徒小山実隆とその一族は、色川盛氏等とともに、石堂入道義慶、下熊野法眼《ほうげん》等の新宮諸上綱と海上で激しく戦い、上洛しようとする足利勢を追い返している（「小山文書」九号）。

さらに翌建武四年（延元二）には、田辺惣領法印の城郭で、小山一族は戦っているが、この年（別の説では暦応二年〈延元四、一三三九〉三月）、備前国小豆嶋《しょうどしま》（江戸期は讃岐国。香川県小豆《しょうず》郡）で佐々木飽浦三郎左衛門尉信胤が南朝に味方して挙兵するや、九月一八日、南朝は小山一族・塩崎一族の合力を求め、さらに小山一族には沼嶋《ぬしま》（兵庫県三原郡）への援軍を命じ、小豆嶋に襲来した幕府軍と戦う信胤への協力を要請している。

おそらくこのころ、淡路国周辺で細川頼春の率いる幕府軍と、淡路の安満氏や熊野山衆徒の小山一族などの南朝軍との間に、海戦を含む戦いがあり、南軍の拠点、淡路国賀集《かしゅう》荘（兵庫県南淡《なんだん》町）の丹生《にう》城は「散落」したが、南朝側はさらに、淡路、小豆嶋に小山一族・塩崎一族が出陣して、信胤を援助することを求めた（「小山文書」）。

このように、動乱の当初、「熊野新宮一味衆」ともいわれた小山一族、塩崎一族など、多くの熊野山衆徒は、水軍として紀伊半島・淡路、瀬戸内海東部の海域で南朝方に立って戦い、暦応二年には南朝から紀伊国財《たから》荘（御坊市）領家職を、新宮日供料所として安堵されている（「小山文書」）。これはやはり、北条氏による海上交通支配にたいする、これら海の領主たちの根深い憤懣を、南朝が組織することに成功したものとみなくてはならない[*35]。

しかし幕府側も、もとより座視していたわけではない。暦応三年（一三四〇）三月一四日、幕府は南軍退治のため、泰地・塩崎一族の申請に応じ、両者が協力して周防国竈門関《かまどぜき》（山口県上関《かみのせき》町）から摂津国尼崎《あまがさき》（尼崎市）までの海域で、西国運送船と廻船を警固し、その兵粮料足として兵庫嶋で櫓別銭《ろべつせん》貨一〇〇文をあて取ることを認め、大きな特権を与えて熊野水軍を味方に引き入れようと試みている。これは「海賊」による警固料徴収の最初の事例としてよく知られているが、瀬戸内海における熊野水軍の影響力の大きさを、別の側面からよく物語るものといえよう（『熊野那智大社文書』第三、「米良文書」一〇四八号）。同じ年、泰地一族は幕府軍の将小俣覚助から紀伊国山田荘（御坊市）を兵粮料所として与えられており（同上一〇四九号）、泰地一族は強く幕府側に吸引されていた。

とはいえ、こうした幕府・南朝の競合のなかにあって、熊野水軍は全体としてみると南朝側に加担していた。暦応二年、懐良《かねよし》親王を吉野から伊予の忽那嶋に送ったのも、おそらく熊野勢の協力によるものであり、康永元年（興国三〈一三四二〉）と推定されている懐良の九州への移動についても、瀬戸内海の水軍とともに熊野水軍が寄与していたに相違ない。[*36]

とくに貞和三年（正平二〈一三四七〉）に入るころ、その動きはにわかに活発化した。熊野勢の一部は忽那嶋に入り、中国・四国の「海賊」と合流、一方、土佐・日向を回ったとみられる「熊野海賊」をあわせ、六月六日、数千人の軍勢が薩摩《さつま》国東福寺城を攻撃する（「薩藩旧記」等）。さらに八月一九日には「熊野山徒」が和泉・摂津に攻撃を加え、堺浦に陣した細川顕氏と戦ったのである（『園太暦《えんたいりやく》』）。

幕府側もこれを阻止すべく、この年八月二三日、足利直義は小山実隆（浄円）に軍勢催促状を送り（「小山文書」）、紀伊国守護畠山国清も泰地一族を催促している（前掲「米良文書」一〇五〇号）。しかし、小山氏は、これよりさき、暦応四年（興国二〈一三四一〉）、大和国の開地井《かいちい》城で南朝方として合戦しており、これ以後も文和四年（正平一〇〈一三五五〉まで南朝に与していたことは明らかなので、このときも南軍として行動したものと思われる。

しかし南朝方に立った熊野水軍の活動は、これを最高潮としてしだいに弱まり、小山一族も動乱末期には、幕府側と南朝側の間で動揺しているが、紀伊半島西部の伊勢神人の動きを含めて、この海域の海上勢力にささえられたことによって、南朝がその命脈を保ちえたことは、事実として認めなくてはならない。そしてそれが、前代以来の海上交通支配をめぐる激しい相剋《そうこく》の一つの結果であったことを、十分に知っておく必要があろう。

これまでみてきたように、熊野水軍は小山一族、塩崎一族、泰地一族のように、一族中として行動している点に一つの特徴があり、紀伊半島の浦々に分散して根拠をもつ海の領主たちは、海上での活動を通してこのような一族集団を形成していた。

そしてその根拠地の浦々には、このころからさきの丹生城や田辺の城郭のような城が、それぞれ設けられるようになってきた。小山一族の流れをくみ、「小山文書」を伝えた小山氏が戦国期に根拠とした西向浦《にしむかい》（和歌山県古座《こざ》町）には、海を見はらす城山があるが、このように海に面した岬などに、多くの場合、城が構えられたのである。

「海城」ともいうべき、こうした海の領主―「海賊」の城の重要な機能の一つが、のちの捕鯨に即して「山見番所」などといわれた、海に対する見張所・指揮所としての役割であったことは、田上繁が詳述したように間違いないところで、浦々の諸城同士の連絡、各所の船隠しに停泊する兵船にたいする指揮は、さまざまな色や数の旗《はた》・幟《のぼり》や狼煙《のろし》、法螺貝《ほらがい》などによって行われたものと思われる。もしも城の前面の海に、敵対者の船が姿を現すならば、こうした手段で緊密に連絡をとった諸兵船が、後年の捕鯨のごとく、さまざまな方向からこれを取り囲み、攻撃したのであろう。

　しかしこれはまさしく、前述した海上警固のさいに設置された警固所の機能と重なる。亀頸、忽那嶋、明石等の警固所は、海に突出した岬などに設けられ、その前面を通過する船を「海賊」と認めたときは、さきのような方法でこれを搦め捕ったのであろう。

山見の岬　和歌山県太地町燈明崎から梶取崎を望む。どちらの岬にも山見番所が設置され、山見同士で信号を送るのに格好の地形であった。

　それはまた、関所としての機能にも重なってくる。南北朝期の前後のこの海域には、諸国の諸廻船人等から、「那智山海上々分」を徴収する関が、おそらく紀伊半島の南端の津・泊に設けられ（前掲「米良文書」一〇五五号)、また「無縁所」といわれた土佐国室戸《むろと》岬の金剛定寺(室戸市の金剛頂寺)も、「当国隣国往反船」から「粮料」を乞い、この「乞食《こつじき》」によって「供僧供料」をまかなっていた(「大師御行状集記」)。[*37]

このように、神仏に捧げる初穂・上分を関料として徴収するのが、このころの関の一般的なあり方であり、諸国の廻船人の活発な往来が恒常的にみられるようになったこの海域の津泊には、こうした関が多数、設けられていたに相違ない。関料の徴収にあたる人が、神仏に直属する神人・寄人、あるいは勧進上人《かんじんしょうにん》などであったのはそこに理由があり、那智山の海上上分を徴収したのは、熊野山の衆徒・神人であったと思われる。[*38]

とはいえ、関料免除の特権を保持するとして通過する船も多く、神仏にたいする畏敬が大きく動揺しはじめたこの時期には、関料を無視しようとする船も少なからず現れたものとみられるが、そのような船を監視し、強制力によって関料を徴収するさいにも、警固所、「海城」の機能が発揮されたであろう。それが、近江の堅田《かたた》(大津市)のように「関屋」と呼ばれるような施設であった場合もみられたのである。[*39]

室町期に入ると、さきの熊野水軍の前例を受け継ぎ、瀬戸内海の「海賊」、村上氏などが警固料を徴収したことが知られているが、「海城」はその実現のために、なくてはならない施設であった。もしも警固料を出さずにその前面を通過する船があれば、城はその機能を全面的に発揮し、その船を拿捕《だほ》するが、警固料を置いていくならば、水軍は責任をもって航行の安全を保障したのであった。

このような諸機能をもち、防御施設の役割をも果たした海城―海の領主の城郭は、列島の全域にわたって海辺に、広くまたきわめて多く分布していたと考えなくてはならないが、紀伊半島の南部および西岸には、こうした城山が多く、海城が著しく発達していたとみてよかろう。もとよりこの地域の浦々にも廻船人の出入は活発で、なかには港町に発達した津・泊・浦も少なからずあったが、どちらかといえば、東海岸にくらべてこの地域には、軍事的な色彩の濃い水軍―海の領主がより著しく成長し、活躍したということができる。

これに対し、伊勢・志摩の海辺には、繁栄した港町となった津・泊・浦が数多く見いだされる。いうまでもなくここにも、稲本紀昭の詳述したような、九鬼氏をはじめとする海の領主の活発な活動が展開されているが、やはり桑名、安濃津、細汲、大湊、鳥羽、山田(伊勢市)等々、多数の港町の存在によって、この地域を特徴づけることができよう。

しかも、これらの港町は、別の機会に言及したとおり、「十楽《じゅうらく》ノ津」桑名をはじめ、「公《く》界《がい》」と呼ばれた大湊、山田のように、いずれも自治都市として顕著な発達をとげている。これは中世都市のなかでも注目すべき動きであり、今後、その実態はさらに追究されなくてはならないが、興味深いのは、この「公界」がしばしば「老若《ろうにゃく》」と言いかえられ、大林太良の明らかにしたような(「若者組織の社会史」[*40])、この地域の年齢階梯的な社会組織を背景にしており、しかもごく最近まで、社会のなかに生きつづけている場合があるという事実である。

これも別に若干、言及したが、*41 松尾《まつお》をはじめ、船津《ふなつ》、河内《こうち》、岩倉《いわくら》、白木《しらき》などの加茂五郷《かもごごう》（すべて鳥羽市）には、明治以降も「公界」が生きつづけており、とくに松尾については、すでに詳しい調査が行われている。明治四一年（一九〇八）の「松尾公会規定」以来、松尾では「公会」といっているが、明治二五年（一八九二）の規定は「公界約定書」となっており、「公会」は「公界」の語義が明らかでなくなって以後の言葉であることは確実で、このような文字があてられた点も、まことに興味深い。

松尾の「公界」は、その住民で、一六歳となって「親取り子取り」という成年式を通過したすべての男子によって構成され、明治四一年の規定によると、年長者より二〇人を年寄、ついで二〇人を中老、以下を若者とし、三階層の年齢階梯制をとっている。その機能は盆行事、楽躍《らくおどり》、神送り、虫送り、葬式、大念仏などの、いわば宗教的な行事に限られ、「地下《じげ》」の監督を受けることになっているとはいえ、「不正ノ行為」のあったときは「公界」から除名され、一切の交際を断たれるという、きわめてきびしい規定をもっていたのである。

ここに、江戸時代の「公儀」の行政組織に組み込まれ、「地下」と名を変えた、かつての「公界」の監督下に置かれるという形をとりながら、なお住民の生活の重要な分野をささえる組織として生きつづけた、中世自治都市「公界」の残映を見いだすことは、決して誤りではなかろう。このように、紀伊半島東部―伊勢・志摩の海民的な商人・廻船人は、その広域的な海上活動を通じて、根深く強い生命力をもつ自治都市「公界」を育てあげたのであり、そこにこの地域の特色をよくうかがうことができる。

江戸時代、近江商人と並んで、全国にその名を知られた伊勢商人の基盤はこのようにして培われたのであり、それは前述したように、きわめて活動的に東西南北の海に雄飛した、紀伊―熊野の海民、商人とは、また異なる個性をもっているといえよう。

それは、けわしい山が背後に迫り、その生活のほとんどすべてを前面に広がる広大な太平洋に頼って、積極的な活動を展開した紀伊熊野の海民と、多少とも開けた平野を背景にもち、内陸部との交易の機会にも豊かに恵まれた伊勢の海民との違いとみることもできる。こうした各地域の海民の個性を、それぞれに明らかにしていくことも、今後の大きな課題の一つなのではなかろうか。

第四章

西海の海民社会

三井楽をめぐる国家と社会

神亀《じんき》年中（七二四〜七二九）、対馬《つしま》に食糧を送る船の梶取《かんどり》に差し定められた筑前《ちくぜん》国宗像《むなかた》郡の百姓宗形部津《むなかたべのつ》麿《まろ》の懇願に応じ、いつも同じ船に乗ってきたよしみから、これに代わって肥前《ひぜん》国松浦県《まつらのあがた》（長崎県）美禰良久《みねらく》の崎より対馬に向かって船出した筑前国糟屋《かすや》郡志賀《しか》村の白水郎《あま》荒雄《あらお》は、暴風に遭《あ》い、海中に沈んだ。残された妻子が深い悲しみのなかで作った歌、あるいは山上憶良《やまのうえのおくら》がその傷心を思いやって詠んだという歌が『万葉集』巻第一六（三八六九番）に伝わっている。

大船に小船《おぶね》引き副《そ》へ潜《かづ》くとも志賀の荒雄に潜きあはめやも

この美禰良久は美弥《みね》（彌）良久《らく》の誤りで、五島列島の福江《ふくえ》島の西北端三井楽《みいらく》といわれている。宗像の百姓、志賀の白水郎、そして美弥良久の崎、広大な西海を舞台に船を駆使して活動する海民を襲った突然の悲運。いかに深く海中に潜り、広く探しても逢《あ》うことのかなわぬ他界に逝《い》った人を悲しむ妻の心とともに、われわれは、郡《こおり》を異にしても「船を同じくすること、日久し」い友は、「志、兄弟よりも篤《あつ》」しとする海の民同士の固いきずなと、年老いた津麿に梶取となることを強要し、ついに荒雄を死に追いやった大宰府《だざいふ》（福岡県）の府官―律令《りつりょう》国家の色濃い影を、ここから読みとることができる。

白水郎荒雄はこの美弥良久から対馬に行こうとしたが、この国家によって中国大陸に派遣される遣唐使の船も、二十余艘の船の停泊できる「相子田《あいこだ》の停《とまり》」（中通島《なかどおり》〈五島列島〉の西側、上五島《かみごとう》町の相河《あいこ》といわれる）、十余艘の船の泊まりうる「川原《かわら》の浦」（福江島の北西岸、岐宿《きしく》町川原《かわら》の港という）を発って「美弥良久の埼」に行き、そこから船出して東シナ海を越えて大陸に渡航していった（『肥前国風土記』）。

また、仁寿三年（八五三）七月一六日、唐の商人の船で値嘉《ちか》島（五島列島）の鳴《なる》浦に行き、八月九日に出帆、唐に入った円珍《えんちん》は、天安二年（八五八）六月八日、やはり唐の商人李延孝の船で大陸を出発し、同月一九日、「旻美楽《みみらく》崎」に無事、到着している（『智証大師《ちしょうだいし》伝《でん》』）。値嘉島や美弥良久はこのように、中国大陸に向かう船の出発する地であるとともに、大陸からの船が到着する崎でもあったのである。

しかし大陸への航海がいつも安泰だったわけではない。[*1] 承和《じょうわ》四年（八三七）七月二二日、遣唐使の船三艘はともに「旻美楽埼」をめざして出航したところ、逆風に遭い、二艘は壱《い》岐《き》島に流れ着き、他の一艘は値嘉島に漂着したと、大宰府が報告しているように（『続日《しょくに》本後紀《ほんこうき》』）、遣唐使の船はしばしば遭難し、ときに崑崙《こんろん》国（マレー半島）や安南《あんなん》（インドシナ半島の東岸地方）をはじめ、沖縄などの南の島々に流され、また帰りの船も西九州沿岸の島々、さらには紀伊《きい》の沿岸に漂着した。もとより帰らぬ船、ふたたび帰ることのなかった人々も、少なからずあったのである。

それゆえ、律令貴族にとって、遣唐使になることは、死をも覚悟しなくてはならない悲壮な旅立ちだったのであり、「美弥良久」——三井楽は、「日本国」の「西界」（『智証大師伝』）として、渺々《びょうびょう》たる大海に乗り出す遣唐使の一行が、列島に最後の別れを告げる寄港地であった。いまも三井楽には、遣唐使船が給水のために用いたと伝えられる井戸があり、また、その決死の渡航を記念する碑が建てられている。

そして、もともと海にたいしては、暗く陰鬱なイメージをもっていたといわれる律令貴族は、やがて九世紀に入ると、しだいにそうした渡航の意欲を失い、遣唐使も廃止されるが、そのころになると、「みみらくの島」は、亡くなった人が遠くにその姿を現し、近くによると消えうせるところとして、京都の人々の間に伝えられるようになった。

いずことか、音にのみきくみゝらくの、しまかくれにし人をたづねん

（『蜻蛉《かげろう》日記』）

まさしく一〇世紀ごろの「みみらく」は他界との境だったのであり、そこにはかつて、西海に旅立ってついに帰らなかった遣唐使の人々にたいする憶《おも》いが投影しているといって

よかろう。しかしこうした西のさいはての地「美弥良久」の位置づけ、他界との境界「みみらくの島」のイメージは、「日本国」の支配者たち、京都の貴族・僧侶たちのものであり、実際に三井楽を含む五島の島々に生活した人々、『風土記』の世界では「白水郎」といわれ、平安後期以降は「海夫《かいふ》」と呼ばれた人々にとって、島は境界ではなく、海も決して「他界」ではなかった。

一九八九年、福江島を旅したとき、私はこのあたりの漁民にとって、朝鮮半島や中国大陸に渡るのは、「隣に行く」ようなことだという話を聞いた。またいまもこの島には、ハングルや現代中国文字が記されたもの、さらに遠くベトナムあたりから流れてきたとみられるさまざまなものが漂着しており、それを蒐集している人から、山のようなその漂流物を見せていただいた。そして、五島列島の小島で一か月半ほど生活して調査した人から、そこでは「チング」という友人を意味するまぎれもない韓国語が日常の会話で用いられているという話を聞くことができたのである。

しかもそれから一年もたたないうちに、中国大陸の南部を出発した、いわゆる「ベトナム難民」が、三井楽をはじめ五島の島々にぞくぞくと到着したというニュースを耳にした。方向感覚を失ったイルカの大群が流れついたのも、また三井楽であった。

これは現代でも、なお三井楽をはじめ五島列島、西北九州が東シナ海世界の一環にあることをよく物語っており、現在とくらべて海上交通の比重がはるかに大きく、国家による規制力も小さかった近世以前に遡れば、こうしたこれらの地の位置づけがさらに鮮明であったことは疑いない。

実際、北見俊夫の「東シナ海の海人文化」[*2]が『五島編年史』等によって明らかにしているように、一七世紀から一八世紀にかけて、かなりの頻度で中国大陸、朝鮮半島、沖縄諸島からの船が五島列島に「漂着」している。これは文献史料のもつ制約から考えて、まず間違いなく氷山の一角にすぎず、役人に報告されることのない意識的な「漂着」は、おそらく日常的といってもよいほどだったのではなかろうか。

さらに、福江島の王直《おうちょく》にかかわる遺跡をはじめ各地にみられる「倭寇《わこう》」の足跡、高橋公明が明らかにした済州島の海人のあり方（「中世の海域世界と済州島」[*3]）、葬送儀礼等に即して立平進が考察し（「葬送儀礼にみる大陸文化との交流」[*4]）、多くの遺跡・遺物を通して下川達彌が指摘している（「考古学からみた海人文化」[*5]）この海域の緊密な交流は、北見のいう「環シナ海文化圏」の根がきわめて深いことを示している。

『肥前国風土記』は値嘉島の「白水郎は、容貌《かたち》、隼人《はやひと》に似て、恒《つね》に騎射《うまゆみ》を好み、其の言語《ことば》は俗人《くにひと》に異なり」と述べているが、さきに述べたような宗像郡の百姓と糟屋郡志賀村の白水郎との固いきずなからも知られるように、西海の白水郎—海民の社会は、全体として『風土記』の筆者から「言語」も異なるといわれるほどの独自な世界を保持していたのであり、それは済州島、朝鮮半島南部の海人、さらに伊藤亜人《あびと》が詳述しているような中国大陸南部の蜑民《たんみん》といわれた人々(「中国と日本の漂泊漁民」[*6])との日常的な交流のなかで形成されてきたとみることができよう。

このように、三井楽を「日本国」の西の果てとみる畿内を中心とした国家の支配者の見方と、この地に実際に生活を営んだ人々のあり方との間には、ほとんど相容《あいい》れないほどの隔たりがあったのである。われわれはまずそのことを明確に確認しておかなくてはならない。そのうえで、われわれにとって必要なのは、この国家の見方の存在を十分に認識しつつ、それに引きずられることなく、海を越えた広い世界を視野に入れ、この地域に生きた人々の立場から、列島の社会と国家とをあらためて見直してみることであろう。

海民と百姓

『風土記』『万葉集』の世界で、海民が中国にならって「白水郎」と表記されていたことは、すでに述べたが、一〇世紀になると、この地域の海民は「海夫」と呼ばれるようになった。海夫については別の機会に言及したが[*7]、多少の補足を加えて再述してみると、いまのところ「海夫」の初見は、『小右記《しょうゆうき》』長徳三年(九九七)一〇月一日条である。

この日は「孟冬《もうとう》の旬《しゅん》」(陰暦一〇月一日に行われた旬政《しゅんせい》。天皇が紫宸殿《ししんでん》に臨み、臣下から政務を聴く儀式を行い、群臣とともに酒宴を開いた)が行われていたが、酒宴が始まったばかりのとき、突然、大宰府から飛駅《ひえき》（令制に定められた駅制で緊急連絡の方法）が到来し、高麗《こうらい》国人が対馬、壱岐、肥前国等を虜領《りょりょう》しようとしているとの知らせが「高声《こうしょう》」で告げられた。公卿《くぎょう》たちは驚駭《きょうがい》し、さっそく、陣定《じんのさだめ》を行うことになったが、大宰大弐《だいに》藤原有国《ありくに》（在国）の書状は奄美《あまみ》嶋の者が「海夫等の宅」を焼亡し、財物を奪い取り、男女を船に乗せてつれ去ったことを告げ、大宰府の解文《げぶみ》によると、兵具を帯びた奄美嶋の人々は筑前、筑後《ちくご》、薩摩《さつま》、壱岐、対馬など「国嶋の海夫等」を掠奪《りゃくだつ》、両者の間で合戦があり、双方に被害が出たが、およそ三〇〇人の「当国人」が奪い取られた、ということであった。

奄美嶋人は先年も大隅《おおすみ》国の人四〇〇人を奪い取ったが、大宰府はそのとき言上しなかったため、ふたたびこのようなことが起こったといわれ、高麗が五〇〇艘の兵船《ひょうせん》で「日本国」に向かおうとしているとの「浮言《ふげん》」があるともいわれており、朝廷はこれにたいし、要害の警固、仏神への祈禱等を決定している。

奄美の人々のこうした動きも、この時期の海民の活動の一面を示すもので、とくにその掠奪の対象の「海夫」であったことは注目しなくてはならないが、ともあれこの記事によって、九州西部の諸国・諸島の海民が一般的に「海夫」と呼ばれていたこと、そうした人々がかなりの数いたことを知りうる。

これについで『権記《ごんき》』の長保元年（九九九）一〇月二六日条に、同じく大宰大弐藤原在国が左大臣藤原道長《みちなが》に、「松浦海夫」の採取した「九穴蚫」を献上したという記事があるが、この海夫が『肥前国風土記』の「白水郎」の流れをくむ人々であることは間違いない。しかし、大宰府の解文に「海夫」の呼称が載せられていることからも知られるように、若狭《わかさ》をはじめとする北陸地域における「海人」、琵琶湖・瀬戸内海の「網人《あみうど》」と同様、「海夫」は公的な文書においても通用する、西海の海民の呼称であり、一〇世紀から一二世紀までの時期には、こうした海民の独自な呼称が公的な世界に定着する可能性があったといってよかろう。

しかし、それはついに可能性にとどまった、といわなくてはならない。おおよそ一三世紀前半、荘園公領制が確立するとともに、これらの海民を表現する独自な呼称は、各地域で公的な文書から姿を消し、「百姓」の語によってとって代わられるようになる*8（第一章参照）。これはさきの『万葉集』の詞書《ことばがき》で、筑前国宗像郡の海民宗形部津麿が「百姓」と呼ばれたように、すべての公民—平民に田地を班給《はんきゅう》し、これを「百姓」と呼んだ律令制を受け継いだ制度的な表現であり、もとより「百姓」は農民と同義ではまったくなく、そのなかには海民そのものをはじめ、多様な生業にたずさわる人々が含まれていた。

西海地域に即してみても、白水智《しろうずさとし》が「西の海の武士団・松浦党——青方《あおかた》文書にみる相剋の様相」*9で丹念に明らかにしているように、五島浦部島《うらべのしま》（中通島）の百姓は「宿人」のごとしといわれ、自ら「浪人」というほど流動性をもっており、狩猟、製塩にもかかわりつつ「多分に海に依存した生活」を送る人々で、なかには商人を寄宿させる人、交易を行い、かなりの財を蓄える人もいたのである。わずかな田畠、焼畑《やきはた》の耕作に従事していたのも事実であるとはいえ、こうした「百姓」を「農民」ということは、とうていできない。「百姓」は田畠―基本的には田地を基礎にして年貢を徴収され、これを負担する平民の呼称であり、本来、この語には農民の意味はまったく含まれていないのである。そしてこれは中世だけでなく、江戸時代においてもまったく同様であった（序章参照）。

泉雅博が能登《のと》に即して証明したとおり、[*10] 土地―石高《こくだか》を所持しない「無高」の百姓―「水《みず》呑《のみ》」「頭振《あたまぶり》」、さらにごくわずかな石高をもつ「百姓」のなかには、豊かな廻船人、商人などが相当数、包含されていた。「百姓」を農民と同義とするとらえ方は、律令国家をはじめ、その後の諸国家の制度と志向、それをささえる儒教思想等によって、おそらく江戸後期には町人・百姓自身の内部にまで広く深く浸透し、近代以後はついに、ほぼ完全に常識と化してわれわれ自身をとらえ、列島の社会像、歴史像を著しく偏ったものとする結果になった、といわざるをえない。

たとえば、前掲の論文で北見俊夫がふれているように、貝原益軒《かいばらえきけん》は「海人」を魚をとるあま、海辺の山の木を伐りとるあま、かづきの海士の三種に分類しているが、これはやはり伊藤亜人が同じくさきの論文で言及している宋《そう》代（九六〇～一二七九）の『嶺外代答《れいがいだいとう》』の完全な踏襲であり、陸の立場から海民をみたとらえ方というべきで、現実の列島社会の海民の実態から著しくかけはなれた見方といわなくてはならない。こうしたとらえ方が厚く重なり、われわれの心に意識しないままに沈澱し、現実をみる眼を歪めてきたのではなかろうか。

近代以後の歴史学もまた、もとよりこの「常識」から決して自由ではありえなかった。戦前以来、用いられてきた班田農民、農奴《のうど》、隷農《れいのう》、豪農、小農等の学術用語、さらに労農同盟、労農党などの政治の世界を含む用語は、それ自体、長い学史的な意味をもっており、それはそれとして尊重されなくてはならないが、疑いなく「百姓は農民」とする思い込みの作用を強くうけており、列島社会の実状を真に正確にとらえたうえでの用語とはいい難く、この思い込みから決定的に訣別したうえで、あらためて広い視野から再検討される必要がある、と私は考える。それは、国家の志向にとらわれず、われわれ自身の生活そのもの、社会に真に根ざした歴史像を再構築するために、ぜひとも必要な作業といえよう。

中世から近世前期にかけての不自由民としての下人《げにん》についても同様の問題がある。これまで、やはりさきのような「常識」を背景に、下人もまた、もっぱら農業経営にかかわる労働力としてのみ考えられがちであった。しかし泉雅博が奥能登の事例に即して明らかにしたように[*11]、土地—石高をまったく所持しない廻船人が二〇人以上の下人を抱えている事実を考えるならば、海辺の領主、刀禰《とね》・百姓の譲状《ゆずりじょう》にみられる下人[*12]についても、水手《かこ》など、海上活動にかかわる人々とみるほうが自然であろう。またそうした下人たちのなかに童《わらわ》がしばしば見いだされるが、船での作業を子供のころから見習う必要があったとすれば、これも不自然なく理解することができる。

注目すべきは、松浦氏一族をはじめ、宇野御厨《うののみくりや》・松浦荘などの浦々に根拠をもつ西海の領主たちの譲与・売買の対象となった下人が、ほぼ共通して「海夫」と呼ばれている点で、かつては平民百姓を含んでいたことの確実な「海夫」の呼称は、鎌倉期以後、このようにもっぱら下人の呼称として、用いられるようになっているのである。

その初見は、建保六年（一二一八）八月の源　披《みなもとのひらく》譲状案（「伊万里《いまり》文書」）であり、披は宇野御厨の伊万里浦、福嶋、楠泊《くすどまり》等の所領とともに「田平《たびら》内粟崎《あわさき》海夫五嶋党々、蒲田網片手《かまたのあみかたて》」を子息上《のぼる》（西念《さいねん》）に譲っている。

寛元四年（一二四六）八月一三日、西念はこれらの所領を孫の留《とむる》に譲与しているが、そこではこの海夫が「たひらのうらのかまたのあみは、あをさきかいふら」と表記され、文中では「こたう（五嶋）のお、ひらとたう（大平戸党）、ほんしやうのこうらたう（小浦党）、又こたう（五嶋）のいまとみたう（今富党）」とも「ふくしまかいふ」ともいわれており、文永六年（一二六九）、留はさらに子息勝《まさる》にこれらの海夫を含む所領を譲った（「伊万里文書」）。

注意しておかなくてはならない点は、海夫が一方で、田平の粟崎（青崎）や福嶋など、伊万里氏の所領と結びつきつつ、他方、五嶋の大平戸、今富など、伊万里氏の本拠からかなり離れた地名をその党の名前として名乗っていることで、これは海夫の行動半径の広さを示すとともに、海の領主による海夫の支配が、土地の領主の下人支配とは大きく異なっていたことを、よく物語っている。

康永元年（一三四二）一一月七日、佐志勤《さしつとむ》が嫡子成、二男披《ひらく》、女子姫寿女に譲与した「保志賀海夫」の場合も同様で、保志賀を星賀（佐賀県東松浦郡）、あるいは星鹿《ほしか》（松浦市）とすると、やはり海夫は佐志氏の本拠からはかなり離れた地を根拠にしていたことになる（『肥前松浦党有浦《ありうら》文書』、以下『有浦文書』とする）。

これはこの海夫が「保志賀海夫二艘」「保志賀浦海夫船」（『有浦文書』永徳二年（一三八二）四月五日、今川了俊書下写《いまがわりょうしゅんかきくだしうつし》）といわれ、さきの伊万里氏の支配下の海夫のなかに、「けんさうへたう（源三別当）かいちる（一類）いさんそう（三艘）」があり（『伊万里文書』）、建長六年（一二五四）四月一六日、斑嶋渟《まだらじまとどむ》所領注文に「地管地海夫源六一党十艘」とあるように（『有浦文書』）、海夫が土地とかかわりなく、船とともに生活する人々だった点からみて、自然なあり方であったといえよう。

もとより「小代《しょうだい》文書」康応元年（一三八九）五月二六日、今川貞臣《さだおみ》書下にみえる肥後《ひご》国野原《のはら》西郷を知行《ちぎょう》する小代堀内親平《ちかひら》の支配下におかれた海夫について、「猫宮平氏入道屋敷の磯畔、新堀内、彼通りに於ては親平知行の海夫船等つながるべし」といわれているように、領主の館、屋敷の周辺の海、磯に、海夫の船が繋留《けいりゅう》されることもありえたし、また、『青方文書』嘉慶二年（一三八八）卯月《うづき》一三日の集沽却状案《こきゃくじょうあん》で、一貫五〇〇文の質《しち》として青方氏に売り渡された一五歳の「かいふいぬわう（海夫犬王）」のような個別的に売買される海夫もあったことは事実である。

しかし多くの海夫は、さきの源三別当一類や「石田海夫孫次郎一類」など、二、三艘の船を単位とする血縁集団、「一類」をなし、さらにそれがいくつか集まり、一〇艘以上の「党」と呼ばれる船団をなし、領主の本拠にかならずしもしばられることなく、活動していた。

たしかに領主の譲与・売買の対象となっている以上、これらの海夫は「下人」―不自由民といわなくてはならないが、さきに掲げた斑嶋渟の知行する海夫源六一党一〇艘の場合、「干鮑《ほしあわび》」を一艘別に夏・秋各五連、このほか「うすら焼《やき》鮑、せんさしの魚、和布《わかめ》、ミそきり、さしあハひ」などの節料《せちりょう》を「公事《くじ》」として負担しており、これはむしろ下人というより、百姓とみるべきであり、土地とほとんど関係なく、少なくとも船を占有し、「党」をなして海上を広く活動する海夫を単純に「家内奴隷」、まして「農奴」などとみることはまったく不可能であろう。

そして『肥前国風土記』の白水郎が鮑、螺《にし》、鯛、鯖《さば》、雑魚《くさぐさのうお》、海藻《め》、海松《みる》などを採取し、値嘉郷の人々が、長《なが》鮑、鞭《むち》鮑、短《みじか》鮑、陰《かげ》鮑、羽《は》割《わり》鮑などを贄《にえ》として奉ったように、この時期の海夫たちもまた、鮑の加工品、魚、和布などを領主に上納しており、伊万里氏が海夫を「蒲田網片手」とともに譲与している点からみて、海夫は網も用いたとしてよかろう。白水智がいうように（前掲論文）、こうした網漁や鮑の採取の漁撈の単位が、船二、三艘からなる海夫の「一類」だったのであろう。

このように、下人であれ百姓であれ、もっぱら船に居住して蚫を取り、網漁をする西海の海夫が、一五世紀の済州島の海人や宋代以来の蜑民と共通する性格をもつ海民であったことは間違いない、と私は考える。東シナ海世界の交流をその基底で担った人々はまさしくこれらの海民であった。そして香月洋一郎がその実情を「島の社会伝承——海士集落を通して」[*13]で具体的に解明した五島列島の宇久《うく》島平《たいら》の海士や伊藤亜人が言及した（前掲論

平の海士　昭和30年代後半、ウェット・スーツが普及する前の姿で、前に下げている網袋に鮑を入れる。
撮影／芳賀日出男

文）家船《えぶね》はこの海夫の後裔《こうえい》とみてよかろう。

そして済州島の海人や南中国の蜑民が、軍事・交易などの面でも活発に活動したのと同様に、海夫もまた、さまざまな分野で多面的な動きを展開していた。

貞応《じょうおう》三年（一二二四）四月一四日の関東下知《げち》状で、肥前国宇野御厨内の保々木《ほほぎ》・紐差《ひもさし》・池浦《いけのうら》・大嶋《おおしま》地頭職《とうしき》を安堵《あんど》された峯太郎（大江）通頼《みちより》は、同日の「鎌倉殿御教書《みぎょうしょ》」で、同御厨内の西宮大宮司《だいぐうじ》職、神官検非違所《けびいしょ》海夫等本司《ほんじ》職、亀淵地頭職についても、知行を認められている。

通頼は寛喜《かんぎ》三年（一二三一）にこれらの所領をあらためて幕府によって安堵され、その後は通綱、通清に相伝されていくが（「鍋島《なべしま》文書」「来嶋《くるしま》文書」）、そのなかにみられる「神官検非違所海夫等本司職」は、おそらく西宮の検非違所に所属する海夫等にたいする統轄の権利であったと思われる。とすれば、検非違所の機能からみて、この海夫たちは軍事警察にかかわる武力として、通頼らの指揮の下で活動したことになる。

またこの海域にしばしば姿をみせる「船党」は、さきのような海夫船の党そのものであろうが、白水智が言及した（前掲論文）永仁六年（一二九八）の関東御分《ごぶん》唐船の難船、破損のさい、船七艘で積荷を運び取った「樋嶋在津《ざいつ》人《にん》・百姓等」や「嶋々浦々船党」も、まさしくこうした人々であった。「船党」はここでは一種の掠奪を行っているのである。

一方、上総《かずさ》国御家人《ごけにん》深堀氏が承久《じょうきゅう》の乱（承久三年〈一二二一〉）の勲功賞の替地として地頭職に補任《ぶにん》された肥前国彼杵《そのぎ》荘の戸町《とまち》浦（戸八浦）には、網船などの多くの船があり、「船津在家」を根拠とする「網人・釣人」などが活動していたが、正和元年（一三一二）八月から翌年にかけて起こった戸町浦惣領《そうりょう》の深堀孫房丸（時明）とその伯父、野母《のも》浦地頭深堀平五郎仲家との海をめぐる相論《そうろん》にあたって、仲家は、孫房丸が「船党平太夫男并《なら》びに中《ちゅう》間性蓮《げんしょうれん》法師」を仲家領内の海に差し遣わし、十余艘の船で、日夜「海中得分《とくぶん》物」を奪い取った、と訴えている（「深堀家文書」）。

彼杵荘の海辺には、正和四年三月一六日、彼杵次郎入道行蓮が「有限年貢済物・網代《あじろ》用途以下得分物」を抑留したとして、東福《とうふく》寺雑掌《ざっしょう》から訴えられているように（「前田家蔵東福寺文書」）、「網代」―網場が形成されており、深堀氏の所領の海にも、元徳三年（一三三一）、網代を確認することができる。

さきの相論で「各別番」[*14]といわれているように、すでにその輪番交替使用が行われていたのであるが、ここで孫房丸は「船党」の武力によって、仲家の番を無視し、網の収穫物―「海中得分物」をおさえ取ったのであろう。このように「船党」も網漁にかかわるとともに、領主の郎党・中間として武力を行使しており、この点からも、それが海夫であったことは間違いないといってよかろう。

戸町浦には「塩屋」もあり、製塩が行われていたが、注目すべきはこの相論にあたって、孫房丸側が仲家の領内に乱入し、「数十貫銭貨以下資財等」をさがし取り、「数輩《すうはい》の身代・

船」を奪ったといわれている点で、身代が船とともに掠奪されているのは、それが海夫船だったことを示すと思われるが、さらにここで奪い取られた銭貨が数十貫文という相当の額であった事実は、この浦に蓄積された財貨がかなり豊かであったことを物語っている。

実際、この深堀仲家と兄の又五郎時綱は、博多《はかた》の藤原致澄《むねずみ》などから銭貨三〇〇貫文を借用したが返却できず、元亨《げんこう》三年（一三二三）から嘉暦四年（一三二九）まで、仲人が入って調停した結果、八〇貫文を返却するとの約束で結着がついている。

なぜ、三分の一にも達しない額の返済だけで銭主が調停を受け入れたのかは明らかでなく、なにかの事情があったのであろうが、ここで貸借された銭貨の多額さは、やはり注目すべきで、深堀氏が銭貨の世界に深く入り込んでいたことは明らかであろう。そしてそれは、浦部島に即して白水智が前掲の論文で詳述しているように、深堀氏も廻船による交易に関与していたからではないかと考えられる。

このことは、建武四年（一三三七）一〇月一五日、「所々凶徒」―九州の南朝軍の誅伐《ちゅうばつ》のため、幕府軍の大将佐竹義尚が発向《はっこう》するにあたって、高来《たかく》・彼杵両郡の兵粮《ひょうろう》を借り進めることを命ぜられた源俊賢が、深堀孫太郎入道明意《みょうい》（時通）にあてて、守護使とともに「有得（徳）廻船」を「点じ置き」、これから徴発することを指令している事実によっても、推測することができる。また、彼杵荘の浦々から「水手米《かこまい》」が広く徴収されていたことも参照する必要があり（「正慶乱離志裏文書《しょうきょうらんりしうらもんじょ》」）、「船党」、海夫船はこうした水手米を給されて、廻船としても活動していたのではなかろうか。

あたかもこの時期、下川達彌が述べているように、長崎県西彼杵郡大瀬《おおせ》戸《と》町[15]で製作された石鍋《いしなべ》が、畿内・鎌倉をはじめ、広域的に運搬されていた事実が遺物を通して確認されているが（「西北九州の石鍋とその伝播」[16]）、これはまさしく、西彼杵半島の海辺の浦々に根拠をおく海夫、船党にささえられた廻船によって運ばれたのであろう。もとより石鍋だけでなく、塩や魚貝もまた廻船によって交易されたのであり、それを通じて、さきのような多額な銭貨がこの地にもたらされたものと思われる。

滑石鍋　西彼杵半島で製作され、海を通じて広範な地域に運ばれた。とくに鎌倉からは多量の滑石鍋が出土している。
鎌倉市教育委員会蔵

船木山と牧の牛馬

戸田芳実が着目しているように、[17]貞観九年（八六七）六月一一日、僧慧運《けいうん》によって作成され、同一三年八月一七日に太政官《だいじょうかん》の確認を得た「安祥寺《あんじょうじ》伽藍《がらん》縁起《えんぎ》資《し》財帳《ざいちょう》」（東寺《とうじ》蔵）には、承和《じょうわ》九年（八四二）に慧運が入《にっ》唐《とう》したさいの経緯が記されている。それによると慧運はこの年五月五日、観世《かんぜ》音《おん》寺から大宰府に移り、博多津から船に乗って、肥前国遠値嘉《おじか》島（小値賀島）の那《な》留《る》浦（奈留浦）に到着した。

そこでは唐商李処人により、島内の楠《くすのき》を伐採して新しい船の建造が進められており、三か月で完成したこの船に乗って、慧運は八月二四日に島を出帆し、わずかに六昼夜で唐の温《おん》州楽城県玉留鎮守府に着いた。それから五か年の巡礼・求学を終えた慧運は多くの経論《きょうろん》等を携えて帰国の途につき、承和一四年六月二一日、唐人張友信・元静らの船に乗って明《めい》州望海鎮を出帆し、西南風に恵まれ、三昼夜という記録的な速さで、ふたたび那留浦に帰着している。

さきに三井楽に即してふれたように、これは畿内の支配者、貴族たちにとっての「日本国」の辺境、西の堺《さかい》とされた五島の遠値嘉島（『延喜式《えんぎしき》』「陰陽寮式《おんようりよう》」）が、じつは唐人、新羅《しらぎ》人が寄港、来住する列島の最先端の地であったことをよく物語っている。そして戸田の指摘するとおり、楠を船材とした唐商による外洋渡航船の建造には、唐人の船大工だけでなく島の人々も加わったことは十分に考えられることで、おそらくはその技術も伝習されたに相違ない。これ以後それが、西海地域にどのように継承されたのかを追究することは、今後の大きな課題であるが、白水智が青方氏について述べている（前掲論文）ように、この地域の領主たちは共通して、船材を採取するための船木山、狩倉《かりくら》としての山を支配していた。

康和四年（一一〇二）八月二九日の宇野御厨検校《けんぎょう》源久《ひさし》の三男勝《まさる》への譲状には「松浦郡田

畠・桑垣幷びに船木山投（ママ）等事」とあり、同年九月二三日の源久処分状にも、波田《はた》浦、石志《いしし》浦等と並んで「船山」が勝に処分されている（「石志文書」）。この二通の文書は後年の偽作《ぎさく》とされているが「船木山」自体については参考とすることができよう。

また、寛元四年（一二四六）八月一三日、源上が孫留に宇野御厨の伊万里浦等を譲った前掲の譲状にも、「さんや（山野）にをきては、けん二らう（郎）いたると三らう（郎）とむる（留）と、はんふん（半分）つゝりやうち（領知）して、ふね（船）をもつくり、かり（狩）をもすへきなり」とあり（「伊万里文書」）、正嘉三年（一二五九）五月一一日の松浦荘内佐志村地頭佐志房は八代相伝の「田畠幷びに牧・桑垣・船木山等」を子息勇に譲与した（『有浦文書』）。さらに元亨二年（一三二二）六月二二日の青方高継譲状案（『青方文書』）にも、「さんやをつくり、さひもく（材木）・ふなき（船木）・かいさうもつ（海草物）をすなとり（漁）候はんに、そうりやう（惣領）せいのかきりにあるへからす候」とある。*18

この地域にはいまも、楠泊《くすどまり》（長崎県小佐々《こさざ》町）、楠木《くすのき》（同県佐世保《させぼ》市）、楠原《くすはら》（同県岐宿町）、楠久《くすく》（佐賀県伊万里市）、楠《くす》（同県相知《おうち》町）など、楠にちなむ地名が少なからず残っており、これは当時の山々に楠が多数生育していたことを示しているが、西海の領主たちは、船木山をおさえ、このような楠を船材として造船を自らの手中に掌握することによって、さきのようにその本拠地からかなり離れた地に根拠をもつ海夫の集団を下人として支配したのではないかと思われる。

さきの源久譲状にみられる「桑垣」―養蚕も、この地域を特徴づける生業であった。寛治三年（一〇八九）、大宰府の御厨、宇野御厨の贄人《にえびと》と号して、筑前国把岐《はき》荘で濫妨《らんぼう》し、観世音寺に訴えられた松永法師も、桑の枝に札を懸《か》けて桑葉をおさえ、その直《あたい》を弁済《べんさい》しないといわれており、それはこの時期まで遡って確認することができる。

しかし、戸田芳実がすでに早くから注目し、[19]白水智も言及している（前掲論文）とおり、西北部九州の領主の活動を考えるうえで、見逃すことのできないのは、牧の領有と牛馬の飼養である。

戸田はさきの康和四年の譲状を書いた源久が「宇野御厨野検校」を名乗っている点に目を向け、この「野」を後述する御厨牛の牧野と推定した。[20]そしてさらに『吾妻鏡《あずまかがみ》』寛元三年（一二四五）一二月二五日条に、肥前国松浦荘佐里《さり》村、および壱岐泊の牛牧について、松浦執行源授と鶴田五郎源馴が相論し、授がその身を召しこめられた事実にふれ、松浦党の領主たちは牛牧を管理し、御厨牛の牧養、輸送、売買に関係したのではないかとする。そのうえで戸田は『国牛十図』の「馬は東関《とうかん》をもちてさきとし、牛は西国を以てもとす」という言葉を引用し、畿内西国における牛の産出、上下の需要は東国と異なる量的・質的位置を占めていた、と強調している。

この指摘は全体としてまことに的確であり、戸田の引用した文書には疑いがあるものの、この地域の「野」が牧野をさしていることは、牧のあったことの確実な松浦西郷佐志村にかかわる（前述）康永元年（一三四二）一一月七日の佐志勤の譲状で（『有浦文書』）、勤が

御厨牛　名牛が多かったといわれる宇野御厨の牛。（『国牛十図』）

国立国会図書館蔵

女子姫寿女にたいし、田と野をそれぞれ惣領と各別に知行すべきことを言いおいている点などからみて間違いないものと思われ、東は馬、西は牛という特徴も、大筋では十分に承認できる。

文永一〇年（一二七三）六月一五日、安富民部三郎入道行位（頼清）と越中次郎左衛門尉長員との、肥前国高来東郷内深江村の「所務条々」をめぐる相論について、同年三月二八日の関東下知状を施行した六波羅《ろくはら》下知状（「深江家文書」）は、「牧地事」とともに「四十四疋馬事」「百頭牛事」を事書《ことがき》として列挙している。相論の詳細は明らかでないが、これは雲仙岳《うんぜんだけ》の山麓に広大な牧地がひろがり、そこにきわめて多くの牛馬が牧養されている風景を推測させるに十分の根拠となりうるものと思われる。

他の条々に、「開発田所当事《かいはつでんしょとうのこと》」とともに、麦地子《じし》、粟地子、桑代などがあげられている点を参照すれば、牧地を中心に、焼畑を含む非水田的な生活がそこで営まれていたことも明らかであるが、ここにあげられた牛馬の数からみて、牛が優位を占めていたことは確実であるとはいえ、馬の牧養もまた、この地域の牧では重要な意味をもっていたことを見落としてはなるまい。

実際、伊万里浦等の所領を嫡孫ふくとう丸に譲った正中三年（一三二六）三月七日の源勝の譲状（『伊万里文書』）には、「け《（下）》人ならひニまき《（牧）》の牛馬いけ《（以下）》」とあり、元亨二年（一三二二）七月一〇日の青方高継・同高直連署沽却状案（『青方文書』）にも「ひやうゑ四郎との《（殿）》のむま《（馬）》の事、たかつく《（高継）》かまきにはなさせたてまつるへく候」といわれている。さらに元徳二年（一三三〇）閏《うるう》六月二日の青方覚性譲状案（『青方文書』）も「まきの事」をあげ、「はしかさきのまき」に弥三郎高能が馬を放すときには惣領「せい《（制）》すへからす」と定め、さらに「しまのまき」には、一年に駒《こま》二匹を放すべしとしている。

南北朝期に入っても同様で、永徳三年（一三八三）一〇月二六日、所領を孫益熊丸に譲った青方重の譲状にも、牧について、惣領の牛馬を放すところに制限なく放つことを認めるとともに、祝言《しゆうげん》島（五島列島）の牧には一年に小馬一疋を放すことを定めており、同じ規定は応永三年（一三九六）の譲状にもみることができる（『青方文書』）。

このように、青方浦の牧には牛も放たれているが、むしろ馬の牧養が中心で、小馬を毎年、放つことにより、その増殖をはかっているのである。こうしたこの地域の牧の牛馬のうち、京都に貢上される駿牛《しゅんぎゅう》は別として、牛の多くは売却されたと思われるが、馬は軍事的な用途に用いられる場合が少なからずあったに相違ない。

田中健夫や、高橋公明[*21]（前掲論文）は一四世紀後半の「倭寇」が騎馬の大部隊であったことに注目し、その馬の主たる供給源は済州島であったと推測しているが、このように西北九州の牧でもかなりの数の馬が飼育されているとすれば、松浦党をはじめとする西北九州の領主たちが、自らの牧で育てた馬に乗り、「倭寇」に加わったことは、推定する十分の根拠があるといえよう。

そしてその伝統が『肥前国風土記』で「馬・牛に富」み、「容貌、隼人に似て、恒に騎射を好」むといわれた値嘉嶋の「白水郎」にまで遡ることは確実である。海民の交流がこのような牧と牛馬にまでおよぶひろがりをもち、根の深いものであることにも、われわれは目を向けておく必要があろう。

支配者の対応

これまで述べてきたように、「海夫」と呼ばれた海民集団を支配下におき、船木山、牧をおさえ、もっぱら船によって東シナ海を含む広大な海でその活動を展開した、松浦党をはじめとする西北九州の領主たちを、白水智が前掲の論文において「西の海の武士団」といったように、「海の領主」と規定することは、決して言い過ぎではなかろう。しかしこうした領主のあり方は、この地域、海域のみの特異なあり方ではなく、列島のかなり広い範囲にわたって見いだされるのではないかと思われる。

たとえば、三浦圭一が指摘しているとおり、[*22]松浦党とその祖を同じくする一字名の源氏、渡辺党もまた、摂津《せっつ》の渡辺におもな根拠をおき、大江御厨渡部惣官《わたなべ》として海民的な供御人《くごにん》を統轄し、ときに「海賊」とされるような海上活動を展開する一方、平安末期から鎌倉期にかけて、院に仕えて滝口《たきぐち》となった人々の多くは、左馬允《さまのすけ》、右馬允《うまのすけ》などの官途をもち、馬寮《めりょう》の官人としてその管掌下にある牧ともかかわりがあったと推測される。その実態はかならずしも明確ではないが、松浦党のあり方と酷似するといっても過言でなかろう。

この両者の類似したあり方を、滝口となる一方、肥前守《かみ》にもなった嵯峨《さが》源氏一流の特質に求めることもできるが、[*23]それをこの一族のみに限定することはできない。伊予《いよ》国忽那《くつな》嶋には、古代、牛牧のあったことが知られているが、ここに本拠をもつ忽那氏も第二章で述べたように、海の領主として著名であった。そして忽那氏は松浦党の諸氏と同様、鎌倉幕府成立後、ただちに本領を安堵されており、牧と船の結びつきはこの場合にも確認できる。

さらに先述した上総国御家人深堀氏の本拠は、同国伊南《いなみ》荘であり、その相伝した所職は内野《うちの》村に給田《きゅうでん》一町を保証された「御牧別当《べっとう》職」であった。深堀氏は承久の乱の勲功賞として摂津国吉井新荘末里入道跡《よしいしんしょうすえさとにゅうどうあと》の草苅《くさかり》村などの地頭職を与えられたが、おそらくはその一部についての替地を強く希望し、建長二年（一二五〇）、いったん、筑後国三池《みいけ》北郷内の甘木村東西と深浦村地頭職を与えられた。しかし深堀氏はこれに満足せず、さらにその替地として建長七年、さきの彼杵荘戸町浦地頭職に補任されたのである。

しかし牧が背後にひろがる上総の海上交通の要地を本拠に、摂津の淀川尻《よどがわじり》で、摂関家の散所雑色《さんじよざつしき》の根拠でもあった要衝草苅村を与えられ、さらに肥前の彼杵半島の野母浦を含む海辺の地を掌握するという、この深堀氏の辿った歩みは、決して偶然の動きではなかろう。間違いなくそれは、牧と船を掌握する海の領主として、海上交通の要衝を手中にしようとする深堀氏の強い意図によるものといわなくてはならない。

そして、この深堀氏のような、さほど所領の規模の大きくない東国御家人に、このような志向がみられたとすれば、北条氏はもとより、第三章で言及した三浦氏や、房総半島に多くの「海船」を保持したとみられる千葉氏のような守護クラスの御家人についても、今後、さらに同様の方向で考えてみる必要がある。九州をはじめ各地の北条氏所領の分布を通して、石井進が海上交通との関係に着目したような手法で[*24]、海と領主とのかかわり、海の領主ともいうべき人々自身の動きを十分に視野におさめてみることができれば、これまでの中世史像はかなり大きく変化するに相違ないと私は考える。

いうまでもなく、同様の試みは貴族、寺社等についても進められる必要があるが、当面、西北九州に即してみると、鎌倉時代、宇治《うじ》川・淀川から瀬戸内海にいたる海上交通にたいして、強力な支配をおよぼしていた西園寺《さいおんじ》家が、おそらくは鎌倉中期以降、どのようにおそくみても元亨二年（一三二二）までに、松浦党の人々の根拠地宇野御厨をその所領としている事実が浮かび上がってくる。

元亨二年八月一六日の西園寺実兼《さねかね》処分状（「雨森善四郎所蔵文書」）は、この御厨から毎年の年貢として同家に送られてくる小牛を、実衡《さねひら》と今出川《いまでがわ》兼季《かねすえ》とが半分ずつ取ることを定めているが、もとよりこの小牛が戸田芳実の注目した[*25]「御厨牛」である。そして『駿牛絵《すんぎゅうえ》詞《ことば》』に、「夏引」という名の御厨牛が、西園寺実氏《さねうじ》が後嵯峨《ごさが》上皇に進めたとある点からみて、このころには西園寺家が宇野御厨を所領としていたことは確実である。

また『国牛十図』は御厨牛や淡路《あわじ》牛に、西園寺家が「大文字に鞆絵《ともえ》」の焼印をしたとしており、西園寺家のこの御厨にたいする支配が、院の厩《うまや》別当を世襲した同家の立場と深くかかわっていたことも明らかであろう。

しかしこの御厨を支配することは、一方で西海の海の領主―松浦党をはじめとする浦々の領主と同家とを結びつけることにもなったのであり、これを西園寺家の志向する[*26]海上交通支配と無関係とはいい難いのではなかろうか。しかも石井進の明らかにしたとおり、西園寺家は実氏以後、少なくとも建長元年（一二四九）から文永八年（一二七一）まで、筑前国宗像社の領家職を本家大宮院の下で掌握していたのである。北部九州の海上交通の最要地である宗像社と、東シナ海世界に向かう列島の最先端に位置する宇野御厨の知行は、一時的にせよ、瀬戸内海に接続する九州の海上交通にたいして、同家の支配をほぼ完璧なものとしたといえるであろう。

承久の乱後、将軍家領となったこの宗像社の預所職に補任されたのは三浦泰村《やすむら》であったが、泰村はまた、肥前国神崎《かんざき》荘の地頭職も手中にしていた。そしてこの神崎荘は、安志敏（「東シナ海からみた吉野《よしの》ヶ里《り》遺跡」）[*27]と上野武（「太伯と徐福——移住者伝説の語るもの」）[*28]が江《こう》南《なん》文化、東シナ海世界とのかかわりを詳しく解明した吉野ヶ里遺跡の所在地であり、やはり海上交通の要地だったのである。

瀬野精一郎[*29]をはじめ、多くの人々が言及しているように、この地は天皇家が承和三年（八三六）に、「肥前国神崎郡空閑地《くうかんち》六百九十町」を勅旨田《ちょくしでん》としたのを契機として（『類聚《るいじゅう》国史《こくし》』）、一一世紀初頭までには荘園となり、以後、モンゴル襲来まで後院《ごいん》領—天皇家直領として伝領された。

長和四年（一〇一五）、藤原道長から念珠、蒔絵《まきえ》、砂金等々の作料物を託された宋僧念救は、帰国にあたって神崎荘から宋船に乗ったものと推定され（『御堂関白記《みどうかんぱくき》』）、大治二年（一一二七）にはこの荘から鯨珠一顆《いっか》が白河《しらかわ》上皇に献上されている（『百錬抄《ひゃくれんしょう》』）。

とくに長承二年（一一三三）、鳥羽《とば》院の院司《いんじ》平忠盛《たいらのただもり》が「神崎庄領」に来航した宋人周新の唐船にたいし、院宣《いんぜん》によって交易しようとして大宰府の府官から訴えられた事実は周知のところで、有明海《ありあけかい》に宋船が来着したことは、平氏の日宋貿易への積極的なかかわりを示す事例として注目されてきた。これにたいし五味文彦は、承久元年（一二一九）一一月、通事《つうじ》でもあり、船頭でもあった光安にあてられた「博多管内幷びに所領」について、神崎荘の荘官が筥崎宮《はこざきぐう》と争っていること、博多と神崎荘の鎮守が同じ櫛田《くしだ》神社であったことなどから、神崎荘の年貢を積み出した倉敷地が博多にあり、宋船もそこに着いたと推測している[*30]。

たしかに博多と神崎荘との関係は密接であり、五味の指摘は考慮すべき点があるとはいえ、五味が立論の根拠としているように、当時の有明海を現在のような干潟《ひがた》・浅瀬として考えてよいのかどうかは、なお検討の余地があり、この地域の下中杖《しもなかつえ》遺跡から越州窯《えっしゅうよう》の青《せい》磁《じ》等の中国陶磁が出土しているのをはじめ、考古学の発掘成果が、有明海から河川を溯上《そじょう》する河海の交通がかなりのちまで活発であったことを示している点[*31]を考え、ここでは、従来の説のように、有明海を活発な海上交通の行われた場として考えておきたいと思う。

興味深いことは、鎌倉幕府成立後、平家に方人《かたうど》したとして、文治二年（一一八六）に荘官海宿禰《あまのすくね》重実が所領を押さえ取られたことで、この地に海氏《あまし》のいたのも神崎荘と海とのかかわりを示しているのではなかろうか。三浦泰村が宗像社とともにこの地を掌握したのは、やはり九州の海上交通にたいする関心によるものと、私は考えてみたいが、宝治《ほうじ》合戦《かっせん》（宝治元年〈一二四七〉）後、ふたたび後嵯峨院領となったこの荘をめぐって廷臣たちが争奪しており、宗像社が大宮院領とされたのと同様、西園寺実氏の意向が働いて、二品《にほん》藤原能子

下中杖遺跡出土の越州窯青磁　大量に出土した越磁は9～10世紀のもので、日宋貿易以前にも江南との活発な交易があったことを示している。

佐賀県教育委員会蔵

の知行とされていることも見逃し難い（『葉黄記《ようこうき》』）。

そしてモンゴル襲来にあたって、この荘は相田二郎[*32]・石井進[*33]の指摘するように得宗《とくそう》領とされ、正応二年（一二八九）の孔子《くじ》配分等により、モンゴルとの戦争の恩賞地として、松浦党の人々を含む多数の鎮西《ちんぜい》御家人に配分されたのである。判明しているかぎりで、その数は二六人におよぶが、幕府がこうした措置をとった狙いの一つは、予想されるモンゴルの第三次の攻撃に備えて、海上交通に便のよいこの荘を水軍の結集する根拠地とすることにあったのではなかろうか。

こうして得宗領となったこの荘には、西大寺《さいだいじ》流律僧《りつそう》の唯円《ゆいえん》により、東妙《とうみょう》寺・妙法《みょうほう》寺が建てられ、永仁六年（一二九八）、寺領内での殺生《せっしょう》禁断の宣旨《せんじ》、関東御教書を得て、関東祈禱所となっているが、延慶《えんきょう》三年（一三一〇）五月二〇日、鎮西探題《たんだい》は東妙寺造営のための材木を載せた船一艘にたいし、「九州津々関泊」を煩いなく勘過すべしとの過所《かしょ》を与えている（「東妙寺文書」）。

この船もおそらくは有明海に入ったのではなかろうか。

しばしば勧進上人《かんじんしょうにん》として、中国大陸に渡った律僧のいたことを考えると、ここに神崎荘は東アジア世界に向かう拠点を得たともいえようが、この荘と境を接する筑前国怡土《いと》荘もまた、神崎荘と同じ経過で北条氏一門の大仏維貞《おさらぎこれさだ》領となり、大友頼泰などに恩賞地として与えられていた。

北部九州の要津今津《ようしんいまづ》を擁するこの荘には、松浦党の流れをくむ中村氏が所領を保持しているが、正応三年(一二九〇)四月二八日の関東御教書は、荘内の関東祈禱所雷山千如《せんにょ》寺の造営用途として、「唐船点定銭《てんじようせん》」[*34]をあてることを少弐経資に命じている(「大悲王院《だいひおういん》文書」)。正木喜三郎の推測するとおり、これは今津に出入する唐船から徴収される銭であろうが、唐船の来航、発遣《はっけん》はここまで恒常化するようになっているのである。

女性の役割

西国の各地と同様、西海の津々浦々にも「遊君《ゆうくん》」と呼ばれ、船を舞台に活動する遊女たちが多数いたものとおもわれる。たとえば、文永一一年(一二七四)のモンゴル軍との戦争で命をおとした佐志留は、父房と、「宰府遊君《さいふのゆうくん》」阿経との間に生まれた子供であった。その戦死後、文永三年に留が父房から譲られた肥前国松浦西郡佐志村内塩津留・神崎両村をめぐって、房の後家妙蓮、房の孫熊太丸（のち定。直の子）、同じく房の孫女源氏（勇の子）、そして阿経が、それぞれ権利を主張して争ったが、弘安二年（一二七九）一〇月八日の関東下知状（『有浦文書』）は、妙蓮・源氏の主張を却《しりぞ》けるとともに、阿経も「遊君」なので、御家人の所領を領知することはできないとして、熊太丸にこの所領を与えている。

この判決は、文永四年一二月二六日の、非御家人の女子、傀儡子《くぐつ》、白拍子《しらびょうし》、「凡卑《ぼんぴ》の女」が御家人である夫の所領を知行することを否定した追加法[*35]に依拠した判決であるが、注目すべきは阿経が「宰府」の遊君といわれている点である。

天平二年（七三〇）、大宰帥大伴旅人《だざいのそちおおとものたびと》が大納言《だいなごん》となって帰京したさい、名残《なごり》をおしみ、和歌を贈った「遊行女婦《うかれめ》」の児島《こしま》は、「府家《ふけ》」にあり、「府吏《ふり》」のなかに立ち交って旅人を送っているが（『万葉集』巻第六〈九六六番〉）、阿経がこの「遊行女婦」の流れをくむ「遊君」であったことは間違いないところで、鎌倉期にもなお、大宰府になんらかの形で所属し、その統轄をうける「遊君」のいたことをこの事例によって確認することができる。そして、こうした立場にあったがゆえに、阿経は松浦一族の御家人佐志房との間に男子を儲け、否定されたとはいえ、所領の譲与を要求することができたのである。

実際、幕府がさきのような追加法を発した背景には、遊女、傀儡子、白拍子などが御家人の妻となり、その所領を継承している事実が広くあったのであり、正和三年（一三一四）卯月一六日の鎮西下知状案（『有浦文書』）にも、安貞二年（一二二八）一二月一〇日、

遊女　播磨室津（兵庫県御津町）に立ち寄った法然の屋形船に漕ぎ寄せる遊女の小舟。鼓を小脇に抱え、蓋《きぬがさ》をさしかけられた姿は、かなりの上﨟《じょうろう》とみえる。
（『法然上人絵伝』）知恩院蔵

やはり松浦党の山代《やましろ》固《かたし》が、呼子《よぶこ》浦遊君宜香に松浦荘東嶋（元東尾《もとひがしお》）村内の田地二町余を放券（売却）した事実があげられている。

宜香は御家人栗孫次郎兼親の妻となり、兼親の子孫がこの田地を知行していたが、これに異議をとなえた固の曾孫《そうそん》栄の子息の主張は、鎮西探題の裁決によって却けられているのである。

これによって、当時の呼子浦が遊君の根拠となり、おそらく多くの遊君の出入りした盛んな港であったことを知りうるが、さらに進んで、宰府遊君とこの呼子浦の遊君とを結びつける、職能民としての遊君の独自な組織があったかどうかも、今後、追究してみる余地は十分あるといってよかろう。そして、いずれにしても、わずか二例であるとはいえ、この事実は鎌倉期の西海の遊君の社会的地位が、なお決してさほど低くなかったことをよく物語っている。

それが一四世紀以降、どのように変化していったかを、近世まで視野に入れて考えてみる必要があるが、さらに、おそらく津・泊に船で出入りし、船に客を招いたであろう西海の遊君、西日本の遊女を、日本列島だけでなく、朝鮮半島、中国大陸、とくに江南など、東シナ海世界における遊女のあり方と比較しつつ、海民社会全体のなかにおいてとらえ直してみることは、今後の大切な研究課題であろう。

こうした職能民の女性だけでなく、西海の社会には領主クラスの女性たちの姿がきわめて顕著に現れる。妻が夫から所領を譲られ、夫の死後、後家になってからも亡夫の所領に強い発言力をもち、女子もまた男子とともに、所領を譲与されたのは、西海地域にかぎらず、広く鎌倉期の武士の間にみられたことであった。

この地域に即してみても、文永六年(一二六九)七月二〇日、福嶋・伊万里浦の所領を源留が息男勝に譲るとともに、田地一町一杖《つえ》、薗《その》一所を息女源太子字《あざな》命婦に分け譲り、留の妻が存生の間は二人の母としてこれを管理することを定めている事例や(「伊万里文書」)、康永元年(一三四二)一一月七日、佐志勤が佐志村の所領や保志賀海夫等を、女房(妻)をはじめ六人の男子と女子姫寿女に譲っている例(『有浦文書』)など、こうした事例は枚挙にいとまないといってもよいほど見いだされる。

そして宮本常一が、かつて「母系制」の名残とまでいったように、[*36]この地域の津々浦々の領主たちは、姻戚関係を通じて網の目のように結びつき、それが一四世紀から一五世紀にかけての松浦一族の一揆《いっき》契諾《けいだく》をささえる紐帯《ちゅうたい》の一つとなったことも、すでに指摘されているとおりで、それは『有浦文書』に伝えられた、女系まで記した「相知村内面々相伝系図」などによっても明らかである。

ただとくに注目すべきは、この地域に、しばしば「女地頭」が姿を現す点で、その初見は佐志房の孫女、勇の女子源氏女、久曾であり、建治元年（一二七五）七月八日の将軍家下文《くだしぶみ》で勇の所領佐志村地頭職を安堵された久曾は、房の別の孫（直の子）熊太丸との相論の末、弘安二年（一二七九）一〇月八日の関東下知状によって勝訴の判決を与えられたが、「松浦有浦系図」が久曾を「女地頭」としているとおり、この女性は正式の地頭であった（『有浦文書』）。

さらに降って、正平一九年（一三六四）一〇月二三日の懐良《かねよし》親王令旨《りょうじ》は、「松浦斑嶋女地頭」にあてて本知行地を安堵し、応安四年（一三七一）七月二二日、今川了俊も同じ充所《あてどころ》（充名）で感状《かんじょう》を与えている。翌年二月に軍忠状を進めた「松浦斑嶋地頭尼」もおそらく同じ女地頭で、肥前国呼子浦に代官左近太郎某を遣わしており、この代官は今川頼泰の指揮下で同国塚崎《つかさき》荘牟留井城や烏帽子《えぼし》岳で合戦し、疵《きず》をうけている。それゆえ、尼自らは戦場に出陣しなかったとはいえ、その代官はやはり女地頭の名の下で参陣しているのである。

この女地頭は斑嶋納《おさむ》の息女久鶴ではないかと思われるが、波多祝と斑嶋渟の女子との間に生まれた千代寿女も、また松浦佐志有浦女地頭と呼ばれた。永徳元年（一三八一）六月三日、この女地頭の波多村についての訴えをうけて、今川了俊は召文《めしぶみ》を発している。

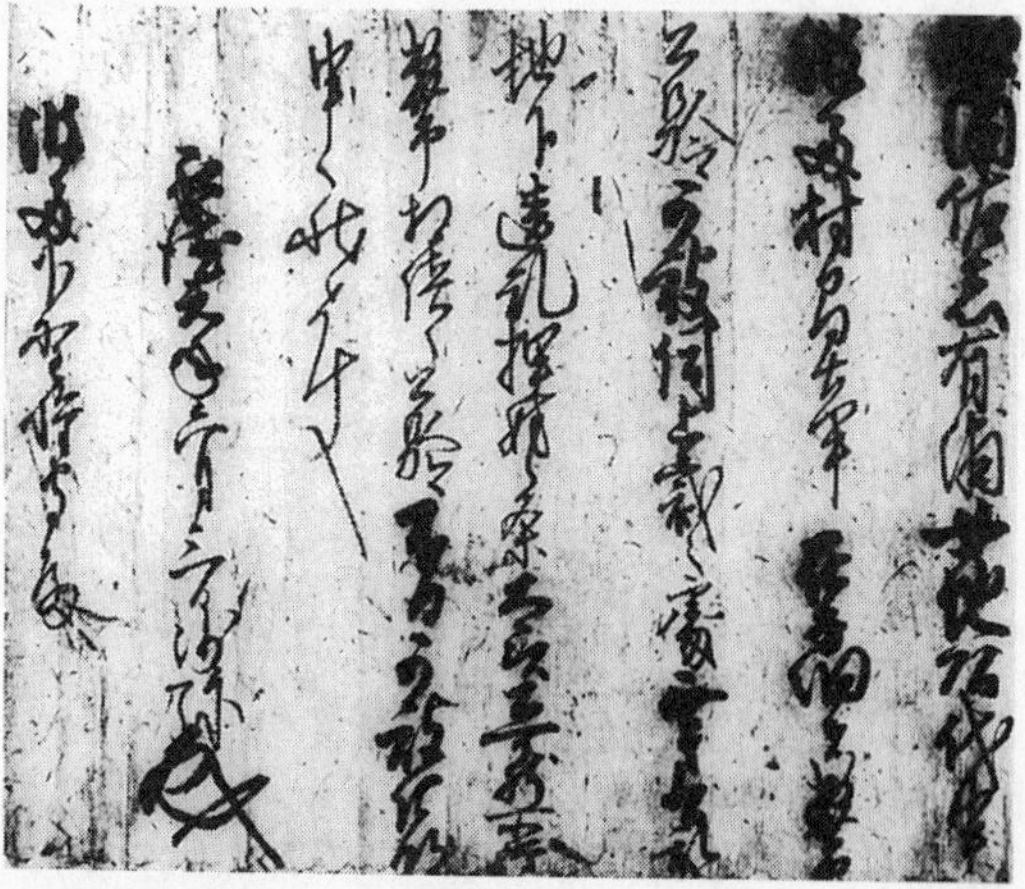

女地頭　「松浦佐志有浦女地頭」である千代寿の訴えにたいし、今川了俊が永徳元年6月3日に発した召文。(「有浦家文書」)

佐賀県立図書館蔵　提供／東京大学史料編纂所

父祝が筑後国耳納山で戦死したあとの所領について、女地頭千代寿女は波多武、諸浦与（千代寿女の従兄）と相論の末、永徳二年、佐志村内有浦の田畠・屋敷、山野河海、保志賀浦海夫船等の地頭職を今川了俊によって安堵され、明徳四年（一三九三）から翌年にかけて、波多祝女子源氏の名で、さらに波多村について、波多武の訴えを棄却してほしいと訴えている（『有浦文書』）。千代寿女は佐志寺田授の子勇を養子とし、応永二年（一三九五）、勇は「有浦女地頭代」として所領を安堵された。

また、さきに佐志勤から所領を譲られた姫寿女も尼祚聖となってから、おそらく夫とみられる沙弥連覚と連署して、永徳三年二月二五日、その所領を姫鶴女、市女に譲り、姫鶴女を「惣領職」としている。この場合も姫鶴女は女地頭となったものと思われる（『有浦文書』）。

さきの千代寿女や久曾の場合、兄弟がいなかったといわれているが、久鶴の場合には弟がいたと思われるので、兄弟のない場合にのみ「女地頭」が現れたのではない。また、兄弟がいなくても、養子など、なんらかの形で正式の地頭職には男性が補任されるのが一般的であるのに、この地域では「女地頭」という言葉がふつうに使われたほど、女性の地頭を自然に社会が受け入れているのである。

もとよりこれは、女性の御家人・荘官・名主《みょうしゅ》等、一四世紀までの西日本の社会に広くみられる女性の公的な地位への「進出」の一事例とすることもできるので、後家が子供たち、亡夫の遺領にたいして強い力をおよぼしている点を含めて、隠居制との関連[*37]なども考えてみる必要がある。しかし私はあえて、西海の地域にはこの時期になっても、なおかつての卑弥呼《ひみこ》のような女性の首長を積極的に認める社会的な背景、伝統が生きていた、と憶測してみたい。

だいぶ後年の別の地域のことであるが、備中《びっちゅう》国真鍋《まなべ》島に寛永一五年（一六三八）から同一七年まで、千《せん》という名前の女性の庄屋が現れる事実[*38]にも、この「女地頭」と共通した社会のあり方を想定することは、十分に可能であり、このように、一門や浦を代表する女性の「首長」については、なお広い視野から今後さらに考えてみるべき多くの問題が残されている。

こうした女性を一つの紐帯としつつ、海を主たる基盤として成立し、一四世紀後半以後、長い生命を保った松浦一族の「大一揆」「小一揆」、東シナ海世界における一五世紀以降のその多彩な活動、そして一六世紀以降の西欧世界をはじめとするさらに広い世界との接触など、西海の海民社会、文化について、考えなくてはならない問題は少なくない。

それらについては生田滋(「世界航路の終点長崎」「スペイン帝国領『日本』の夢」[*39])・柴田恵司(「竜船考——長崎ペーロンを中心に」[*40])の論稿に譲ることとしたいが、とくに江戸時代のこの地域の浦々の実態については、空白が広く残されており、たとえば星鹿のように、これまで浦—漁村としてとらえられていたために、かならずしも注目されてこなかった実質的な港町が、多数、発展していたと思われる。立平進が言及した捕鯨(「五島列島と西海地域の生活技術史」[*41])、香月洋一郎が前掲論文でふれている他の地域の海民との関係などをふくめて、広く列島外の世界にひらかれた西海地域についての、海に視点をすえた本格的な研究を進めることは、新しい日本社会像を描き出すために必要な仕事である。各分野の地道な追究を期待したいと思う。

第五章

中世前期の水上交通——常陸・北下総を中心に

廻船と廻船人

これまで、平安末・鎌倉期の水上交通については、戦前、若くして世を去った徳田釼一《けんいち》の労作『中世における水運の発達』が、驚くべく網羅的に蒐集《しゅうしゅう》された史料に基づく体系的な叙述によって、基準的な役割を果たしてきた。[*1]

戦後の復刻にあたり、豊田武はそれにさらに補足を加え、新城常三も主として荘園年貢の輸送に焦点を合わせ、つぎつぎに力作を発表しており、[*2]さらに小葉田《こばた》淳を中心とする日本海の水運、[*3]河合悦治による瀬戸内海の交通についての研究も進められ、[*4]この時期の日本の沿海で展開された水上交通の実態は、すでに細かく明らかになっている。

このような先学の研究に、史料のうえでつけ加えるべきことは、もはやほとんどないのであるが、しかし反面、最近の各地での活発な発掘、その成果に基づいて中世考古学が明らかにしつつある新たな事実は、平安末・鎌倉期の水上交通を、間違いなくこれまで以上に大きく評価すべきことを文献史学に要請しているといわなくてはならない。

たとえば常陸《ひたち》についてみても、九〜一〇世紀ごろの猿投《さなげ》窯《よう》（豊田市）、[*5]一二〜一三世紀ごろの瀬戸の窯で焼かれた焼物が、相当量流入しているといわれており、こうした国内産の焼物のみならず、中国の陶磁も、陸奥《むつ》の七北田《ななきた》川（宮城県）、十三湊《とさみなと》（青森県）にいたるまで、驚くべき広さにわたって出土しているのである。[*6] これらの焼物は、もとより陸上交通によって運ばれた場合もあろうが、多くは河海の水運によって、かなり大量に輸送されたと考えるほうが自然であろう。

すでにさきの先学たちの紹介、使用した諸史料からみても、こうした水運を推測することは可能と思われるが、[*7] ここでは、考古学の新たな成果を前提としてこれらの史料を見直しつつ、最近知りえた若干の史料を加えて、あらためてこの時期の水上交通について、常陸を終点とする東海道の海の道に一つの焦点をあてながら考えてみたいと思う。ただ、問題の性質と、史料上の制約から、かならずしも常陸・下総《しもうさ》にとらわれず、筆を全国におよぼさざるをえないことを、最初におことわりしておきたい。

「海の行商」といわれる廻船と廻船人が、鎌倉期、すでに活発であったことは、徳田、豊田、小葉田などによって明らかにされている。徳田はその初見を建永元年（一二〇六）に求め、そのころ和泉《いずみ》国大鳥《おおとり》郷高石・正里浦の白浜に、まれに「廻船之商人」が来着した事実をあげつつ、[*8] その活動は鎌倉中期以降、顕著になったと述べているが、しかしこれはもう少し遡ることができるであろう。

鈴木茂男、山本信吉がそれぞれ紹介した六曲屏風貼付の「高山寺文書」[*9] には、元暦年間（一一八四～八五）の一一月二三日、紀俊守言上状が伝来しているが、そこで筑前《ちくぜん》国野介《のけ》荘（福岡県）に対する兵粮米《ひょうろう》の賦課によって住民が逃散《ちょうさん》したことなどを述べつつ、俊守は

「御庄之習者、明年之二三月までも塩を売様ニ廻船仕候天随堪令弁済之例也、雖然今ハ依兵乱之故、鎮西不静候之間、百姓等も例時之方術計略尽候歟」と記している。

この荘の年貢は米であるにもかかわらず、百姓たちが塩浜で生産した塩を売って、これを弁済している事実にも注目しなくてはならないが、なにより「廻船仕候天」塩を売るのが「御庄之習」といわれている点に目を向ける必要があろう。塩を生産する人が塩商人として瀬戸内海で活動していることは、すでに九世紀末に確認できるので[10]、この場合も、製塩に携わる百姓自身が廻船をしたとみても決して不自然ではないが、廻船がすでに独自にこの辺で活動しており、塩作り、塩商人もその一翼を担っていたとする見方も、また成り立ちうるであろう。いずれにせよここに、「廻船」といわれるほど規則的な船の往来があったことは確実で、廻船の初見は少なくともここまでは遡らなくてはなるまい。

これについで、さきの建永元年の「廻船之商人」が現れるが、それからさほど降らぬころ、貞永《じょうえい》元年（一二三二）以前のある時期、日吉《ひえ》社聖真子神人《じにん》・殿下御細工をも兼ねる灯炉供御人《くごにん》＝鋳物師《いもじ》が、諸国七道に赴き、「廻船の荷を以て、泉州堺津に付」けたところ、その「廻船荷」を無道にも点定された、と蔵人所《くろうどどころ》に訴えている[11]。この人々が、左方作手とも、廻船鋳物師ともいわれ、廻船によって諸国七道を交易往反《おうへん》していたことは、嘉禎二年（一二三六）、宝治二年（一二四八）、弘長二年（一二六二）の蔵人所牒《ちょう》[12]によって明らかであるが、注目すべきは、そのさいとくに煩いなく通行することを認められた諸関が、門司《もじ》・

赤間《あかま》・竈門《かまど》から日本海側の嶋戸、出雲《いずも》の三尾《みお》（美保《みほ》）にまでおよんでいる点である。この廻船が畿内を起点として、瀬戸内海から山陰地方にまでその航路をのばしていたことは、これによって明らかといわなくてはならない。そして廻船鋳物師＝左方作手が鎮西《ちんぜい》鋳物師をも含んでいた事実から、一方の航路は当然北部九州におよんでいたと思われる。[13]

さらに見逃してはならないのは、この廻船鋳物師が鍋《なべ》・釜《かま》・鋤《すき》・鍬《くわ》などの鉄製品だけでなく、河音能平も注目しているように、熟鉄、打鉄などといわれた原料鉄を輸送・交易していた事実である。[14]鉄製品のうちの釜が、製塩のために使われたのではないかと、別に推測してみたことがあるが[15]、それだけではなく、この廻船は山陰・山陽道で生産される原料鉄を各地に配給するところに、その重要な機能があったと考えなくてはならない。[16]

このように、塩と鉄について、まず廻船が現れてくるのは、もとより偶然ではなかろう。この二つの生産物が最も早く、また最も広く流通し、交易されるのは、おそらく多くの諸民族に共通した現象であろう。鋳物師の場合、もとより自ら船を操ったのではなく、廻船にその荷を積載していたのだと思われるが、実際、すでに鎌倉中期には、たんに塩や鉄だけでなく、他の産物をも積載・輸送する廻船そのものを、その生業とした「職人」――廻船人が見いだされるのである。

建長二年（一二五〇）三月二八日、摂津《せっつ》国広田《ひろた》社にあてた神祇官下文《じんぎかんくだしぶみ》[17]の第三条は「可令早停止社内住人博奕事」として、「社僧・供僧已下、至于百姓・廻船人等、各好博奕《ばくえき》・双《すご》六《ろく》・重半・四一半已下」という事態に対し、これをきびしく禁じているが、これによって、百姓と区別された廻船人の集団が、広田社の寄人《よりうど》＝神人として活動していたことは明らかであろう。この廻船人は、徳田も指摘しているように[18]、弘長三年（一二六三）四月三〇日、神祇官下文[19]の第一〇条の「番頭・廻船人内有官輩事」、また第一二条の「廻船人事」として現れ、「於二遠国之所犯事一者、無二訴人一之外不レ可レ致二沙汰一」とされている。廻船人が遠国にまで行っていたのは当然であるが、そのなかに「有官輩」のあったことは注意しなくてはならない。

広田社には、津江御厨《みくりや》供御人[20]、祇園大宮駕輿丁《かよちょう》を兼ね、魚貝の商人として著名な今宮神人も所属しており、このような海民の集団と廻船人とは、おそらく深い結びつきをもっていたものと思われる。あるいは両者は一部で重なっていたのではあるまいか。さらに鎌倉前期と推定される対馬《つしま》守の解文《げぶみ》（『勘仲記《かんちゆうき》』弘安一〇〈一二八七〉年七月一三日条）には、田地のない対馬では「廻船商人」「唐船」が着岸したときの「前分《ぜんぶん》」（入港税）を京都への済《さい》物《もつ》に充てているとあり、廻船が対馬まで恒常的に行っているだけでなく、「唐船」もそれとかかわりつつ、対馬に入港していたことは明らかである。

とすると、畿内から瀬戸内海を通り、一方は北部九州、対馬に、他方は山陰にいたる廻船が「唐船」ともかかわりつつ、平安末期にはすでに活動しており、鎌倉中期にいたれば、広義の海民のなかで、主として廻船を「芸能」とする廻船人も出現してくることは、以上にあげた諸事実によって明らかといってよかろう。そしてこの廻船が、鎌倉中期以降の史実に即して、すでに徳田・豊田、さらには小葉田によって詳細に解明されている、奥羽から北陸・山陰にいたる日本海で活動する廻船と接続することは、間違いないと思われる。

若狭《わかさ》国宮河保矢代浦の賀茂《かも》社供祭人《くさいにん》や、多烏《たがらす》浦（小浜《おばま》市田烏）の船徳勝《とくまさり》が、浦々関々、津泊を煩いなく通行しうる特権を保証されて、広くこの辺の海域を航行したのをはじめ、汲部《つるべ》浦（小浜市）の船も出雲国三尾津との間を往反、志積《しつみ》浦（小浜市）の「廻船人」が越《えち》前《ぜん》国三国《みくに》湊で足羽《あすわ》神宮寺の勧進聖《かんじんひじり》によって積荷の能米《のうまい》を点定《てんじょう》され、御賀尾《みかお》浦の塩船が足羽（福井市）で北荘公文《くもん》所に塩・銭をおさえられるなど、若狭の浦々に根拠をもつ廻船人たちの活動がきわめて活発だったことは、前掲の諸研究によって知られている。[*21]

また正和五年（一三一六）のころ、関東御免《かんとうごめん》津軽《がる》船二〇艘のうちの随一といわれた、越《えっ》中《ちゅう》国大袋荘東放生津《ひがしほうしょうづ》人沙弥本阿の大船が、鮭《さけ》などの積荷を積んで三国湊に入ったところ、崎浦・梶浦・安島の刀禰《とね》たちに漂倒船として差し押さえられたという著名な事実によって、幕府の保証を得て、津軽十三湊辺から南下、越中、越前などを経て山陰にいたる廻船のあったことも明らかである。これまで、これらの廻船の活動は鎌倉後期のことと考えられてきたが、さきの瀬戸内海の廻船と接続するとすれば、それを平安末期まで遡らせることは十分可能であろう。そしてまた、この日本海の廻船は、一方では若狭・越前の陸路を経て、琵琶湖の廻船とつながり、畿内に連続していたのである。

前述した灯炉供御人は、暦応五年（一三四二）にも蔵人所牒[*22]を与えられているが、このとき「燈炉御作手鋳物師鉄商人」が「鉄器廻船以下売買業」を全うするために、淀《よど》河の関々、大津、坂本の関の煩いを停止することを要求している点に注目する必要がある。「鉄器廻船」が琵琶湖から淀河を通り、さきの瀬戸内海の廻船につながっていたことは、これによって明らかといわなくてはならない。

こうした廻船を担っていたのは、「湖の民」たちであった。周知のように、湖北の菅浦《すが》は御厨子所《みずしどころ》（内蔵寮）供御人の根拠地であったが、この人々は漁業だけでなく、むしろ廻船を生業としており、南北朝期以降の菅浦は、もはや漁村というより港町といったほうがよいと思われる。[*23]また湖の南西の堅田《かたた》に拠点をもつ鴨《かも》社供祭人も、漁撈上の絶大な特権を保証されていただけでなく、湖をはじめ諸国を往反して廻船を営み、北陸から山陰にかけての諸国にまで広範な活動を展開していたこともよく知られている。[*24]そしてこの供御人、供祭人たちの活動が平安末期にまで遡りうることは確実、と私は考える。

以上のように、おそくとも一二世紀には、畿内・瀬戸内海・北部九州・日本海・琵琶湖を結ぶ廻船のルートが成立し、それは鎌倉中期以降、「職人」的な廻船人——「舟道者」[*25]によって担われるようになっていた、とみてよかろう。中世西日本の海上交通は、これまで考えられていたよりもはるかに早い時期から、活発かつ恒常的に展開されていたのである。

太平洋側の海運

では、東日本、太平洋側の海上交通はどうか。これまで、この海域における水運は史料の不足もあって、かならずしも全貌が解明されたとはいい難く、また風濤《ふうとう》の険阻を理由に、恒常的な安定した海運を否定的にみる見方が強かったように思われる。[*26] しかしさきのように、西日本、日本海側の状況を考えるならば、これもまた大きな修正が必要であろう。

まず伊勢海・三河湾の果たした役割を考えてみなくてはならない。鳥羽《とば》・大湊《おおみなと》辺から東方を望めば、知多《ちた》・渥美半島は指呼の距離にあり、その間に点々とつらなる島々を含めてみると、少し大げさにいえば、多島海の様相を呈しているとさえいえる。伊勢・志摩と尾張《おわり》・三河はまことに近く、遠江の浜名湖がそれにつづいている。このような自然条件を背景に、伊勢海沿岸にはきわめて古くから漁業専業社会が形成されたといわれており、[*27] 伊勢神宮の古くからの神戸《かんべ》が、まさしくこれらの伊勢・志摩・尾張・三河・遠江に分布していることは、こうした海の世界を考えなくては理解し難いといわなくてはならない。

また降って一一～一二世紀、国房流美濃源氏が尾張・伊勢に姿を現し、伊勢平氏が尾張に進出するのも、やはりこの海を通してのことであったと思われる。そして一二世紀、伊勢神宮の御厨はこの海をさらに東に進み、東国社会に数多く設定されていくのである。

建久三年（一一九二）の神領注文[*28]にみえる尾張一七、三河九、遠江一一、駿河《するが》五、伊豆

一、相模一、武蔵四、安房《あわ》一、下総二、常陸一の東海道諸国の御厨（第三章、一八九・一九一ページの表参照）は、そのすべてとはいえないとしても、大部分が海の道を通って設定され、供祭物を貢進する御厨であったとみてさしつかえないであろう。そうした海上での活動を担ったとみられる海民、海に生きる人々の姿もこれらの諸国には早くから見いだすことができる。

すでに周知の事実であるが、伊豆についてみれば、仁科荘松崎下宮の鰹《かつお》船二艘が鎌倉初期、石火宮供祭船となっており、[*29] 治承五年（一一八一）正月の源頼朝下文によって、走湯《はしりゆ》山五堂灯油料船五〇艘は、諸国御家人や関々泊々津々沙汰《さた》人等の煩いなく、自由に航行することを認められていたといわれる。[*30] この灯油料船の梶取《かんどり》等は、文永九年（一二七二）、下総の神崎《こうさき》関で千葉為胤によって関手《せきて》を徴収されたとして幕府に訴え、その免除を再確認した関東下知《げち》状を得ており、[*31] この点からみてこれらの船はたんに伊豆のみでなく東国の諸国に分布し、その活動も広く東国一帯の海上におよんでいたものと思われる。

実際、相模の大庭《おおば》御厨では、天養二年（一一四五）のころ、[*32] 神宮への供祭料の魚を源義朝の郎従がふみ汚し、奪い取ったといわれており、そこが漁撈民の根拠であったことは明らかである。また、下総の相馬《そうま》御厨の場合も、千葉氏が伊勢神宮へ最初に寄進した相伝私領の布瀬郷は「手下水海」（手賀沼。千葉県）の北辺にあり、[*33] その内保村には田畠在家とともに海船も存在し、千葉氏の相伝するところであった。[*34]

揚浜製塩　揚浜法による製塩の状況が描かれている『文正草子』の一場面。主人公の文正は常陸国鹿島大宮司家の雑色である。　宮内庁書陵部蔵

さらに、南北朝期の文書を通じて、下総、常陸の海辺——現在の霞ヶ浦・北浦・利根川などを含む巨大な入海には、平安時代以来、香取社大禰宜《ねぎ》が相伝する、「海夫」といわれた海民集団が広く分布していたことを知りうるが、鎌倉時代、鹿島《かしま》社大宮司に引網・立網などによる漁撈によって奉仕したのも、この人々であったと思われる。[*35]その分布は、かなり内陸にまでおよんでおり、おそらくは「手下水海」の海船も、これらの海夫集団とつながるものであったろう。

この「海夫」集団が、江戸時代までに、霞ヶ浦、北浦を入会の海として管理する湖辺の浦々の連合組織、「霞ヶ浦四十八ヶ津」「北浦四十四ヶ津」に発展し、布瀬郷が手賀沼の鳥猟・漁撈について特権的な権利をもつ布瀬浦につながっていくことは[*36]確実と思われる。とすれば、徳川家康によって、東京湾内における漁業上の特権を保証された、本芝、芝金杉、品川などの御菜《ごさい》浦（のちに御菜八ヶ浦[*37]）を、鎌倉時代、将軍家の「贄殿《にえどの》」に「御菜」

を貢献した浦々[38]にまで遡って考えることは、決して荒唐無稽な推測ではあるまい。東京湾もまた早くから海民の活動舞台であったとみて間違いなかろう。

　このように、きわめてわずかな文献史料に現れる限りでも、東国諸国における海民の活動は、活発かつ広範であり、東海道の海の道は、伊勢海の海民とともに、これらの人々の航行するところであったと思われる。それゆえ、どのようにおそくみても、一二世紀には、東海道の最遠国常陸は、海の道を通って、ある程度日常的に伊勢にいたる諸国とつながっていたとみなくてはならない。

　そして、三浦、土肥《とい》、北条の諸氏など、高尾一彦の注目する東国の水軍[39]がその基礎とした人々は、もとよりこうした海民だったのであり、石橋山で敗れた源頼朝が真名鶴《まなつる》（神奈川県真鶴町）から船によって安房に渡ったのも、このような多少とも日常的な海上交通を背景において考える必要があろう。鎌倉が幕府開設の場所に選ばれたのも、海を前に当て、背後を山で囲まれた要害の地というだけでなく、杉橋隆夫のいうように[40]、海はむしろ新たな武家政権――「東国国家」を外部の広い世界に結びつける、ひらかれた積極的な意味をもっていたとみるべきであろう。

　元暦二年（一一八五）正月六日、西海道にあって兵粮に苦しむ[41]東国の武士たちに対し、頼朝が船を用意して兵粮米を送るべきことを東国に命じているのは、そのことをよく示しているといえよう。石井進の指摘するとおり、これは恒常的な海上交通を考えなくては理解し難いことである。[*42] 事実、東国諸国からの年貢が船で送られたことは、石清水八幡宮領《いわしみず》駿河国蒲原荘の文治四年（一一八八）の事例[*43]によっても明らかであり、逆に弘長三年（一二六三）、鎮西から鎌倉に向かう乃貢運送船六一艘が伊豆の海で漂蕩《ひょうとう》したといわれている[*44]のも、この海の道の交通がいかに活発であったかを、よく物語っているといえよう。

東国の海においても、それは同様であった。前述したように、文永九年（一二七二）、走湯山灯油料船が下総の神崎関で関手を徴収されたことは、[*45] この方面での交通の活発化、恒常化を明証している。さきにふれた江戸時代の「霞ヶ浦四十八ヶ津」の南津頭、古渡《ふっと》村には、いまも東条《とうじょう》古渡（茨城県桜川村）・信太《しだ》古渡（同県江戸崎町）の双方に「鎌倉河岸」という地名が残り、頼朝・政子にかかわる伝説が伝わっているが、[*46] これは常陸・下総の海夫を担い手とする鎌倉との恒常的交通を示すものとみてよいのではなかろうか。

そして鎌倉中期以降になれば、西国との海上交通は、もはや廻船といってもなんらさしつかえないほど安定したものとなった。飯島・六浦で関米を徴収したとして、日蓮に非難された忍性《にんしょう》の行動は、それ自体、鎌倉周辺における船の出入りの活発化を物語っているが、その忍性が師叡尊《えいそん》にあてて送った「宋本大般若経」は建治元年（一二七五）、鎌倉から船で送られ、鳥羽に着いているのである。[*47] これはこの航路が、こうした貴重なものを送ることになんの不安も感じないほどになっていたからにほかならない。

もとよりそれは商業的な交通路でもあった。すでに別の機会にも詳述したが、[*48] 元亨《げんこう》（一三二一～二四）のころ、志摩国阿久志島の住人藤内左衛門入道道妙は、その弟定願を駿河国江尻《えじり》に住まわせていた。定願は兄と書状を取り交わしつつ、建武三年（一三三六）には、道妙の船から一五二貫文を請け取っているが、江尻には坂東《ばんどう》からの船も出入しており、道妙の坂東との取引額は数百貫におよぶという巨大なものだったのである。[49]このような、江尻を中継基地とした志摩の富裕な武装商人道妙の坂東との取引を支えた海上交通は、廻船以外のなにものでもないといってよかろう。

とすれば、これもすでにふれたことであるが、[50]延元三年（一三三八）、北畠親房をはじめとする南朝軍が大湊を出航して、海路、東国に向かったのは、まさしくこのルートにのったものとみなくてはならない。実際、宇治の下市庭住人、神人権宮掌黒法師太郎家助は、この年の八月一二～一三日のころ、この軍勢を東国に渡すべく渡海し、無事帰還している。[51]それゆえ、たしかにこの一行は大風に遭って大きな被害をうけたとはいえ、宗良親王が遠江に着き、親房が霞ヶ浦の南辺、東条荘神宮寺に到着したのは、さきのような廻船の航路を考えなくては理解し難いことであり、それは予定された行動であったと思われる。

とくに親房はこうした水上交通に依存するところ大であった。神宮寺の城を攻撃された親房は、小田治久をたよって小田城に入るが、これは霞ヶ浦を船で渡ったと考えるのが自然であろう。そして、さらに退いて関・大宝両城に籠《こも》った親房の軍勢は、水上を通じて兵粮の供給をうけ、両城間および城外との連絡をしていたのであり、[52]ついに敗北した親房の吉野への逃亡もまた、おそらくは海路によったものと推測される。

南朝と海民との結びつきが、ここにも見いだされる点に注目しなくてはならないが、それはともかく、現在よりははるかに広大だったと思われる霞ヶ浦・北浦は、このように、水上交通がきわめて活発だったのであり、そこには海夫たち自身の独自な世界、秩序が存在したのである。室町期、信太荘の商船について、「海賊」のことが懸念されているのは、[*53]こうした状況を前提としなくては、決して理解することができないであろう。

河川交通を含め、常陸の歴史をこうした視覚から再検討することは今後の課題であるが、このように東国から伊勢・志摩への海上の道を考えてくると、さらに思いがおよぶのは、伊勢から紀伊半島を廻り、土佐を経て、南九州に到る海の道である。のちに南海路といわれたこのルートについては、これまで室町期以降に発達したと考えられてきた。[*54]しかし上述してきたような実情からみて、これもまた多少の修正が必要と思われる。

まず、東国と紀伊国西岸との間の交通は、平安末期まで遡りうる。前述した鎌倉と鎮西を往来した船は、おそらく紀伊半島を廻っていたであろうし、建仁三年（一二〇三）、遠江国頭陁寺荘、始《（初）》蔵荘の年貢米が紀伊湊に到着していること、[*55]しばしば触れたとおり、文治三年（一一八七）、物部氏女が川崎寺主に譲与した紀伊国久見和太《くみわた》住人源末利の私領船の名前が、「坂東丸」といわれていることなど、[*56]すでに徳田が指摘している事実によっても、それは明らかであろう。

この航路が、土佐・南九州にまでおよんだことを示す鎌倉期の徴証は、なお見いだしえていないが、南北朝初期、康永三年(一三四四)二月四日、紀伊国冷水浦《しみず》住人後藤三が、船已下の勝載物を、薩摩《さつま》国の新田八幡宮執印に奪い取られたと訴えていること、[*57]貞和三年(一三四七)六月六日、南朝方の熊野海賊数千人が薩摩に攻めよせている事実[*58]などは、いずれも紀伊から土佐沖を通過して九州に行った船の動きとみるのが最も自然であろう。そしてこれは、少なくとも鎌倉後期には遡りうるものと思われる。

また、時代はかならずしも明らかでないが、室戸崎の金剛定寺が「無縁所」であるため、「官裁を請う」て「当国隣国より往反の船に、みな粮料の施与を乞い」こうした乞食《こつじき》によって供僧の供料を支えたといわれていること[*59]も参照されなくてはならない。それはまさしく関所そのものであり、恒常的な船の往反を示している。

そして、さきに「熊野海賊」に言及したが[*60](第三章参照)、治承五年(一一八一)、熊野悪僧たちが船にのって伊勢・志摩に乱入した事実などを含め、この方面の海上交通に熊野神人の果たした役割は、おそらくきわめて大きなものがあったと思われる。江戸時代、紀州熊野一八か浦の連合によって形成された「岬会合」は、まず間違いなくその流れをくむものとみてよかろうが、いまはその詳細を知ることはできない。[*61]

このように、伊勢と東国諸国ほどの活発さはなかったとしても、紀伊・土佐から九州にいたる太平洋岸についても、鎌倉後期にはかなりの海上交通が展開されていたと思われるのであり、紀伊から瀬戸内海に入るルートは、それよりもさらに遡る恒常的な航路であったろう。これに前節で述べたことを加えてみれば、おそくとも鎌倉前期には、日本を一周する廻船のルートは、すでに成立していたとして、まず間違いないものと私は考える。霞ヶ浦・北浦の海は、この意味で早くから全国にひらかれていたのである。

以上のように、恒常的な海上交通、廻船の活動が、鎌倉期、すでに存在していたとすると、中世後期から近世にかけての東国の動きについても、これまでとは多少異なる視野がひらけてくるであろう。後北条氏などの東国の戦国大名と伊勢・紀伊などとの深いつながりは、もとよりこうした長い歴史を背景にしていたのであり、逆に和泉、紀伊などの漁民の東国への大量な進出といわれてきたことも、このような根深い伝統を前提におけば、きわめて自然に理解することができよう。新城によるすぐれた研究「廻船式目」についても、前述した廻船人、船道の者など、この道の「職人」の間に、長期にわたって蓄積された習慣として考察されなくてはなるまい。[*62]

もとよりこれは国内のみにとどまらない。中国・朝鮮半島との平安末・鎌倉期における海上交通についても、これまで考えられてきたより、さらに活発であったことを想定しなくてはならない。最初に述べたような中国陶磁の全国的な出土は、すでにこのことを予想させるものがあったのであるが、たんに商品・物資のみならず、人的交流もまた活発であったことはすでに森克巳が詳細に明らかにしているとおりである。[*63]

平安後期、寺社の寄人、神人となり、免田を与えられ、大唐町といわれるほどの集団をなして、北部九州や越前などに居住した多くの宋人、鎌倉初期、陳和卿とともに来朝した鋳物師や伊姓の石工[*64]、それに医師、禅僧等々、日本に来入し、そのまま国内に居留、活動した宋・元の人々は、きわめて多数にのぼったものと思われる。とすれば、将軍源実朝が大船を建造させて、宋に渡ろうとしたのも[*65]、決してまったく現実離れした夢ではなかったといわなくてはならない。

さらに、後藤紀彦の発見によって知りえた文書によると[*66]、鎌倉後期ごろ、「唐人」といわれる集団が、傀儡師《くぐつし》などとともに諸国を遍歴し、櫛をはじめとするさまざまな品物を交易していたことを知りうるのである。こうした外国商人の国内での活動も、われわれの予想をこえる活発なものがあったと考える必要があろう。

そしてこれらの外国人が、みな身分的には「職人」として扱われていたとみられる点に注目しなくてはならない。もとより高麗《こうらい》人について同様の事態を考えることは、十分に可能であり、さらに日本から中国・朝鮮半島に渡った人々も、「倭寇《わこう》」として従来指摘されている以上に、はるかに多かったに相違ない。中世前期の社会は、このようなさまざまな意味で、近世以降の常識でははかり知れぬほどに、「開かれた」社会だったのである。

現在までのところ、茨城県から発掘された中国の陶磁はさほど数は多くないが、このように考えてくれば、今後、そうしたさらに多くの事例が見いだされる可能性は十分にあるといってよい。そしてそうした点も含めて、茨城県——常陸・下総北部の中世史を、広い視野のもとにもう一度位置づけ直すために、なすべき仕事はひじょうに多いといわなくてはならない。この小稿がそのための小さな手懸りとなりうれば、望外の幸せである。

終章　残された課題

現在、われわれが生活している日本列島の社会で日常見なれている風景、諸地域の状況は、わずか一〇〇年余り遡ると、まったく一変してしまう。「孤絶の半島」などといわれ、辺鄙《へんぴ》で貧しく後進的とされている地域、ほとんど無人の離島やわずかな人口しかない海辺や山中の「寒村」が、活気に満ちた物や人の流れのなかで、船の帆柱が林立し、多くの人口を擁する富裕な地域、集落であった場合は、列島のいたるところにあったといっても決して過言ではない。

本書でもふれてきた能登半島、知多半島、紀伊半島をはじめ、本州・四国・九州各地の半島は、いまは交通の不便な遅れた地域と見なされているが、江戸時代に遡れば、廻船が活発に行き交う海上交通の要地であり、大小の港町の繁栄する豊かな先進的地域であった。[*1]

瀬戸内海・西北九州の海に浮かぶ大小の島々も同様で、たとえば伊予国二神《ふたがみ》島の属島であり、現在はまったくの無人島になっている由利《ゆり》島は、「由利千軒」の伝承をもち、寺屋敷、長者屋敷、船頭畑、鍛冶屋の尻などの地名が残り、矢立明神、儀光寺、毘沙門天《びしゃもんてん》などの寺社のあった港町のある島ではなかったかと思われる。[*2] こうした「――千軒」の伝承は列島各地に伝わっており、「草戸《くさど》千軒」の場合のように、発掘によって埋もれた都市の存在が実証されているので、今後、さらにそうした事例は増えると思われるが、海辺や島だけでなく、鉱山や林業の活発だった山中でも、甲斐の「黒川《くろかわ》千軒」が発掘によってその実態がある程度明らかにされたとおり、同様の状況が広くみられたことは間違いない。

そして、さきに百余年といったが、数百年、一〇〇〇年、遡ってみると、日本列島の地形はたやすく想像し難いほどに一変し、おのずと社会の風景もまったく異なってくる。日本海に注ぎ込む多くの河川の河口には、広い潟がいたるところにあって、船の出入り、碇《てい》泊《はく》を助け、太平洋の内湾の海は、いまよりもはるかに内陸部まで入り込んでいた。

現在の南関東の平野や大阪平野は、いわば水浸しの「水郷」といってもよいほど、水の豊かな地域であり、濃尾平野の場合も熱田社は岬の突端にあり、「味蜂間《あはちま》の海」は大垣市の南にまで達していたのである。[*3] 山もまた、河川によってこうした潟や海と、より緊密に結びついていたはずで、このような自然を背景に営まれる人々の生活も、われわれの予想をはるかにこえて、山野河海に依存するところが大きかった。

その実態は考古学の最近の研究によってつぎつぎに明らかにされており、中世だけに即してみても、国立歴史民俗博物館によって本格的な発掘が行われた津軽半島の十三湊《とさみなと》では、やはりいまはまったく人の住まない十三湖《じゅうさんこ》の嘴洲から、一四世紀を頂点とし、一二世紀から一五世紀にいたる中国製青白磁、高麗青磁、珠洲焼、瀬戸焼等の膨大な遺物と、東北北部の海の領主安藤氏の根拠とみられる大きな館跡、それに接続する見事な町並みをもつ都市の遺跡が発掘された。[*4] 西の博多に匹敵するといわれるほどに栄えた北方の都市の実像が、さらなる発掘の継続によって、やがて全面的に明らかにされるであろうが、東北の太平洋岸の奥州平泉柳之御所跡の発掘も、われわれを瞠目《どうもく》させる大きな成果をあげた。[*5]

平泉の繁栄を物語る建築物、多様な工房群の遺跡をはじめ、貴重な折敷《おしき》墨書、膨大な中国製青白磁、常滑《とこなめ》焼、渥美焼、さらに珠洲焼、大量な土器《かわらけ》などが発掘され、太平洋の海上交通が予想されていた以上に、きわめて活発かつ安定していたこととともに、日本海と太平洋を結ぶ東北を横断するルートも確認された。こうした双方の海に注ぐ河川を利用し、短い陸路でそれを結ぶ本州横断ルートは、中国地方には何本もあり、瀬戸内海・淀川・宇治川・琵琶湖から日本海に出るルートがいわば大動脈であったことは、すでによく知られていたが、このほかにも、関東・中部を横断するルートのあったことは十分に想定しうる。[*6]

平泉の発掘はこのように、太平洋と日本海の結びつきにも新たな光を当てたが、こうした水上交通を背景とした平泉は、まさしく「水の都」とみるべきで、同じころ、やはりすでに「水の都」に変貌していた京都の鳥羽殿と比較しうることも明らかにされたのである。[*7]「東国の都」鎌倉もまた、海を不可欠な要素とする都市で、海上交通によって多様かつ膨大な物が流入していたことも、長年つづけられてきた発掘によって、いよいよ明確にされつつあり[*8]、中世の社会が河海による交通に依存しないでは、決して成り立ちえなかったことは、もはや疑う余地のない明白な事実といってよかろう。[*9]そしてそれは古代、さらには古墳、弥生、縄文の時代に遡っても、まったく同様であった。またそのころから、古代・中世・近世を通じて、海を通じての活発な交流によって、日本列島の社会が東西南北の広い諸地域と、たえず結ばれていたことも、近年の研究によって明らかにされつつある。[*10]

このように、おおよそ一九八〇年代から顕著になってきた文献史学、考古学、民俗学、文化人類学などの諸学の協力を背景とした、新たな学問の潮流のなかで、それまでの「常識」——直接的にはここ一〇〇年の間、近代国家の政治と教育によって、前近代の列島社会の実態をまったく忘れ去らせるほどにゆがめ、日本人の間に深く浸透した「常識」も、いまや大きくひびが入りつつあることは確実である。そして、われわれ自身にとっても未知な、新しい日本社会像が描きはじめられているのも、また間違いないといってよい。

とはいえ、別の機会にしばしば強調してきたように、[*11] これまでの「常識」は近代一〇〇年余にとどまらず、「日本」を国号とし「天皇」を王の称号とした古代の小帝国の確立以来の一三〇〇年の歴史を重く背後にもっており、たやすく崩れ去るとは考え難い。実際、一九七〇年代以前とくらべれば、状況が大きく変わってきたことは明らかであるが、障害は決してなくなったわけではなく、未解決な問題は膨大にあり、前途はまだ程遠いともいわなくてはならない。それゆえここでは、当面、解決されなくてはならないいくつかの問題を思いつくままにあげておきたいと思う。実際、序章で述べたように、百姓が直ちに農民を意味せず、そのなかに多様な生業を営む人々が含まれていた事実は、多くの新たな問題をわれわれの前に提起することになる。

まず、古代以来、近世にいたるまで「農人」と呼ばれるのがふつうであった農民、あるいは農業をあらためて定義し直すという課題が否応なしに現れてこざるをえない。「農人」

の語は『日本後紀《にほんこうき》』弘仁《こうにん》二年（八一一）五月甲寅条に「農人喫二魚酒一禁制是久」とあり、『類聚三代格《るいじゆうさんだいきやく》』天長元年（八二四）五月五日の官符に、満池《まんち》を修しない「農人」は「杖《じよう》八十」の処罰とするとあるなど、古代から用いられている。この官符に「農民」とあるように、農民も決して新しい語ではないが、中世に入ってからは、「農人」がどちらかといえば通用しているようで、『庭訓往来』三月状往にも「開作すべきの地あらば、農人を招き居《す》えて、之を開発せしむ」とあり、この状では田地のみならず、畠の蕎麦、麦、大豆、小豆、大角豆《ささげ》、粟、黍《きび》、稗《ひえ》の作物があげられるとともに、焼畑と推測される「畑・山畠の乾熟に随《したが》い、桑代、加地子《かじし》を課すべし」とあることにも注目しておく必要がある。

さらに目を向けておくべきは、『三十二番職人歌合』に、「農人」が「庭掃」と番《つが》いで姿を現す点である。一五世紀末の作品と推定されているこの絵巻は、千秋《せんず》万歳《まんざい》法師と絵解《えとき》の番いからはじまり、その序に「我等卅余人、いやしき身しなおなじきものから」といわれているように、全体としてすでに卑賤視されはじめていることの確実な職能民を意識的に取り上げているが、そのなかでおそらく土を扱うという点の共通性で、やはり賤視されたとみられる「庭掃」と、「農人」が組み合わされているのである。[*12]

しかもその取り上げ方は、岩崎佳枝が指摘しているように特異な点があり、十一番の「花」の歌と判詞には「五穀十穀の物たねを我園我門田にうへ」て春の花にも負けないとする「農人」として描かれているが、二十七番の「述懐」の和歌では、地頭に対し、「さ

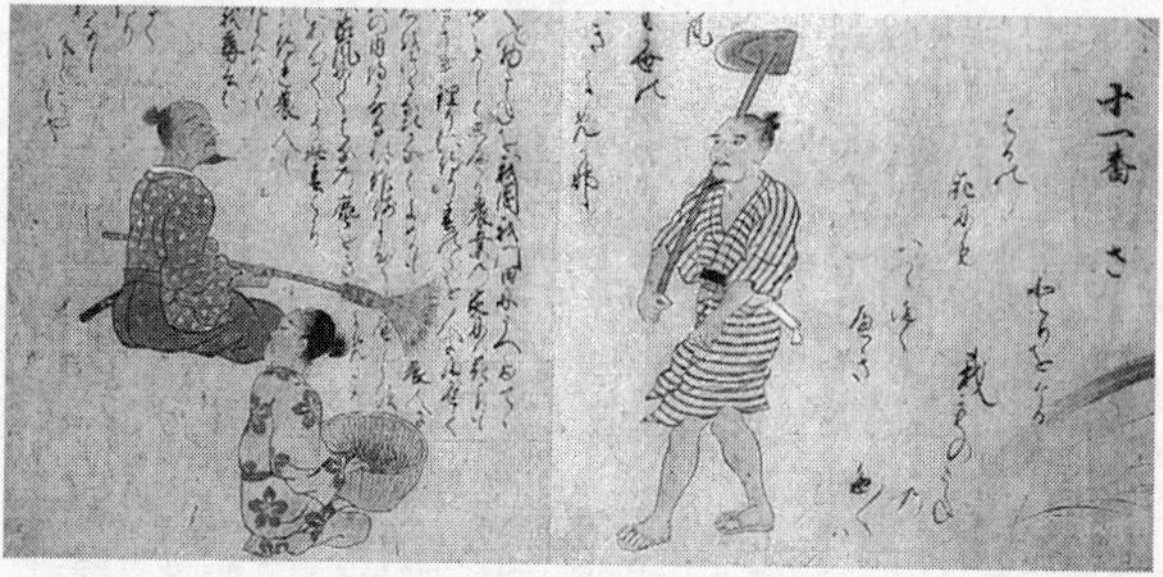
「農人」と「庭掃」(「三十二番職人歌合絵巻」)　　サントリー美術館蔵

しつどひ」損亡を乞う人々として「農人」が立ち現れている。そこに「百姓ぐち」「農耕之土民」などとあるように、すでに「百姓」「土民」を「農人」とする見方の萌芽が現れている点にも注意すべきであるが、それ以上に、こうした土を扱う「農人」に対する賤視にも通じた見方が、一五世紀末の京都の貴族、支配者のなかに現れていることには重大な意味があり、これは伝統的な「農本主義」とは明らかに異質な「農人」のとらえ方といわなくてはならない。

たしかにそこには、岩崎が指摘するような、当時頻々と起こっていた土一揆に対する関心が加わっているとすることも、十分に可能ではあるが、むしろ蓮如《れんにょ》が「御文《おふみ》」の「侍能工商《しのうこうしょう》之事」において、士を奉公・官仕をする「侍」、農を耕作に身をまかせる「能」、そして「工」を「芸能ヲタシナミテ人ヲタラシ、狂言綺語ヲ本トシテ浮世ヲワタルタグヒ」とし、「商」は「朝夕ハ商ニ心ヲカケ、或ハ難海ノ波ノ上ニウカビ、オソロシキ難破ニアヘル事ヲカヘリミズ」として高い評価を与えていること、また『本福寺跡書』が「田作《たづくり》ニマサル重イ手ハナシ」と述べて農業を苦しい仕事とする反面、鍛冶、桶師、研屋《とぎや》、番匠等を分限者とし、食物を売る商人は「悲シキ年、餓エ死ナヌモノゾヤ」と、商人あるいは一部の工人を農業より高く評価している点などから知られるような一五世紀後半から一六世紀にかけての、より広い社会において強力にひろがっている風潮のなかで、『三十二番歌合』の作者の見方を理解する必要があるのではないかと思われる。

　またいわゆる「職人歌合」のなかで、この『三十二番歌合』にのみ「農人」が現れる点については、すでに注目されてきた問題点であったが、さきのようなこの歌合の作者の特異な見方から「農人」が職能民の一つとして取り上げられたとすれば、一応、自然に理解することができよう。そしてこのように、商工業に積極的な価値を与え、「農人」に対しては賤視にまでおよびかねない社会の風潮に対し、「農人」がおそらく強く反発したであろうことは当然で、それが一向一揆の敗北後、江戸時代にかけて「農本主義」がふたたび国制の基本におかれるようになっていく背景にあったと考えることもできよう。

　こうして江戸時代に入ると、「農本主義」をささえた儒者たちの著作を通じて、「農人」は「百姓」という理解が、さらに広く世にひろがっていった。たとえば伊藤東涯は『操觚《そうこ》字訳《じやく》』巻之九で「農ハ百姓ノコト也」とし、『名物六帖』でも、「耘夫」「農夫」「税戸」「糧戸」「租戸」にすべて「ヒヤクセウ」「ヒヤクシヤウ」という訓をつけ、「豪戸」も「オホヒヤクシヤウ」としているのである。[*13]また寺島良安は『和漢三才図会』の人倫部で「農人」について、まず「俗に百姓と云う」とし、このころ世間では「農人」を「百姓」というのがふつうであったことを示したのち、百姓は四民の通称であり、「農を以て百姓と為すは非なり」としているのである。そして実際、世間ではこうした理解が広く行われているにもかかわらず、たとえば『防長風土注進案《ぼうちょうふうどちゅうしんあん》』が明白に示しているとおり、江戸時代の制度的な呼称としての「百姓」のなかには、「農人」だけでなく、商人、船持、廻船問屋、鍛冶、漁人、紺屋等、きわめて多様な非農業的な生業を営む人々が含まれていた。序章で詳述したとおり、それが「百姓」の実態だったのである。

江戸時代にすでにみられた、このような世の「常識」と社会の実態との大きな乖離《かいり》の源流は、前述したように古代にまで遡るとはいえ、より直接的には一五、六世紀にみられた「農人」に対する都市民の蔑視に近い見方、これに対する「農人」の反発、あえていえば、「重商主義」と「重農主義」の対立のなかから生み出されてきた一面があり、この点について、政治、経済思想、宗教とのかかわりまで視野に入れて、より細かく、また深く追究することは、今後の大きな課題の一つであろう。

さらにまた、「農人」の営む「農業」についても、これまでのように田畠の作物のみに目を向けるだけでなく、多角的に実状に即してとらえる必要がある。たとえば桑は畠に植えられていることもあるが、原、あるいは『庭訓往来』のように、焼畑に近い「畑・山畠」に生育し、本数で検注されるのがふつうで、「農桑」の語によっても知られるように、田畠の米、麦等とは制度的に異なった扱いをされていた。古代の「桑漆帳」の作成に、その源流があるが、漆もまた桑と同じ扱いをうけている。そして一方で、木蠟《もくろう》や楮《こうぞ》などは制度のなかにはほとんどとらえられていないが、麻・苧《からむし》は畠地の作物とされていた。

また、栗や柿などの果樹は、栗栖、柿薗のように、田畠とはまったく違った形でとらえられており、これらのすべてを「農業」ととらえ、あたかも田畠一色でぬりつぶされるようにみてきた従来の研究のあり方は、すでに克服されつつあるとはいえ、さらにいっそう深く反省されなくてはなるまい。これらの樹木の産物、あるいは加工品は早くから商品として売買されていたのであり、藍《あい》や紅花《べにばな》などの染料を含めて、それらのすべてを「自給自足経済」の枠内に閉じ込め、その各々に即した個別研究を怠ることは、「農人」の生活それ自体を実態に即してとらえる道を塞ぐこととなろう。山民とのかかわりも、それではまったく切断されてしまう結果になる。

それとともに、鎌倉前期、若狭国太良荘の百姓たちが、それぞれ馬を所持していたように、*14 牛馬についても、農業・交通運輸との関連で追究すべき問題は多い。農業と牛馬についてはすでに長い研究の蓄積があり、牧と領主についても近年、ようやく戦前の研究を継承した仕事が多少、現れつつあるとはいえ、それが百姓にいかなる経路を経て供給されたか、またどのような用途に用いられたかは、かならずしも明らかにされているとは言い難いのである。伊予国弓削嶋荘で鎌倉末期、「塩浜の習、牛を以て博士となす」といわれているのは、おそらく塩木の運搬をさすのであろうが、[*15] 牛馬の多様な役割をその飼養の実態とともに解明することも、残された課題の一つにはなりうるであろう。

百姓の一部である「農人」の生活も、このように多様かつ多角的であったが、それを前提としたうえで、あらためて前近代における「日本国」の領域であった社会のなかで、農業と非農業の比重、「農人」と多様な非農業民の比率がどのくらいであったかを、確定する試みがなされなくてはならない。これは古代・中世についてはきわめて困難であるが、近世になればさきの『防長風土注進案』のような史料は各地域にも残されているに相違ないので、それを有効に用いることによって、ある程度まで地域に即してその比率をとらえることは可能であろう。能登の実情を念頭において、百姓のなかの非農業民の比率を四〇～五〇パーセントと憶測してみたことがあるが、[*16] もとよりこれは十分に詰めたうえでのことではなく、今後さらに根拠を明らかにすべく努力したいと思っている。ただ、人口の九〇～八〇パーセントが農民であるとみてきた従来の「常識」的数値がまったくの誤りで、大きな修正が必要であることは、序章で述べたとおり確実である。

近世の水呑《みずのみ》・頭振《あたまぶり》・門男《もうと》と呼ばれた無高民の場合、[*17] 非農業的生業を主として営む人々の比率が百姓以上に高かったことも明らかであり、中世・近世の下人についても、決して農業労働のみでなく、非農業的な労働に携わり、職能をもつ人々が予想を大きくこえて多数だったことは[*18]、十分考えておかなくてはならない。

このように、古代・中世・近世を通じて、列島社会のなかで、非農業民――海民、山民、商人、廻船人、金融業者、工人、芸能民等の比重が従来の「常識」と異なり、はるかに大きかったとすれば、それは否応なしに、社会構成そのものの「通説」についても、根本的な再検討を迫ることになろう。少なくとも「百姓＝農民」というまったく誤った前提のうえに構築されてきた、班田農民を基盤とするアジア的専制国家、家内奴隷である下人を駆使する家父長的な農業経営、農奴・隷農を支配する封建領主という図式のみに固執していたのでは、正確な日本社会像を描きえないことは、すでに多くの研究が実証してきた事実に基づいて、もはや明白である。

実際、農業を主とする平地民と海民・山民とは、きわめて古くから交易関係等によって結ばれており、原初的な商業・金融が本格的な国家の成立以前から行われ、とくに一〇世紀以後の国制は広域的な商業・金融・水運のネットワーク、原初的な手形を前提としないでは成り立ちえなかった。また一三世紀後半以降[*19]、銭貨が社会に深く浸透し、貨幣経済、さらには為替手形の流通する信用経済が展開する一方、商人・廻船人・金融業者のネットワークは公権力から自立した広域的で緊密な縄張りに発展していく。そして一五、六世紀になれば、農業・漁業・鉱工業・林業等の成熟を背景に、各地に大小の都市が簇生《そうせい》する「経済社会」が本格的に展開しはじめるので、さきにふれた商業に高い価値をおく見方もそこから生まれてきたのである。[*20] たしかに江戸時代の国制が「農本主義」を建前としていたとしても、こうした「経済社会」のよりいっそうの展開はとどまることなくつづいており、近代以降の社会はその蓄積のうえに発展していったと考えなくてはならない。

そして社会が農業だけでなく、このような非農業的な要素を豊かにもっていたとすれば、そのうえに立って支配を保ってきたそれぞれの時期の支配者、国家も、またそれに即した対応をしたに相違ないし、それなりの支配のための装置をもっていたはずである。

しかしこうした非農業的な分野の研究は、商工業史、交通史については戦前以来の多少の蓄積はあり、その他の部門に関してもそれなりの研究は行われてきたとはいえ、農業・農民を中心とした社会と国家という強固な枠組みの外におかれ、なお未開拓な領域を残しており、支配者側の対応についても研究は緒につきはじめたばかり、といわなくてはならない。それゆえ、このような分野の実態を十分解明したうえで、新たな社会構成の理論を創造しつつ、新しい社会像を描き切ることは、かなり先の将来にゆだねざるをえない。

なにより、現在の日本の歴史学は非農業的な生業、それに携わる非農業民に即し、あるいはその生活まで含めた学術的な用語、概念をほとんどもち合わせていない。海民について「海奴」「隷漁」などといったところで、ただちに学界に通用するわけでもなく、土地をもつ必要のない人々に関して「土地緊縛」などというのはまったく無意味である。また、巨額な資本を集めて、多くの職能民を含む労働力を組織し、大土木建築を行う中世の勧進《かんじん》上人《しょうにん》、あるいは農業・塩業・鉱業・廻船業・商業・金融業を多角的に営む能登の時国家《ときくに》のような経営を表現すべき適切な学術用語は、たやすく見いだし難いのが実状であり、世界の諸民族の事例にまでおよぶ豊富な事実を蓄積したうえで、新たな概念を創出する仕事から始めなくてはならない。

さらに外国語にはまったく弱いので、憶測を述べるにとどめるが、これまでの欧米をはじめとする世界の文献の翻訳、あるいは世界史の事実に即した概念についても、なお慎重に検討すべき余地があるとすら思われるのである。たとえば大塚久雄の経済史学のキー・ワードともいうべき「農村の織元」についても、「農村」と言い切ってよいのかどうか、考慮の余地は残っているであろうし、外国語文献の翻訳のなかで「農民」「農村」と訳されている語についても、原語に一応当たってみる必要すらあるのではないかと思われる。日本人の学者の「農村」「農民」一辺倒は、ある時期から、そうした疑問をもたざるをえないほどに強かったのである。

そしてそうした傾向は、農業、さらに水田についての正確な位置づけとその役割の十分な理解を、かえって妨げる結果になっているといえよう。いまここでは一例をあげるのみにとどめるが、従来、奥能登は中世社会の名残を色濃くとどめる地域といわれてきた。たしかにここには、名《みょう》の名前がそのまま地名や名字として残っている場合が、時国、則貞、常利等のようにきわめて多く、谷に開かれた水田も中世以来の姿をとどめているかにみえる。これまでそれは、奥能登が辺鄙で遅れた地域、「中央」から遠く後進的な地域だったからといわれ、それゆえに、「あえのこと」のような古い神事が長く保存されてきたと考えられてきた。しかし、中世・近世の奥能登が日本海の海上交通の最重要地として、鉄、鋳物、珠洲焼、塩、炭、そして漆器など多彩な非農業的生産物の広域的な交易を通じて、貨幣的な富に即してはきわめて豊かな一面をもっていたことが明らかにされたいまとなっては、もはやこうした見方にとどまることは許されない。

むしろ奥能登が非農業的な生業に関しては、時代の先端をいく先進地域であったがゆえに、水田についてはある限度以上、開発する必要もなく、中世のあり方を大切に保存したまま、近代、現代にまでいたったとみるのが、おそらく事実に即しているのではなかろうか。同様のことが、たとえば国東《くにさき》半島のように瀬戸内海の交通の要地でありながら、中世の面影をよく残している地域についても考えうるので、こうした事例は列島の各地に多くあるのではないかと思われる。そしてそれは、少なくとも「西日本」の社会における神事と固く結びついた水田の位置づけの一端をよく物語っているといえよう。水田、米の役割はそれだけにとどまらず、課税の基礎、貨幣・資本としての機能など、さまざまな角度から考察されなくてはならないが、この事例を沖縄、アイヌはもとより、「東日本」にただちにあてはめるわけにはいかない。

最初に述べたような列島内外の海を通じての交流を通して、諸地域には多彩で独自な根強い個性が形成されてきたことも、近年、ようやく本格的に明らかにされつつあるが、さきにふれた新たな社会像、社会構成の理論は、そこまで広く視野に入れたものにならなくてはなるまい。日本列島の社会をあらためて根底から考え直す作業は、たしかに開始され、軌道に乗ろうとしているといえようが、残された課題はきわめて重く、また深く本質的な問題に通じている。解明すべきことは無限にあるが、私も残された時間を、その課題に正面から立ち向かって、なお努力をつづけたいと思う。

注

序章　海からみた日本社会

＊1　荒野泰典・石井正敏・村井章介編『アジアのなかの日本史』全六巻、東京大学出版会、一九九二〜九三年。
＊2　網野善彦・大林太良・谷川健一・宮田登・森浩一編『海と列島文化』全一一巻、小学館、一九九〇〜九三年。
＊3　日本福祉大学知多半島総合研究所編『知多半島の歴史と現在』一二号、校倉書房、二〇〇三年まで刊行。
＊4　『日本海地域史研究』一四輯、文献出版、一九九八年、『瀬戸内海地域史研究』九輯、同、二〇〇二年まで刊行。
＊5　日本塩業研究会編『日本塩業の研究』二八集、日本塩工業会、二〇〇三年まで刊行。
＊6　たとえば、春田直紀「中世後半における生鮮海産物の供給——若狭御賀尾浦の美物を中心に」『小浜市史紀要』六輯、一九八七年、盛本昌弘「水産物の贈与をめぐる社会関係——中世の東国を中心に」『地方史研究』二三六号、一九九二年、同「後北条氏の水産物上納制の展開」『日本史研究』三五九号、一九九二年、など。
＊7　渡辺信夫編『近世日本の都市と交通』河出書房新社、一九九二年。
＊8　山口徹「豆州西浦組久料村の生産と生業——海村の一類型」『歴史と民俗』九号、一九九二年。
＊9　その経緯については、『歴史と民俗』一〜五・七・九・一〇号、一九八七〜九三年に、毎年の調査報

告、新史料の紹介を行っている。

＊10 海にかかわる成果としては、白水智「能登土方領下の塩制について」『歴史と民俗』九号、一九九二年がある。後掲の泉雅博の研究もその一つであり、本稿を含めて、これらは神奈川大学日本常民文化研究所で行われてきた奥能登時国家文書研究会の長年の討論の成果である。

＊11 鶴見良行『ナマコの眼』筑摩書房、一九九〇年。

＊12 関山直太郎『近世日本の人口構造』吉川弘文館、一九五八年。

＊13 関山直太郎、前掲＊12。

＊14 『宮本常一著作集』第一一巻、未来社、一九七二年。

＊15 泉雅博「能登と廻船交易――北前船以前」「海と列島文化1　日本海と北国文化」小学館、一九九〇年。

＊16 網野善彦「時国家と奥能登地域の調査――一九九〇年度の調査と史料の紹介」『歴史と民俗』七号、一九九一年。この屋敷はのちに上時国家に伝えられ、時国屋が宇出津に成立している。

＊17 網野善彦「奥能登時国家文書について」『歴史と民俗』三号、一九八八年に紹介した「上時国家文書」(元和四年)三月七日、前田家家老連署奉書。

＊18 泉雅博「近世北陸における無高民の存在形態――頭振について」『史学雑誌』一〇一編一号、一九九二年。

＊19 「中谷藤作家文書」(神奈川大学日本常民文化研究所架蔵筆写稿本)の「奥両御郡高免村附込帳」。

＊20 網野善彦「時国家と奥能登地域の調査――一九九一年度の調査と史料の紹介」『歴史と民俗』九号、一九九二年で紹介した。

＊21 谷沢明『瀬戸の町並み』未来社、一九九一年。

＊22 『泉佐野市史』泉佐野市役所、一九五八年。

＊23 『象潟町史』象潟町教育委員会、一九七三年（田島佳也氏の御教示による）。

＊24 同右。

＊25 『金浦町郷土史資料』金浦町郷土史資料調査委員会、一九五六年（これも、田島佳也氏の御教示によって知りえた）。

＊26 「松前蝦夷記」『松前市史　史料編』第一巻、一九七四年（この史料についても、田島佳也氏の御教示を得た。精力的な調査によって発見された諸史料を快く教えてくださった同氏の御厚意に厚く謝意を表する）。

＊27 『泉佐野市史』前掲＊22。

＊28 田島佳也「近世紀州漁法の展開」『日本の近世4　生産の技術』中央公論社、一九九二年に、佐野浦の海民の活動は詳細に記述されている。

＊29 『泉佐野市史』前掲＊22。

＊30 笹本正治「職人と職人集団」『日本の近世7　身分と格式』中央公論社、一九九二年。

＊31 泉雅博「水呑像の再検討」『歴史地名通信』一七号、平凡社地方資料センター、一九九二年。

＊32 古島敏雄『日本農業史』岩波書店、一九五六年、「水呑層の発生と村役人層の交替」。

＊33 山口徹「土肥村の概況と諸職・職人」『歴史と民俗』八号、一九九一年も、家大工、船大工等、多くの職人が土肥村にいたことを明らかにしている。

＊34 網野善彦『日本中世の民衆像』（岩波新書）、一九八〇年。

＊35 安良城盛昭「中世の身分体系と荘園」『講座日本荘園史2　荘園の成立と領有』吉川弘文館、一九九一年。

＊36 土井忠生・森田武・長南実編訳『邦訳日葡辞書』岩波書店、一九八〇年。

＊37 網野善彦「中世都市論」『岩波講座日本歴史7　中世3』岩波書店、一九七六年。

＊38　網野善彦、前掲＊34。
＊39　網野善彦『中世荘園の様相』塙書房、一九六六年。
＊40　『小浜市史　通史編』上巻、小浜市史編纂委員会、一九九二年、第二章第一節　第四節、網野善彦執筆分。
＊41　白水智「中世海村の外部交流について」『中央史学』一一号、一九八八年。同「ある山間荘園の生業と外部交流」『民衆史研究』三九号、一九九〇年。
＊42　弥永貞三『日本古代社会経済史研究』岩波書店、一九八〇年。
＊43　山口徹、前掲＊8。
＊44　網野善彦『日本中世土地制度史の研究』塙書房、一九九一年。
＊45　「森田良美氏所蔵文書」承久三年九月六日、能登国四郡公田田数目録案（『加能史料鎌倉1』加能史料編纂委員会、一九九二年）。
＊46　「皆川文書」貞応二年四月日、淡路国大田文。
＊47　網野善彦、前掲＊44。
＊48　清水三男『日本中世の村落』日本評論社、一九四二年。
＊49　斉藤利男『平泉』（岩波新書）、一九九二年。
＊50　弥永貞三、前掲＊42。
＊51　網野善彦『日本論の視座』小学館、一九九〇年（小学館ライブラリー、一九九三年）。
＊52　荒野泰典・石井正敏・村井章介「時期区分論」『アジアのなかの日本史Ｉ　アジアと日本』東京大学出版会、一九九二年。
＊53　横田冬彦「近世的身分制度の成立」『日本の近世7　身分と格式』前掲＊30。なお、蓮如が「農」でなく「能」としている点にも意味があり、これは、一向宗の非農業的な基盤の問題とも無関係ではなかろ

う。

＊54　『東寺文書之二』ほ一七号、寛元元年一一月二五日、六波羅裁許状に「件の盗人寄宿の家主大門傔仗間人夫妻二人」とある。

＊55　『東寺百合文書』フ二三二号、（正長元年）一一月日若狭国太良荘本所方百姓等申状。

＊56　現在、テレビ・大新聞等のマスメディアでは、「百姓」「水呑」等は差別語として通常の報道・記事では用いないといわれる。「百姓」については、本文で述べた誤解を背景としたまったくの見当違いであり、「水呑」「門男」についても、その語義を明らかにすることを含めて、それが「差別語」になった事情を広く世に明らかにすることこそ大切な課題で、言葉そのものを消し去るのは、この課題をみえにくくさせる結果を生むだけであろう。前述した新聞記事の見出しのまったくの誤りも、こうした自己規制の結果であり、かえって世に誤解をひろめることになっている点に注意すべきである。とはいえ、これが「百姓」の語を拒否し、農民と言いかえることを要求した社会運動の側の主張に端を発しているとみられる点、問題の根深さをよく示しており、今後、慎重に配慮しつつ、誤りは誤りとして是正していかなくてはならない。

＊57　佐藤進一『日本中世史論集』岩波書店、一九九〇年。

＊58　石井進「木簡から見た中世都市『草戸千軒町』」『国史学』一三〇号、一九八六年。

＊59　網野善彦『日本中世の非農業民と天皇』岩波書店、一九八四年。

＊60　石井進『中世を読み解く』東京大学出版会、一九九〇年。

＊61　松井輝昭「下張り文書の保存と地域史研究」『記録と史料』二号、一九九一年。

＊62　網野善彦「時国家と奥能登地域の調査」『歴史と民俗』七号、一九九一年（そこに報告した数馬次子氏の談話による）。

＊63　泉雅博「廃棄された歴史——襖下張文書の世界」『フォーラム』一一号、一九九三年、同「能登と北前船交易」『歴史と民俗』一〇号、一九九三年、関口博巨「近世奥能登における『下人』の職能と生活」

『国史学』一五〇号、一九九三年、同「近世前期奥能登における『下人』化の諸契機」『歴史と民俗』一〇号、一九九三年、参照。

＊64　渋沢敬三「還暦祝賀記念論文執筆者招待会席上談話集」一九五八年、同『犬歩当棒録』一九六一年（『渋沢敬三著作集』第三巻、平凡社、一九九二年に収録）。

＊65　経済史では小沼勇、法社会学では潮見俊隆、そして、歴史学では宇野脩平、二野瓶徳夫、五味克夫、速水融など、研究は活発であった。また民俗学でも宮本常一、河岡武春がすぐれた成果をあげ、これは一九六〇年代以降も活発に推進されていたが、文献史学はそれをほとんど無視しつづけたのである。

＊66　二野瓶徳夫『漁業構造の史的展開』御茶の水書房、一九六二年。

＊67　戸田芳実『初期中世社会史の研究』東京大学出版会、一九九一年。

＊68　三浦圭一『中世民衆生活史の研究』思文閣出版、一九八一年。

＊69　羽原又吉『日本漁業経済史』全四巻、岩波書店、一九五二～五五年（一九八二年復刊）。

＊70　羽原又吉『アイヌ社会経済史』白揚社、一九三九年。

＊71　安良城盛昭『新沖縄史論』沖縄タイムス社、一九八〇年。

＊72　網野善彦「渋沢敬三の学問と生き方」『渋沢敬三著作集』第三巻、平凡社、一九九二年。

＊73　渋沢敬三『日本魚名の研究』角川書店、一九五九年（『渋沢敬三著作集』第二巻、平凡社、一九九二年に収録）。

＊74　同右所収の論稿。

＊75　盛本昌弘「水産物の贈与をめぐる社会関係——中世の東国を中心に」前掲＊6。

＊76　渋沢敬三『日本釣漁技術史小考』角川書店、一九六二年（『渋沢敬三著作集』第二巻、前掲＊73に収録）。

＊77　日本学士院編『明治前漁業技術史』日本学術振興会、一九五九年。

＊78　渡辺誠『縄文時代の知識』東京美術、一九八三年。
＊79　網野善彦「西園寺家とその所領」『国史学』一四六号、一九九二年はその一つの試みである。
＊80　稲本紀昭「伊勢・志摩の交通と交易」『海と列島文化8　伊勢と熊野の海』小学館、一九九二年。
＊81　『小浜市史　通史編』上巻、前掲＊40。
＊82　田島佳也「北の海に向かった紀州商人――栖原角兵衛家の事跡」『海と列島文化1　日本海と北国文化』前掲＊15。
＊83　田島佳也、前掲＊28。
＊84　井上鋭夫『山の民・川の民』（平凡社選書）、一九八一年。
＊85　藤木久志『日本の歴史15　織田・豊臣政権』小学館、一九七五年。
＊86　田上繁「熊野灘の古式捕鯨組織――太地・古座両浦を中心として」『海と列島文化8　伊勢と熊野の海』前掲＊80。
＊87　前田正明「近世のあしか狩と死あしか取捌きについて」『紀州経済史文化史研究所紀要』一二号、一九九二年。

第一章　北国の社会と日本海

＊1　天野芳太郎・義井豊『ペルーの天野博物館』岩波書店、一九八三年。
＊2　網野善彦「伊予国二神島をめぐって――二神氏と二神文書」『歴史と民俗』一号、一九八六年。
＊3　大島正隆『東北中世史の旅立ち』そしえて、一九八七年。
＊4　北海道・東北史研究会編『北からの日本史』三省堂、一九八八年。
＊5　福井県立図書館・福井県郷土誌懇談会共編『日本海海運史の研究』一九六七年。
＊6　『日本海地域史研究』一四輯、文献出版、一九九八年まで刊行。

*7 北見俊夫『日本海上交通史の研究』法政大学出版局、一九八六年。
*8 森浩一編『古代日本海文化』一九八三年、同編『古代の日本海諸地域』一九八四年、同編『東アジアと日本海文化』一九八五年、以上小学館。同編『古代翡翠文化の謎』新人物往来社、一九八八年。
*9 『海と列島文化1 日本海と北国文化』小学館、一九九〇年。
*10 羽原又吉『アイヌ社会経済史』白揚社、一九三九年。同『日本漁業経済史』全四巻、岩波書店、一九五二〜五五年(一九八二年復刊)。
*11 桜田勝徳『桜田勝徳著作集』全七巻、名著出版、一九八〇〜八二年。
*12 上ノ国町教育委員会『史跡上之国勝山館跡』I〜X、一九八〇〜八九年。同編『夷王山墳墓群』一九八四年。
*13 松崎水穂「道南の和人の館」『よみがえる中世 第4巻 北の中世――津軽・北海道』平凡社、一九八九年。
*14 高橋公明「夷千島王遐叉の朝鮮遣使について」『年報中世史研究』六号、一九八一年。海保嶺夫『近世蝦夷地域成立史の研究』三一書房、一九八四年。
*15 聖心女子カトリック文化研究所、H・チースリク編『北方探検記――元和年間に於ける外国人の蝦夷報告書』吉川弘文館、一九六二年。
*16 松崎水穂、前掲*13。
*17 『史跡上之国勝山館跡』Ⅳ、前掲*12。
*18 藤本強『もう二つの日本文化』東京大学出版会、一九八八年。
*19 上ノ国町教育委員会・函館土木現業所『上ノ国漁港遺跡』一九八七年。
*20 松崎水穂、前掲*13。
*21 工藤清泰「浪岡城跡の発掘調査成果から見た北日本における中世城館研究の課題」『よねしろ考古』

四号、一九八八年。
＊22　尻八館調査委員会『尻八館調査報告書』一九八一年。
＊23　森浩一編、前掲＊8。
＊24　富岡一郎「鞍越出土の古陶磁」『広報かわうち』一九七五年。
＊25　「大音正和家文書」二六三〜二六五号（『福井県史　資料編8』中・近世六）。
＊26　網野善彦『中世再考――列島の地域と社会』日本エディタースクール出版部、一九八六年、「中世民衆生活の諸相」で大音家の財産目録にふれたが、そこで「筑前皿」「博多肩衣」としたのは文書誤読による誤りで、ここに訂正しておく。ただ、若狭と九州との関係は、もとよりこの事例なしでも、後述するように十分証明することができると思う。
＊27　吉岡康暢「北東日本海域における中世陶磁の流通」『国立歴史民俗博物館研究報告』第一九集、一九八九年。
＊28　松崎水穂、前掲＊13。
＊29　『尻八館調査報告書』前掲＊22。
＊30　関周一「一五世紀における『日本海沿岸地域』の交流」『日本史学集録』三号、一九八六年。
＊31　桜井景雄・藤井学編『南禅寺文書』上巻、一四三〜一五一号、一五四〜一六九号、一七三〜一七五号、一九七二年。
＊32　『史跡上之国勝山館跡』Ⅳ、前掲＊12。
＊33　H・チースリク編、前掲＊15。
＊34　山口啓二『幕藩制成立史の研究』校倉書房、一九七四年。
＊35　『梅津政景日記』一、慶長一八年三月八日、院内銀山春諸役御運上銀請取覚帳。
＊36　『海と列島文化1　日本海と北国文化』前掲＊9。

＊37　富岡一郎「塩飽衆と川内」『広報かわうち』一九七二年（この点、田中忠三郎氏の御教示による。厚く謝意を表する）。
＊38　田島佳也「東北と紀州の海民」『地方史研究』二二〇号、一九八九年。
＊39　浅香年木『古代地域史の研究』法政大学出版局、一九七八年。
＊40　浅香年木「日本社会における日本海地域」『日本の社会史　第1巻　列島内外の交通と国家』岩波書店、一九八七年。
＊41　『勘仲記』弘安一〇年（一二八七）七月一三日条、治暦元年九月一日、太政官符。
＊42　戸田芳実「院政期北陸の国司と国衙――医心方裏文書をめぐって」『日本の前近代と北陸社会』思文閣出版、一九八九年。
＊43　『加能史料』平安Ⅳ、補遺「医心方巻二十五裏文書」。
＊44　船所については、新城常三「国衙機構の一考察」『森克己博士還暦記念論文集　対外関係と社会経済』塙書房、一九六八年。網野善彦「鎌倉幕府の海賊禁圧について」『日本歴史』二九九号、一九七三年。
＊45　「盧山寺文書」。
＊46　網野善彦「若狭国における荘園制の形成」『荘園制と武家社会』吉川弘文館、一九六九年。
＊47　「秦文書」文永七年（一二七〇）三月二四日、秦守高多烏浦立始次第注進状（『小浜市史』諸家文書編三）。
＊48　網野善彦「北陸の日吉神人」『日本の前近代と北陸社会』前掲＊42。
＊49　網野善彦『日本中世の非農業民と天皇』岩波書店、一九八四年。
＊50　網野善彦、前掲＊48。
＊51　建保二年四月二五日、中原政康解（田中稔「醍醐寺所蔵『語尊道場観集』紙背文書（下）」『醍醐寺文化財研究所研究紀要』七号）。

＊52 「気比宮社伝旧記」建暦二年（一二一二）九月日、越前国気比宮政所作田所当米已下所出物等注進状。
＊53 「道川文書」永禄一一年（一五六八）卯月日、川舟座人申状（前掲＊25）。
＊54 藤井豊久「加賀国中世白山本宮の寺院組織について」『日本の前近代と北陸社会』前掲＊42。
＊55 「賀茂別雷神社文書」寿永三年（一一八四）四月二四日、源頼朝下文案。
＊56 「賀茂社古代庄園御厨」。
＊57 「久麻加夫都阿良加志比古神社文書」貞応三年（一二二四）一〇月一日、能登国熊来荘立巻文（日置謙編『加能古文書』）。
＊58 「大乗院文書」雑々引付、年未詳三月二〇日、某奉書（福井県立図書館・福井県郷土誌懇談会『小浜・敦賀・三国湊史料』）。
＊59 「秦文書」文永九年二月日、北条氏過所旗章（前掲＊47）。
＊60 「大乗院文書」正和五年（一三一六）三月日、越中国大袋庄東放生津住人沙弥本阿代則房重申状（前掲＊58）。
＊61 佐藤進一『増訂鎌倉幕府守護制度の研究』東京大学出版会、一九七一年。
＊62 豊田武・遠藤巌・入間田宣夫「東北地方における北条氏の所領」『日本文化研究所研究報告』別巻第七集、一九七〇年、小林清治・大石直正『中世奥羽の世界』東京大学出版会、一九七八年。
＊63 佐藤進一『室町幕府守護制度の研究』上、東京大学出版会、一九六七年。
＊64 太政官符、前掲＊41。
＊65 「大乗院文書」（正和五年）八月一〇日、大乗院門跡御教書（前掲＊58）。
＊66 「大乗院文書」（正和五年）六月九日、大乗院門跡御教書（同右）。
＊67 「大乗院文書」（正和五年）六月一七日、大乗院門跡御教書（同右）。
＊68 「宮内庁書陵部所蔵桂宮家文書」永徳元年五月一八日、後円融天皇綸旨写（『福井県史　資料編2』中

世)。
＊69 「京都御所東山御文庫記録」応永二一年三月日、内膳司清重申状(同右)。
＊70 「若狭国今富名領主次第」(『群書類従』第四輯、補任部)。
＊71 網野善彦「中世の負担体系——上分について」『三浦古文化』四一号、一九八七年。
＊72 「大乗院文書」正和五年五月日、越前国坪江郷内三国湊雑掌教顕申状(前掲＊58)。
＊73 「安倍武雄文書」年月日未詳、三方寺内志積浦廻船人等申状案(『小浜市史　諸家文書編二』)。
＊74 「吉田文書」乾元二年四月一日、越前国坂南本郷上分米送文(前掲＊68)。
＊75 「大音正和家文書」八五号、年月日未詳、御賀尾浦塩船盗難物注進状写(前掲＊25)。ただこの場合は、辺津浜山をめぐって、御賀尾浦と山門領小河浦との相論があり、そのための山門による差し押さえだったが、足羽においてそれが行われていることから、このようにも考えられると思う。
＊76 「西大寺文書」一二～一三号(前掲＊68)。
＊77 「竹内文平氏所蔵文書」元徳三年二月二六日、後醍醐天皇綸旨(同右)。
＊78 「八坂神社文書」暦応四年八月一三日、光厳上皇院宣写(同右)。
＊79 「高橋文書」弥彦神社古縁起写(『新潟県史　資料編5』中世三)。
＊80 「天龍寺文書」一号、二号、一四号(前掲＊68)。
＊81 「安倍武雄文書」(前掲＊73)。
＊82 「道川文書」二三号、三〇号(前掲＊25)。
＊83 「政所内談記録」寛正四年四月一五日条、同月二六日条、六月二六日条(桑山浩然校訂『室町幕府引付史料集成』上巻、近藤出版社、一九八〇年)。
＊84 住田正一『廻船式目の研究』一九四二年。
＊85 長沼賢海『日本海事史研究』九州大学出版会、一九七六年。

＊86　窪田宏『廻船大法考』大阪経済法科大学出版部、一九八九年。
＊87　本によりかならずしも第六条とは定まっていない。
＊88　「東寺百合文書」ゐ函六一号（三）、貞応元年（一二二二）五月日、蔵人所牒、「真継文書」承久三年（一二二一）九月二四日、六波羅探題過所写、同上、貞応元年五月二六日、六波羅探題過所写（名古屋大学文学部国史研究室編『中世鋳物師史料』法政大学出版局、一九八二年）。
＊89　網野善彦、前掲＊49。
＊90　網野善彦、前掲＊49。
＊91　高橋公明「中世東アジア地域における海民と交流――済州島を中心として」『名古屋大学文学部研究論集』史学三三、一九八七年。
＊92　「賀茂社諸国神戸記」寛治四年三月二四日、鴨御祖大神宮申状。
＊93　「東大寺文書之五」七三号（一）、寛治六年八月五日、鴨御祖大神宮牒案。
＊94　「新出厳島文書」寛元二年八月日、両倉敷作畠下地目録注進状（『広島県史　古代中世史料編Ⅲ』）。
＊95　「教王護国寺文書」九〇号、年未詳四月二三日、東寺公文僧円信下文案。
＊96　「渡辺市左衛門家文書」六号（前掲＊25）。
＊97　「吉川半七氏所蔵文書」建久六年一二月四日、太政官符（前掲＊68）。
＊98　「秦文書」二号（前掲＊47）。
＊99　「安倍武雄文書」一号（前掲＊73）。
＊100　「大音正和家文書」六号（前掲＊25）。
＊101　『加能史料』前掲＊43。
＊102　「到津文書」。
＊103　「禰寝文書」。

＊104 「神護寺文書」年未詳一〇月六日、性円書状。
＊105 「諸橋稲荷神社文書」（前掲＊57）。
＊106 「刀禰文書」（前掲＊79）。
＊107 浅香年木、前掲＊39。
＊108 「秦文書」二六号、弘安元年一二月日、壬生家門袖判下文（前掲＊47）。
＊109 「大音正和家文書」五二号、五三号（前掲＊25）。
＊110 黒川正宏『中世惣村の諸問題』国書刊行会、一九八二年。
＊111 「秦実家文書」五～七号、九号（前掲＊25）。
＊112 「総持寺文書」（前掲＊57）。
＊113 「虫川白山神社資料」（前掲＊79）。
＊114 羽原又吉『日本漁業経済史』前掲＊10。
＊115 日本常民文化研究所編『奥能登時国家文書』第一巻、一九五四年、渋沢敬三「本書刊行の由来」では、下時国家を「隠居分家」としているが、これは不正確であり、このように訂正されなくてはならない。なお、網野善彦『海から見た日本史像』河合文化研究所、一九九四年に、この点についての神奈川大学日本常民文化研究所奥能登時国家文書研究会での現段階の理解を略述した。
＊116 「本誓寺文書」（前掲＊57）。
＊117 「刀根春次郎家文書」三号（前掲＊25）。
＊118 「秦文書」一二号（前掲＊47）。
＊119 「秦文書」一二六号（同右）。
＊120 「浦底区有文書」一号（前掲＊25）。
＊121 「刀根春次郎家文書」七二号（前掲＊25）。

＊122 「秦実家文書」三〇号（前掲＊25）。
＊123 滋賀大学経済学部史料館編纂『菅浦文書』三六四号、八〇二号。ただ、これは「按察使」という官職名から転化した仮名である可能性もある。
＊124 『改訂綜合日本民俗語彙』平凡社、一九五五年。
＊125 網野善彦「中世の製塩と塩の流通」「古代・中世・近世初期の漁撈と海産物の流通」『講座・日本技術の社会史　第二巻　塩業・漁業』日本評論社、一九八五年。
＊126 「大音正和家文書」四三号、元亨三年（一三二三）一〇月日、御賀尾浦年貢目録（前掲＊25）。「安倍武雄文書」二二号、応安六年（一三七三）七月一〇日、志積浦地頭分年貢塩魚注文写（前掲＊73）。
＊127 春田直紀「中世後期における生鮮海産物の供給――若狭国御賀尾浦の美物を中心に」『小浜市史紀要』第六輯、一九八七年。
＊128 「宇波西神社文書」一号（前掲＊25）。
＊129 「大乗院文書」年月日未詳、坪江下郷三国湊年貢夫役等注文（福井県立図書館・福井県郷土誌懇談会『北国庄園史料』）。
＊130 「宮内庁書陵部所蔵文書」。
＊131 「反町英作氏所蔵色部氏文書」（『新潟県史　資料編4』中世二）。
＊132 西田長男『日本神道史研究　第九巻　神社編（下）』講談社、一九七八年、「重蔵神社管見」「南の島から流れついた女神」の項。
＊133 『海と列島文化1　日本海と北国文化』前掲＊9。
＊134 北国新聞社編集局編『能登舳倉の海びと』一九八六年。
＊135 『海と列島文化1　日本海と北国文化』前掲＊9。
＊136 同右。

*137 「秦文書」三九号（前掲*47）。
*138 「大乗院文書」前掲*129。
*139 「大音正和家文書」三五号（正和五年〈一三一六〉乙王女重訴状案（前掲*25）。
*140 岡田孝雄「寛永期における出漁（他国稼）と新漁村の成立」『北陸における社会構造の史的研究――中世から近世への移行期を中心に』（昭和六三年度科学研究費補助金研究成果報告書）、一九八九年。
*141 『青森県の地名』平凡社、一九八二年。『秋田県の地名』平凡社、一九八〇年。
*142 羽原又吉『日本漁業経済史』中巻一、前掲*10。
*143 「渡辺六郎右衛門家文書」一九号（前掲*25）。
*144 「刀禰茂兵衛家文書」四号（『福井県史　資料編3』中・近世一）。
*145 『奥能登時国家文書』第一巻、一六五号、前掲*115。
*146 「道川文書」三四号（前掲*25）。
*147 「森田正治家文書」一七号（『福井県史　資料編4』中・近世二）。
*148 羽原又吉『日本漁業経済史』下巻、前掲*10。田中喜男「加賀藩における澗政策と商品流通」柚木学編『日本水上交通史論集　第一巻　日本海水上交通史』文献出版、一九八六年。
*149 「刀禰治兵衛家文書」四号（『福井県史　資料編5』中・近世三）。
*150 森浩一編『古代日本海文化』前掲*8。
*151 「大音正和家文書」三四号、正和五年一一月日、忠国陳状（前掲*25）。
*152 「大音正和家文書」前掲*25。
*153 「若狭国今富名領主次第」（前掲*70）。
*154 「鞍馬寺文書」年月日未詳、河田長親・鯵坂長実連署制札写（前掲*131）。
*155 『修新日本絵巻物全集23　遊行上人縁起絵』角川書店、一九七九年。

＊156　『新潟県史　通史編2』中世、一九八七年。
＊157　『富山県史　通史編Ⅱ』中世、一九八四年。
＊158　「秦文書」一〇四号、応永七年一二月日、汲部・多烏両浦百姓言上状（前掲＊47）。
＊159　天野武「ウサギナミ（兎波）のこと――日本海文化の民俗的特色」『駒形覐先生退職記念論文集　新潟県の歴史と民俗』堺屋図書、一九八八年。
＊160　北見俊夫『日本海島文化の研究』法政大学出版局、一九八九年。

第二章　瀬戸内海交通の担い手

＊1　坂本太郎「古代の駅と道」『坂本太郎著作集』第八巻、吉川弘文館、一九八九年。
＊2　武田佐知子「道と古代国家」『評林』一五号、一九八八年（なお、この点は、早川庄八氏の御教示による）。
＊3　網野善彦『日本論の視座――列島の社会と国家』小学館、一九九〇年（小学館ライブラリー、一九九三年）。
＊4　「新出厳島文書」九三号（『広島県史　古代中世史料編Ⅲ』一九七八年）。
＊5　網野善彦『日本中世の非農業民と天皇』岩波書店、一九八四年。
＊6　「仁尾賀茂神社文書」一一号（『新編香川叢書　史料編二』一九八一年）。
＊7　林屋辰三郎編『兵庫北関入船納帳』中央公論美術出版、一九八一年。以下、兵庫北関に関する記述は、すべてこれによるもので、いちいち注記しないが、とくに船籍地等については、武藤直「中世の兵庫津と瀬戸内海水運――入船納帳の船籍地比定に関連して」、今谷明「瀬戸内制海権の推移と入船納帳」、小林保夫「入船納帳にみる国料と過書」に依拠した。
＊8　この船所は鳥飼荘内にあるが、国衙の船所の一分枝とみることもできよう。

＊9　『日本歴史地名大系38　香川県の地名』平凡社、一九八九年、小豆島の項。
＊10　『日本歴史地名大系35　広島県の地名』平凡社、一九八二年、藁江荘の項。
＊11　下向井龍彦「石清水八幡宮寺領安芸国呉保の成立」『芸備地方史研究』一六六・一六七合併号、一九八八年。
＊12　「新出厳島文書」三一号（前掲＊4）。
＊13　網野善彦「伊予国二神島をめぐって――二神氏と『二神文書』」『歴史と民俗』二号、一九八六年。
＊14　『松前町誌』松前町役場、一九七九年。
＊15　石清水八幡宮神人については、伊藤清郎「中世前期における石清水八幡宮の権力と機構」『文化』四〇巻一・二号、一九七六年。
＊16　小林保夫「淀津の形成と展開――淀十一艘の成立をめぐって」『年報中世史研究』九号、一九八四年。
＊17　河合正治『瀬戸内海の歴史』至文堂、一九六七年。
＊18　網野善彦『日本の歴史10　蒙古襲来』小学館、一九七四年（小学館文庫、二〇〇〇年）。
＊19　龍肅「西園寺家の興隆とその財力」『鎌倉時代』下、春秋社、一九五七年。
＊20　『愛媛県史　古代Ⅱ・中世』愛媛県、一九八四年。『日本歴史地名大系39　愛媛県の地名』平凡社、一九八〇年。
＊21　西園寺家の所領については、乾奈保子「室町後期公家経済の一考察」『年報中世史研究』五号、一九八〇年。
＊22　宮内庁書陵部蔵「西園寺家古文書」応永三年（一三九六）六月二七日、室町幕府引付頭人奉書にも、「山城国鳥羽十三ケ庄」とある（なお、東北大学附属図書館所蔵「西園寺文書」は、職人歌合研究会の調査によって知りえたもので、その閲覧にあたっては、同大学日本文化研究所教授杉山晃一氏および同学図書館の方々に多大な便宜をはかっていただいた。厚く御礼申し上げる）。

*23　瀬野清一郎編『増訂鎌倉幕府裁許状集上　関東裁許状篇』吉川弘文館、一九八七年。
*24　網野善彦、前掲*5。
*25　院御厩別当については、宮内庁書陵部編『皇室制度史料　太上天皇二』吉川弘文館、一九七九年に、おもな史料が列挙されている。
*26　佐藤進一『日本の中世国家』岩波書店、一九八三年。
*27　龍肅、前掲*19。
*28　豊田武『豊田武著作集3　中世の商人と交通』吉川弘文館、一九八三年には、車借・馬借そのものについて言及されている。
*29　網野善彦「西の京と北野社」『学習院史学』二八号、一九九〇年。同「西の京と北野社について」比較都市史研究会編『都市と共同体』名著出版、一九九一年。
*30　相田二郎『中世の関所』畝傍書房、一九四三年（吉川弘文館、一九八三年復刊）。
*31　網野善彦「遊女と非人・河原者」『大系・仏教と日本人8　性と身分』春秋社、一九八九年。
*32　網野善彦「中世前期の馬借・車借——厩との関係を中心に」『立命館文学』五二一号、一九九一年。
*33　網野善彦「西園寺家とその所領」『国史学』一四六号、一九九二年。
*34　河合正治、前掲*17。
*35　網野善彦、前掲*18。
*36　網野善彦「金沢氏・称名寺と海上交通」『三浦古文化』四四号、一九八八年。
*37　高橋昌明『清盛以前——伊勢平氏の興隆』平凡社、一九八四年。
*38　伊予国の国守、知行国主については、菊池紳一・宮崎康充「国司一覧」『日本史総覧Ⅱ』新人物往来社、一九八四年を参照した。
*39　三浦圭一『中世民衆生活史の研究』思文閣出版、一九八一年。

＊40　田中健夫「倭寇と東アジア通交圏」『日本の社会史1　列島内外の交通と国家』岩波書店、一九八七年。高橋公明「中世東アジア地域における海民と交流——済州島を中心として」『名古屋大学文学部研究論集　史学』三三、一九八二年。

第三章　太平洋の海上交通と紀伊半島

＊1　網野善彦『日本中世土地制度史の研究』塙書房、一九九一年。
＊2　『海と列島文化8　伊勢と熊野の海』小学館、一九九二年。
＊3　石井進「中世六浦の歴史」『三浦古文化』四〇号、一九八六年。
＊4　佐藤進一『増訂鎌倉幕府守護制度の研究』東京大学出版会、一九七一年。
＊5　石井進『日本中世国家史の研究』岩波書店、一九七〇年。宗像社の領家が、一時期、西園寺実氏であったことにも注目する必要がある。
＊6　『海と列島文化8　伊勢と熊野の海』前掲＊2。
＊7　網野善彦「金沢氏・称名寺と海上交通」『三浦古文化』四四号、一九八八年。
＊8　石井進「九州諸国における北条氏所領の研究」竹内理三博士還暦記念会編『荘園制と武家社会』吉川弘文館、一九六九年。
＊9　網野善彦『日本の歴史10　蒙古襲来』小学館、一九七四年（小学館文庫、二〇〇〇年）。
＊10　石井進、前掲＊8には、すでにこの点についての言及がなされている。
＊11　稲葉伸道「鎌倉後期の『国衙興行』・『国衙勘落』」『名古屋大学文学部研究論集　史学』三七、一九九一年。
＊12　『海と列島文化8　伊勢と熊野の海』前掲＊2。
＊13　網野善彦、前掲＊1。

＊14　このような伊勢神宮の御厨の分布にもかかわらず、東国には、新田一郎「虚言ヲ仰セラル、神」『列島の文化史』六号、一九八九年が指摘するように、天照大神を虚言を言う神として、起請文の神文に神名をあげない動きが根強く存在した。この点も、頼朝のこのような神宮への傾斜にたいする反発のあったことを考えるうえで、重要な問題であろう。
＊15　網野善彦、前掲＊1。
＊16　児玉洋一『改訂熊野三山経済史』名著出版、一九七七年に一応の所領はあげられているが、まだまったく不完全なものといわなくてはならない。
＊17　新城常三『新稿社寺参詣の社会経済史的研究』塙書房、一九八二年。
＊18　新城常三、前掲＊17。
＊19　網野善彦「中世の桑名について」『名古屋大学文学部研究論集　史学』二五、一九七八年。
＊20　網野善彦「元亨の神人公事停止令について」『年報中世史研究』二号、一九七七年。
＊21　網野善彦、前掲＊1。
＊22　たとえば、岩手県平泉の柳之御所跡から掘り出された、膨大な量の渥美、常滑等の焼物は、太平洋を北上し、北上川を溯上した海と川の道が、安定した重要な道だったことをよく物語っている。
＊23　綿貫友子「『武蔵国品河湊船帳』をめぐって」『史艸』三〇号、一九八九年。
＊24　永原慶二「熊野・伊勢商人と中世の東国」『小川信先生古稀記念論集　日本中世政治社会の研究』続群書類従完成会、一九九一年。
＊25　石井進、前掲＊3。
＊26　田島佳也「北の海に向かった紀州商人」『海と列島文化1　日本海と北国文化』小学館、一九九〇年。
＊27　網野善彦「文永以後新関停止令について」『年報中世史研究』九号、一九八四年。
＊28　網野善彦「鎌倉幕府の海賊禁圧について」『日本歴史』二九九号、一九七三年。

＊29　松岡久人「忽那水軍と南北朝の動乱」『河野氏と伊予の中世』財団法人愛媛県文化振興財団、一九八七年。
＊30　同右。
＊31　田中稔「鎌倉時代における伊予国の地頭御家人について」『荘園制と武家社会』前掲＊8。
＊32　景浦勉編『忽那家文書』一三号、元応元年六月五日、北条宣時袖判僧円成奉書。
＊33　佐藤進一・池内義資編『中世法制史料　第一巻　鎌倉幕府法』岩波書店、一九五五年、追加法補二一号。
＊34　網野善彦「小山家文書について――調査の経緯と中世文書」『歴史と民俗』六号、一九九〇年。
＊35　網野善彦、前掲＊34でこの小山氏の動きについて詳述した。
＊36　景浦勉編、前掲＊32に付された、景浦勉の解説篇参照。
＊37　網野善彦『無縁・公界・楽』平凡社、一九七八年。
＊38　網野善彦「中世の負担体系――上分について」『三浦古文化』四一号、一九八七年。
＊39　西和夫「近江堅田の湖上関――その位置と施設に関する絵画史料等による検討」『歴史と民俗』四号、一九八九年。
＊40　『海と列島文化8　伊勢と熊野の海』前掲＊2。
＊41　網野善彦、前掲＊37。

第四章　西海の海民社会

＊1　戸田芳実「平安初期の五島列島と東アジア」『初期中世社会史の研究』東京大学出版会、一九九一年。戸田は『日本三代実録』貞観一八年（八七六）三月九日条の五島を肥前国から分離し、独立の行政区にしようとした大宰権師在原行平の上奏にふれ、特産物に富むこの島には、唐、新羅の人々が多く訪れ、「香

薬」「奇石」を採取していたことなどについて詳述している。また、こうした五島と朝鮮半島の中世後期までを含む交流については、関周一「壱岐・五島の交流と朝鮮――中世領主の朝鮮通交」『年報中世史研究』一六号、一九九一年に詳述されている。

＊2 『海と列島文化4 東シナ海と西海文化』小学館、一九九二年。

＊3 同右。

＊4 同右。

＊5 同右。

＊6 同右。

＊7 網野善彦『日本中世の非農業民と天皇』岩波書店、一九八四年。

＊8 北陸の浦々の「海人」は、「秦文書」寛喜三年（一二三一）正月二一日、多烏浦刀禰職補任状の充所が「多烏浦海人等所」となっているように、一三世紀前半までは公的な文書にしばしば現れるが、これ以後、すべて「百姓」と表現されるようになる。また「網人」も「賀茂社諸国神戸記」寛治四年（一〇九〇）三月二四日、鴨御祖大神宮申状案に、「堅田御厨網人等解状」とあるように、公文書にしばしば現れるが、やはり一三世紀半ばごろには、基本的に「百姓」の語にとって代わられている。

＊9 『海と列島文化4 東シナ海と西海文化』前掲＊2。

＊10 泉雅博「能登と廻船交易――北前船以前」『海と列島文化1 日本海と北国文化』小学館、一九九〇年。同「近世北陸における無高民の存在形態――頭振について」『史学雑誌』一〇一編一号、一九九二年。

＊11 泉雅博、前掲＊10。

＊12 たとえば、若狭国多烏浦の刀禰秦守重は正応四年（一二九一）、八人の男女の下人（うち童五人）を子息友重に譲っており（「秦文書」）、正和五年（一三一六）ごろ、同国常神浦刀禰の息女乙王女は大船一艘をはじめ女三人、男二人の下人を譲与されていた（「大音文書」）。また、正応五年、秦永久は摂津国今

津・東船江屋敷、船三艘などとともに男女七人（うち童三人）の所従を嫡子に譲っている（『大徳寺文書之三』）。

＊13　『海と列島文化4　東シナ海と西海文化』前掲＊2。

＊14　この「各別番」を炊場の番と解したのは私の失考で、仲家と孫房丸の父時行との訴訟が「各別」であることを示した語である。この海域で漁場の輪番交替が行われていたことは別の資料によって確認しうるが、この「番」はその根拠となりえない。本文の誤りをここに明記しておく（この点は平幸治氏の御教示による。平氏は私の誤りを指摘されるとともに、明治のころ、深堀で生まれ育った同氏の祖母上が、漁民のことを「フナトウ」と呼んでいたという興味深い事実を教えてくださった。心から謝意を表する）。

＊15　この大瀬戸町に近年まで活動していた家船は、まさしくこの船党、海夫の後裔であろう。

＊16　『海と列島文化4　東シナ海と西海文化』前掲＊2。

＊17　戸田芳実、前掲＊1。

＊18　「山代文書」建武二年（一三三五）一〇月七日、太政官符案などに、肥前国宇野御厨内山代・多久嶋・東嶋等がみられるが、この船木も地名であるとはいえ、注目しておかなくてはならない。

＊19　戸田芳実「御厨と在地領主」『初期中世社会史の研究』前掲＊1。

＊20　戸田芳実の引用したこの文書は前述したとおり、疑問のある文書であるが、戸田のこの着目は的確である。

＊21　田中健夫「倭寇と東アジア通商圏」『日本の社会史1　列島内外の交通と国家』岩波書店、一九八七年。

＊22　三浦圭一「中世における畿内の位置――渡辺物官職を素材として」『中世民衆生活史の研究』思文閣出版、一九八一年。

＊23　室賀壽男「河原左大臣の族葉(2)・(3)」『姓氏と家紋』六〇・六一号、一九九一年。

＊24　石井進「九州諸国における北条氏所領の研究」竹内理三博士還暦記念会編『荘園制と武家社会』吉川弘文館、一九六九年。
＊25　戸田芳実、前掲＊19。
＊26　石井進「一四世紀初頭における在地領主法の一形態」『日本中世国家史の研究』岩波書店、一九七〇年。
＊27　『海と列島文化4　東シナ海と西海文化』前掲＊2。
＊28　同右。
＊29　瀬野精一郎編『肥前国神崎荘史料』吉川弘文館、一九七五年、解説。以下、神崎荘については、この書による。
＊30　五味文彦「神崎荘と博多・袖の湊」『朝日百科　日本の歴史3　古代から中世へ　院政時代』朝日新聞社、一九八九年。
＊31　宮武正登「肥前国神崎荘・安富荘のむらと館」一九九一年度史学会日本史部会報告。
＊32　相田二郎『蒙古襲来の研究』吉川弘文館、一九五八年（増補版、一九八二年）。
＊33　石井進、前掲＊24。
＊34　正木喜三郎『大宰府領の研究』文献出版、一九九一年。
＊35　佐藤進一・池内義資編『中世法制史料集　第一巻　鎌倉幕府法』岩波書店、一九五五年。
＊36　宮本常一『宮本常一著作集11　中世社会の残存』未来社、一九七二年。
＊37　網野善彦「時国家と奥能登地域の調査――一九九〇年度の調査と史料の紹介」『歴史と民俗』七号、一九九一年。
＊38　宇野脩平編著『備中真鍋島の史料』第一巻、日本常民文化研究所、一九五五年。
＊39　『海と列島文化4　東シナ海と西海文化』前掲＊2。

＊40　『海と列島文化4　東シナ海と西海文化』前掲＊2。
＊41　同右。

第五章　中世前期の水上交通——常陸・北下総を中心に

＊1　徳田釼一『中世における水運の発達』巌南堂、一九三六年（巌南堂書店、一九六六年復刊）。
＊2　新城常三「荘園年貢の海上輸送」『日本歴史』三四四号、一九七七年。同「沿海荘園年貢の海上輸送」『海事史研究』二九号、一九七七年。
＊3　小葉田淳「中世、若狭の廻船について」福井県立図書館・福井県郷土誌懇談会共編『日本海海運史の研究』一九六七年。
＊4　河合悦治『瀬戸内海の歴史』至文堂、一九六七年。
＊5　楢崎彰一氏の御教示による。
＊6　『日本出土の中国陶磁』東京国立博物館、一九七五年。
＊7　体系日本史叢書『交通史』一九七〇年、「中世の交通」および、同『流通史』Ⅰ、一九六九年、「中世商業の展開」「中世商業の種々相」、ともに山川出版社も参照。
＊8　「徴古雑抄和泉」建永元年九月日、大鳥社神人等解。
＊9　鈴木茂男「鈴木要三氏旧蔵高山寺文書について」『栃木県史研究』一〇号、一九七五年。山本信吉「文化庁保管　高山寺文書（六曲屏風貼付）」『古文書研究』一〇号、一九七六年。
＊10　『菅家文草』巻第三、寒草十首。
＊11　「経光卿記貞永元年五月巻紙背文書」、年月日未詳、日吉社聖真子神人兼燈炉供御人幷殿下御細工等解（後闕）、名古屋大学文学部国史研究室編『中世鋳物師史料』法政大学出版局、一九八二年、参考資料二号。
＊12　「真継文書」（同右、『中世文書』一〇～一二号）。

＊13 こうした鋳物師の動きについては、網野善彦『日本中世の非農業民と天皇』岩波書店、一九八四年を参照。

＊14 河音能平「蔵人所の全国鋳物師支配の成立過程——本供御人・廻船鋳物師と土鋳物師」『美原の歴史』一号、一九七五年。河音は廻船鋳物師を本供御人とし、土鋳物師をその支配下におかれたものとみているが、前注拙稿では、「阿蘇品文書」文永三年一二月一三日、左方兼東大寺鋳物師惣官中原光氏惣官代職補任下文案などにより、廻船鋳物師を左方鋳物師、土鋳物師を右方鋳物師と考えた点、河音と見解を異にしている。なお、熟鉄・打鉄ともに鍛鉄ではないか、と考えられる（飯田賢一氏の御教示による）。

＊15 網野善彦『日本の歴史10 蒙古襲来』小学館、一九七四年（小学館文庫、二〇〇〇年）。

＊16 網野善彦、前掲＊13でふれた、応永二一年（一四一四）、「内裏」に「公事」を直納する「小浜着岸之鉄船」、翌年、肥後国玉名郡大野別府中村の繁根木薬師如来・八幡大菩薩に寄進された「当津往過廻船之鉄物」など、みなその発展した状況を示すものと思われる。『壬生家文書』一（図書寮叢刊、宮内庁書陵部編）一三六号、享禄元年（一五二八）一月一二日、後奈良天皇綸旨にみえる「公領鉄公事役」も、これと関連してくるものと思われるが、この点については、後考を期したい。

＊17 「狩野亨吉氏所蔵文書」（この史料は佐藤進一・笠松宏至両氏の御教示によって知り得た）。

＊18 徳田釼一、前掲＊1。

＊19 「狩野亨吉氏所蔵文書」前掲＊17。

＊20 網野善彦、前掲＊13。

＊21 とくに前掲＊3に詳しい。なお、網野善彦「若狭国における『浦』の成立」『民衆の生活と文化』未来社、一九七八年、網野善彦、前掲＊13でも、こうした点に言及した。

＊22 「真継文書」（前掲＊11、『中世文書』一五号）。

＊23 菅浦が小さいながら、港町とみるべきであることについては、一九七八年度の「琵琶湖総合開発地域

民俗文化財特別調査」の報告書で、若干言及した。

＊24 「本福寺跡書」など参照。

＊25 「舟道者」の語は堅田などにもみられるが、道々の者としての廻船人を示す言葉と思われる。

＊26 戸田芳実「東西交通」『日本史(2) 中世一』有斐閣、一九七八年は、平安期の北陸ルート、瀬戸内ルート、東国ルートなど、東西交通の状況を克明に明らかにした論稿で、本稿もそのあとを追っているが、東国ルートについては、山道のみにふれるにとどまっている。

＊27 澄田正一「尾張と熱田神宮」『古代の日本6 中部』角川書店、一九七〇年。

＊28 「神宮雑書」建久三年八月日、伊勢大神宮神領注文(『鎌倉遺文』二―六一四号)。

＊29 「伊豆下之神社文書」建暦元年七月一八日、北条時政袖判下文。この文書の後半は、後人の筆であり、年月日については、そのまま信ずるわけにはいかない。

＊30 「伊豆山神社文書」文永九年一二月一二日、関東下知状(瀬野精一郎編『鎌倉幕府裁許状集』上、一三二号)。

＊31 同右。

＊32 「相模国大庭御厨古文書」天養二年三月四日、官宣旨写(『平安遺文』六 二五四八号)。

＊33 「櫟木文書」大治五年六月一一日、平経繁寄進状写(『茨城県史料 古代編』)には、「布施郷」の四至について「限南志子多谷幷手下水海」としている。

＊34 「櫟木文書」大治五年六月一一日、平経繁布瀬郷文書注進状写、大治五年八月二二日、荒木田延明請文写によると、相馬御厨の供祭物は、米などのほか、鶏百鳥、塩曳鮭百尺であった点にも、注目しておかなければならない。

＊35 網野善彦「日本中世における海民の存在形態」『社会経済史学』三六―五。網野善彦、前掲＊13。この稿ではこれらの海夫を、下人・所従型としたが、これは、やはり、この稿でいう供御人型――「職人」

身分とみるべきであろう、ここに修正しておきたい。
＊36　この点については河岡武春の「手賀沼布瀬鴨猟小記」（『日本民具学会通信』）参照。
＊37　東京都内湾漁業興亡史刊行会編『東京都内湾漁業興亡史』一九七一年。御林浦、羽田、生麦、新宿、神奈川の五浦が加わり、毎月、鮮魚を将軍に貢献した。とくに本芝、金杉両浦は元浦といわれ、品川はおくれて元浦となった。
＊38　佐藤進一・池内義資編『中世法制史料集』第一巻、鎌倉幕府法、追加法五二七条。
＊39　高尾一彦「淡路国への鎌倉幕府の水軍配置」『兵庫県の歴史』七・八、一九七二年。
＊40　杉橋隆夫「鎌倉と関東」『日本史(2)　中世一』前掲＊26。
＊41　『吾妻鏡』元暦二年正月六日条。
＊42　座談会「東国武士　強さの秘密」『歴史と人物』一九七八年二月。
＊43　『吾妻鏡』文治四年七月二八日条。
＊44　同右、弘長三年八月二七日条。
＊45　「伊豆山神社文書」前掲＊30。
＊46　一九七九年夏の茨城県史中世史専門委員会の現地調査のさいの聞き取りによると、鹿島神宮を詣でた頼朝または政子が、この河岸から上ったといわれている。いわゆる鎌倉街道とともに鎌倉河岸は今後注目すべき地名といえよう。
＊47　『金剛仏子叡尊感身学正記』中、奈良国立文化財研究所監修『西大寺叡尊伝記集成』。
＊48　網野善彦「中世の桑名について」『名古屋大学文学部研究論集　史学』二五、一九七八年。
＊49　「光明寺古文書」（『日本塩業大系史料編　古代・中世(二)』）巻一、一一〜一三号、巻二、七号、一六号、一七号、など参照。
＊50　網野善彦、前掲＊48。

＊51 「光明寺古文書」（前掲＊49一）巻二一、二～四号文書。
＊52 たとえば「結城文書」（興国三年〈一三四二〉）正月一四日、刑部大輔秀仲奉書など。
＊53 「鳥名木文書」一二号、年未詳正月一七日、鳥名木国義請文（『茨城県史料　中世編Ⅱ』）。
＊54 徳田釼一、前掲＊1。
＊55 『高野山文書之一』宝簡集四六、五二六号、建仁三年一月二〇日、紀伊国司庁宣。
＊56 「仁和寺記録裏文書」文治三年二月一一日、物部氏女船譲状（徳田釼一、前掲＊1）。
＊57 「薩摩国神田神社文書」（『鹿児島県史料集』Ⅲ）四五号、康永三年二月四日、室町幕府奉行人連署奉書。
＊58 「清色亀鑑」六号、年月日未詳、渋谷重名軍忠状（朝河貫一編『入来文書』）。
＊59 「弘法大師御行状記」金剛定寺御乞食条第一七（この史料については、広末保氏の御教示によって知り得た）。
＊60 『吾妻鏡』治承五年正月二一日条。
＊61 この「岬会合」の二〇〇冊近い日記類が、一九四五年の南海大地震に伴う津波のために流失した事実については、宇野脩平「水産史料」『日本水産史』角川書店、一九五七年に指摘されている。
＊62 新城常三「中世海運史の一問題――『廻船式目』雑感」『海事史研究』三一号、一九七八年。この研究はこうした方向に道をひらくものといえよう。
＊63 森克巳『日宋貿易の研究』国立書院、一九四八年。同『日宋文化交流の諸問題』国書刊行会、一九五〇年（増補版一九七五年）。
＊64 この石工については、望月友善「中世の石大工」、金森敦子「江戸社会における石工の位置」など、きわめて興味深い論稿を収めた、季刊『日本の石仏』八号（特集「石工」日本石仏協会刊、木耳社発売、一九七八年）参照。また、三浦圭一「鎌倉時代における開発と勧進」『日本史研究』一九五号、一九七八

年、にも言及されている。

＊65 『吾妻鏡』建保四年（一二一六）一一月二四日条、同五年四月一七日条。

＊66 「香取田所文書」年月日未詳、蔵人所牒案。これについては、網野善彦『日本中世の民衆像』岩波書店、一九八〇年参照。

終章　残された課題

＊1 知多半島がまったく同じ状況であったことは、青木美智男編『日本の近世17　東と西　江戸と上方』中央公論社、一九九四年などによって明らかにされている。

＊2 網野善彦「伊予国二神島をめぐって――二神氏と二神文書」『歴史と民俗』一号、一九八六年。

＊3 網野善彦・門脇禎二・森浩一編『継体大王と尾張の目子媛』小学館、一九九四年。

＊4 この発掘成果をめぐって、一九九三年一〇月二四日、国立歴史民俗博物館は第一四回歴博フォーラム「遺跡にさぐる北日本――十三湊と安藤氏」を青森で開催、一〇〇〇人近い聴衆を集め、講演、シンポジウムを行った。『中世都市十三湊と安藤氏』新人物往来社、一九九四年。

＊5 平泉文化研究会編『奥州藤原氏と柳之御所跡』吉川弘文館、一九九二年。

＊6 網野善彦「海の領主、海の武士団」『朝日百科日本の歴史別冊　歴史を読みなおす8　武士とは何だろうか』朝日新聞社、一九九四年。

＊7 斉藤利男『平泉』（岩波新書）、一九九二年。

＊8 鎌倉考古学研究所編『中世都市鎌倉を掘る』日本エディタースクール出版部、一九九四年。

＊9 網野善彦「京と鎌倉」『朝日百科日本の歴史別冊　歴史を読みなおす6　平安京と水辺の都市、そして安土』朝日新聞社、一九九三年。

＊10 荒野泰典・石井正敏・村井章介編『アジアのなかの日本史』全六巻、東京大学出版会、一九九二〜九

三年。
＊11　網野善彦「日本列島とその周辺――『日本論』の現在」『岩波講座　日本通史』第一巻、岩波書店、一九九三年。
＊12　岩崎佳枝『職人歌合』平凡社、一九八七年。
＊13　これらの点、加地伸行氏の御教示による。
＊14　『小浜市史』通史編　上巻、一九九二年。
＊15　網野善彦「中世の製塩と塩の流通」『講座・日本技術の社会史　第二巻　塩業・漁業』日本評論社、一九八五年。
＊16　網野善彦、前掲＊11。
＊17　泉雅博「近世北陸における無高民の存在形態――頭振について」『史学雑誌』一〇一編一号、一九九二年。
＊18　関口博巨「近世奥能登における『下人』の職能と生活　時国家の下人たち」『国史学』一五〇号、一九九三年。
＊19　保立道久「切物と切銭」『三浦古文化』五三号、一九九三年。
＊20　網野善彦「都市ができるとき」前掲＊9。

解説

「歴史学者　網野善彦さん死去」。二月二八日の朝刊紙上に大きく報ぜられた。病の篤いことは、すでにご本人からも承っていたが、やはりそのときが来てしまったのか。さまざまな思いが去来する。そのときに電話が鳴った。小学館ではちょうど、網野さんの『日本社会再考』を再版すべく準備中で、「あとがき」を頂くだけになっていたのだという。その代わりに「解説」を書いてくれないか、という依頼であった。私は必ずしも適任者だとは思わない。しかし常日頃、網野さんの学問を尊敬し、その人柄を敬愛してきた人間として、とてもお断りはできない。不適任を承知の上で書くことを引き受けた。

本書はいかにも網野さんらしい本である。その第一は、現代日本人の中に刷り込まれた歴史認識の誤りをきわめて明確に指摘していること、その二は、この歴史認識の誤りを正すために、列島各地域の海民の歴史とその社会の特色を、数多くの史料を駆使して、十分に立証していることである。

第一の点は、主として序章「海からみた日本社会」で展開されている。《百姓》は農民と同義ではない。そこには企業家的な海民や各種の手工業者など、数多くの非農業民が実際には含まれている。それを百姓は農民、水呑は貧農と決めつけてきたのは、従来の「常識」の誤りである。視点を変えてみれば、「日本の社会は、農業社会どころか、おそくとも一四世紀以降、商業資本、企業家ともみるべき人々の活発な活動のみられる色濃く都市的な側面をもつ経済社会になりはじめていた」(五九ページ)。しかも、その中で決定的役割を演じたのが「海民」である。その点が従来の常識ではまったく無視されてきたと網野さんは説くのである。

この点を地域ごとに豊富な史料を使って実証したのが、本書の中核を構成する「北国の社会と日本海」「瀬戸内海交通の担い手」「太平洋の海上交通と紀伊半島」「西海の海民社会」の各章である。その中で具体的に示された事実の多くは、従来の歴史書の中では重要であるにもかかわらず無視されてきた事柄である。そのことを教えられて、「なるほど、本当はそうだったのか」と、思わず膝をたたきたくなるのが、網野史学の魅力の一つでもある。

網野さんは、『日本論の視座』をはじめ、いくつかの著書の中で、「日本国」は七世紀末に成立した国家だが、その後の歴史の過程の中で、日本は「孤立した島国」であり、「単一民族の国家」で「水田稲作にささえられた瑞穂国《みずほ》」だというような誤った通念が「常識」として定着してきたことを痛烈に批判している。本書は、そうした批判を海民の研究を通じて展開したものということができる。

海民の活動とその文化の実態を把握し、それを中心に「海からみた列島の文化史」を再認識することは、従来の誤った「常識」を修正し、新しい日本像の再構築に大きく寄与することになる。本書の中でくりかえし述べられた網野さんのこの主張は、いま一度読み返してみても、新鮮であり、刺激的である。この網野さんの遺志を受け継ぎ、それを展開する若い研究者の輩出することを私は切に願うのである。

二〇〇四年三月二日

佐々木高明

本書は二〇〇四年四月、小学館より刊行された。各論考の初出は左記の通りである。

序　章　海からみた日本社会
「日本社会再考——海の視点から」『海と列島文化　別巻　漂流と漂着・総索引』小学館、一九九三年。

第一章　北国の社会と日本海
「北国の社会と日本海」『海と列島文化1　日本海と北国文化』小学館、一九九〇年。

第二章　瀬戸内海交通の担い手
「中世前期の瀬戸内海交通」『海と列島文化9　瀬戸内の海人文化』小学館、一九九一年。

第三章　太平洋の海上交通と紀伊半島
「太平洋の海上交通と紀伊半島」『海と列島文化8　伊勢と熊野の海』小学館、一九九二年。

第四章　西海の海民社会
「西海の海民社会」『海と列島文化4　東シナ海と西海文化』小学館、一九九二年。

第五章　中世前期の水上交通——常陸・北下総を中心に
「中世前期の水上交通について」『茨城県史研究』43号、一九七九年。

いずれも小学館版刊行時点で若干の補筆、修正をしている。

ちくま学芸文庫

日《に》本《ほん》社《しゃ》会《かい》再《さい》考《こう》　海《うみ》からみた列《れっ》島《とう》文《ぶん》化《か》

二〇一七年九月十日　第一刷発行

著　者　網野善彦（あみの・よしひこ）

発行者　山野浩一

発行所　株式会社　筑摩書房
東京都台東区蔵前二―五―三　〒一一一―八七五五
振替〇〇一六〇―八―四一二三

装幀者　安野光雅

印刷所　株式会社精興社

製本所　株式会社積信堂

乱丁・落丁本の場合は、左記宛にご送付下さい。
送料小社負担でお取り替えいたします。
ご注文・お問い合わせも左記へお願いします。
筑摩書房サービスセンター
埼玉県さいたま市北区櫛引町二―六〇四　〒三三一―八五〇七
電話番号　〇四八―六五一―〇〇五三

ISBN978-4-480-09814-6 C0121